本书受西北大学学术著作出版基金资助
Sponsored by academic works publishing fund
of Northwest University

马克思主义
经济学创新发展研究

宋　宇/著

RESEARCH ON THE INNOVATION
AND DEVELOPMENT OF
MARXISM ECONOMICS

中国经济出版社
CHINA ECONOMIC PUBLISHING HOUSE
北　京

图书在版编目（CIP）数据

马克思主义经济学创新发展研究 / 宋宇著 . -- 北京：中国经济出版社，2019. 8

ISBN 978 - 7 - 5136 - 5814 - 0

Ⅰ. ①马… Ⅱ. ①宋… Ⅲ. ①马克思主义政治经济学 - 研究 Ⅳ. ①F0 - 0

中国版本图书馆 CIP 数据核字（2019）第 165953 号

责任编辑　贺　静
责任印制　巢新强
封面设计　华子设计

出版发行　中国经济出版社
印 刷 者　北京力信诚印刷有限公司
经 销 者　各地新华书店
开　　本　710mm × 1000mm　1/16
印　　张　22
字　　数　315 千字
版　　次　2019 年 8 月第 1 版
印　　次　2019 年 8 月第 1 次
定　　价　69. 00 元
广告经营许可证　京西工商广字第 8179 号

中国经济出版社 **网址** www. economyph. com **社址** 北京市东城区安定门外大街 58 号 **邮编** 100011

本版图书如存在印装质量问题，请与本社销售中心联系调换（联系电话：010 - 57512564）

目　录

导　论

一、本书的研究背景和意义

本书的主旨是探讨马克思主义经济学创新和发展的重大理论问题，尤其是当代中国马克思主义比较研究的创新发展。首先需要说明的是，马克思主义经济学需要且能够创新发展已是诸多学者的共识，但不能一蹴而就，作为当代中国政治经济学的历史使命，需要长期努力。虽然这方面的探讨已卓有成效，但仍处于进行时。笔者才疏学浅，深感其难度之大，只能尽力添砖加瓦，而不敢自诩在重大理论上取得突破，主要以当代中国马克思主义经济学的比较研究为出发点和目标。事实上，比较研究一直是马克思主义经济学的重要内容，历久而弥新，我们在对诸多研究加以梳理的基础上，试图以这一领域为突破口，在以下重大理论问题上有所贡献。首先，探讨创新发展马克思主义经济学的方法论原则，特别是适当引入现代科学哲学的新观点，在马克思主义经济学方法论、理论应用中提炼出新意、真意，并对一些有争议的问题提出新的看法。其次，凝练出新时代发展的政治经济学这一方向，作为当代中国马克思主义经济学创新发展的重要内容，即我们对目前中国以马克思主义经济学为指导的经济理论比较研究所赋予的新意，更是对新时代中国特色社会主义政治经济学的渐进式创新发展的新探索。

（一）研究背景

理论背景。马克思主义经济学从其诞生起，就不再是经典作家个人的知识成果，在无数马克思主义者的艰辛努力和社会主义伟大实践的共同推动下不断发扬光大，成为全世界劳动者与社会主义建设者的思想财富。近年来，当代中国马克思主义经济学随着中国特色社会主义市场经济的不断发展与完善，研究论题与领域大为拓展，呈现出一种前所未有的良好发展态势。随着理论内核的夯实、研究方法的拓展、理论体系的完善、数理分析的运用、实证分析的开展，一个自我创新、开放突破的中国马克思主义经济学理论体系正在形成。其中有对经典马克思主义经济学局限性的大胆反思，有对马克思主义经济学经典文本研究的深入挖掘，有对西方经济学成果的批判吸收，有对西方马克思主义的沟通借鉴，等等，不一而足。笔者认为，这样一种发展态势表明当代中国马克思主义经济学将进入突破性创新与渐进式创新并存的局面。但是，尽管中国特色社会主义道路以进入新时代而实现新飞跃，客观而言，马克思主义经济学在理论研究与实践中仍然存在一些不足或问题，理论研究的步伐似乎落后于中国道路的前进，渐进式创新的重要性和如何进行并未取得充分共识，因而对现实的解释和指导均需要进一步加强。

现实背景。第一，随着中国特色社会主义道路进入新时代，不断出现各种新情况、新现象和新问题，需要我们学好用好政治经济学，推进马克思主义经济学的创新发展，揭示中国道路新时代所必然呈现的新特点、新规律，形成新概念、新范畴和新表达，为新时代中国特色社会主义经济发展提供理论指导。第二，周期性危机的出现以及世界范围内的两极分化现象在西方掀起了回归马克思主义的浪潮，中国特色社会主义政治经济学的发展要求以马克思主义为指导，为世界问题的解决提供中国方案、贡献中国智慧。如果2008年开始的国际金融危机在其根本点上再一次验证了马克思主义理论逻辑的科学性，金融危机的爆发后资本主义国家增长持续乏力再一次说明了西方经济学的庸俗性和本质缺陷。中国经济继续中高速增长、中国特色社会主义政治经济学的进一步发展，都使人们更多地质疑西方经济学的适用性，这将呼唤人们重新回到马克思主义经济学相关理论中获取营养和寻找智慧。

（二）研究意义

第一，比较综合视域下马克思主义经济学创新发展研究，有助于巩固当代中国马克思主义政治经济学的主导地位。由于种种原因，西方主流经济学或美国范式在中国已经且仍然存在一些不良影响，在社会思想变迁和经济实践中不时抬头而不甘寂寞。如果我们仅仅痛斥其为“庸俗经济学”是不够的，理性比较的任务已经开始但仍未完成，需要进行更有说服力的全面比较以达至综合创新，需要以渐进式和突破式创新的辩证统一，引导中国特色社会主义政治经济学进入新境界；同时，经典马克思主义范式后来分化为苏联范式、西方马克思主义范式等，各有其适用性和局限性，也需要跨国历史比较，去粗取精，去伪存真，使当代中国马克思主义政治经济学的历史地位在这种比较中得以彰显。

第二，比较综合视域下马克思主义经济学创新发展研究，能更进一步认识中国改革、开放和发展的客观规律。近年来，中国的改革开放为世界提供了一个开放与改革双重引擎推动的发展典范。其中，改革与发展的核心要素、改革的特殊性与普遍性等问题，一直困扰着决策者与实践者，并成为诸多学术争议的焦点。对此，新古典的框架（包括新制度经济学等）、凯恩斯主义、演进主义各西方经济学流派分支均不能提供满意的解释；相反，由比较综合创新推动的马克思主义经济学的核心内涵并没有因为各种变迁而褪色，尤其是对一些看似陌生问题的解释充满生命力，并不断彰显西方经济学的形而上学色彩和庸俗性！当代中国马克思主义经济学创新发展又是在批判吸收全部人类社会科学基础上实现的，因而在比较综合基础上，马克思主义经济学的创新发展无论是看似缓慢实则重要的渐进式创新，还是狂飙推进的突破式创新，都有助于我们认识中国改革、开放和发展的客观规律。

第三，比较综合视域下马克思主义经济学创新发展研究，能更进一步认识当代世界市场经济的发展规律。周期性危机的出现、一国和世界范围内的两极分化等缺乏公平正义的丑陋现象，不断彰显资本主义市场经济的深刻矛盾和内在危机，也凸显了作为其理论基础的西方经济学现实解释力的不足与缺陷，如人文精神与价值判断的缺失、方法论缺陷等。西方马克思主义等非主流范式尽管一直顽强发展，但毕竟存在重大缺陷。随着以马克思主义基本原理为指导的中国之强劲崛起，随着中国逐步走向世界舞台中央，当代中国马克思主义经济学的创新发展有助于进一步认识资本主义与社会主义并存的世界市场经济的发展规律，为世界以及广大发展中国家的进一步发展提供中国方案、贡献中国智慧。

二、本书的研究思路

比较综合作为一种历久而弥新的研究路径，在中国马克思主义经济学的发展中一直发挥着重要作用。但是，由于种种原因，这种比较研究中也存在折中主义的拼凑式综合，形而上学的隔离式、现象式比较，简单化的、扣帽子式的、大批判式比较等问题，分析性比较较为薄弱，在深入评价和精准判断西方经济学理论资源的价值与缺陷上仍有不足，也在很大程度上制约了当代中国马克思主义经济学的创新发展。

已有学者指出，唯物辩证法与比较综合方法具有内在统一性，其在马克思主义社会科学发展中尤其是历史研究比较中的作用极其显著！马克思主义经典作家提出的回溯法就是从比较视角对唯物辩证法的具体化，坚持从本质到现象的研究路径，具有无可置疑的科学性！本书试图认真展示比较综合方法与渐进创新被误解忽略的作用，说明其与西方经济学形而上学比较方法的区别。我们认为，人们对比较方法的忽略和误解主要是形而上学式比较所致，并且对马克思主义经济学的创新发展会产生不利影响。

因此，本书首先从方法论或经济学哲学角度对马克思主义经济学与西方经济学进行梳理与回顾，进而确定比较综合研究的两种本体（理论本体与事实本体）、三种方法（平行论证、异中求同比较，源流对比、差异区别比较，以及实践导向、探索新知比较）、三大内容（两大理论体系的理论前提的比较，以说明比较研究对马克思主义经济学创新的方法论意义；在此基础上，我们对两大理论体系的核心内容比较，对两大理论体系的理论应用比较，尝试得出探索性观点，进而为建立于比较之上的综合创新和渐进创新服务；作为探索的初步结果，我们提出以发展的政治经济学为突破口，提出发展的政治经济学计划提纲，并从比较研究视角总结和展望新时代中国马克思主义经济学创新发展的趋势和前景）。

三、本书的研究内容

本书试图在继承和发展现有研究成果的基础上，从经济学哲学、理论内容、理论应用三个方面，讨论如何发展中国马克思主义经济学的比较研究，进而推动其新时代中国特色社会主义政治经济学的创新发展。

根据现代经济学哲学的逻辑框架，主要把经济学研究划分为理论本体与事实本体两大范式，根据世界观、方法论、人生观等标准，归纳西方主流经济学的理论本体范式、西方非主流经济学的事实本体范式、马克思主义经济学的理论—事实本体有机结合范式。从主流范式与非主流范式互动沟通的“取”与“予”、经验性检验、实用主义与理论发展等方面，对西方经济学内部沟通互动的性质及其局限性作了评价；在与西方主流经济学、西方非主流经济学的比较中，在对西方经济学的吸收综合中，说明理论—事实本体辩证结合范式是马克思主义经济学先进性、科学性的保障。

从理论内容看，主要包括：

（1）逻辑前提的确定：马克思主义经济学与西方经济学研究对象比较综合、马克思主义经济学与西方经济学制度范式比较、马克思主义经济学与西方经济学人性假设比较等。

在研究对象变化的比较中寻找启示，指出马克思主义经济学创新的起点，这是本书得以展开的前提。在制度范式（以生产关系、财产关系为核心经济学理论）比较中确证马克思主义经济学理论硬核的科学基因，我们的比较还包括非正式制度维度，尤其是以法治与非正式制度互动为视角，在解释法治建立条件时提出关于非正式制度重要性的启示性线索。在人性假设比较中，既深刻批判西方经济学自私人假设的庸俗成分，又强调理性人假设与个人主义方法在经济运行层次分析中的有益成分。制度范式比较说明马克思主义经济学创新中所坚持的本质分析的科学性，人性假设比较与此互相联系，说明生产关系与社会人假设密不可分，但马克思主义经济学要把整体主义分析与个人主义分析相结合。

（2）基本理论的比较：马克思主义经济学与西方经济学生产理论的比较、马克思主义经济学与西方经济学厂商理论比较、马克思主义经济学与西方经济学创新理论比较、马克思主义经济学与西方经济学分配理论比较、马克思主义经济学与西方经济学的垄断理论比较、马克思主义经济学与西方经济学消费理论比较等。

试图把狭义生产理论的逻辑分析、生产劳动过程理论与劳动分工理论的历史分析相结合，在劳动分工的二重性以及资本主义劳动过程的生产关系属性揭示中，完整理解马克思主义经济学的生产创造价值原理以及其中生产关系的属性范畴，进而对财富增长和创新发展中的生产决定作用加以阐释。

试图首先把一般分配理论加以比较，再结合工资理论为例，从要素市场运行层面吸收西方经济学关于资本主义市场经济中按要素分配的有益成分，指出社会主义市场经济制度中分配问题的核心是公平正义，解决之道是坚持和创新按劳分配理论，对按要素分配理论的借鉴批判，同时创建与中国国情和历史文化相结合的有实证基础的规范性分配理论，这样一种分配理论将杜绝和批判西方经济学分配理论对贫富两极分化的庸俗辩护，坚持从本质上肯定劳动的主动性和创造性这一马克思主义经济学分配理论的本质，同时推进非劳动要素所有者的积极性和创造性，在财富创造源泉的奔流中实现共享发展。

在消费理论和创新理论比较中，既挖掘马克思主义经济学所具有的重要历史贡献、精髓与当代价值，又辩证地认识西方经济学的贡献、分析方法和局限性。西方经济学方法创新在研究常规问题时能够开拓新路径、资本主义市场经济具有更长的历史且仍然是现代市场经济的最主要形态这一事实、中国仍然是全球最大的发展中国家的基本国情，要求我们在关于经济运行规律的把握中（如创新理论、消费理论比较），更多地重视采取个体主义方法，重视理论分析中事实本体的完善，把绿色消费与绿色发展结合起来，把技术创新、制度创新、管理创新等从微观层次上升到创新发展的宏观理念突破。

在厂商理论和垄断理论比较中，指出二者既在分析视野、分析方法、体系结构、理论表述等方面的重大区别，又在关注焦点、基本因素、作用机制等方面有相通互补之处，根据实践发展的要求，既对马克思经济学的核心要素如劳动、资本等进行夯实和完善，对垄断范畴加以拓展，又适当吸收西方经济学个体主义方法和形式化模型、计量检验的成果，以充分认识厂商行为和垄断组织形式的丰富多样性和动态性，认识供给侧结构性改革的微观基础，增强当代中国马克思主义经济学的时代性。

（3）理论应用的比较：主要包括马克思经济学与西方经济学国际经济理论比较、马克思经济学与西方经济学发展理论比较、马克思主义经济学与西方经济学危机理论比较、“中等收入陷阱”、西方经济学与政治经济学分析比较、马克思经济学与西方经济学转型理论比较等。

理论应用比较的目的是进一步推动中国特色社会主义市场经济的发展，因此，在国际经济理论尤其是国际贸易理论比较中，结合马克思主义社会科学体系的整体逻辑，从方法论、推动力量和国际经济秩序等方面进行比较，推动现代化对外开放体系发展；对包括金融危机在内的经济危机理论加以比较分析，指出要在对资本主义经济危机的制度性根源的深入探讨中，重视西方经济学对金融危机与经济危机中非理性因素的探讨，推动正确处理实体经济和虚拟经济关系；在中等收入陷阱这一当前热点问题的理论比较中，从中等收入陷阱的根本原因和特殊性、从内在的平均利润下降规律和外在的不合理资本主义国际经济秩序两方面，对马克思经济学理论的贡献和创新加以探讨。以上三章的比较尤其彰显了西方经济学之阶级属性本质、形而上学方法，以及马克思主义经济学的延展性和科学性。

在经济发展思想的比较中，既指出西方发展思想的庸俗性、意识形态属性与西方中心主义偏见，也指出发展的研究方法的个别进步，同时，以中国梦的生成为例，分析当代中国发展中的思想演进，尤其是与马克思主义发展观、中国传统文化精粹的继承关系，以及对资本主义市场经济实践的超越；分析五大发展理念的政治经济学基因。最后，在转型研究的比较中，探讨马克思主义经济学转型理论的科学性，辩证批判西方经济学中新古典理论、凯恩斯主义、演进主义理论等的非科学性，并从引入、吸收和超越，实践为本，历史分析，辩证思维等方面，从政治经济学范式对中国经济体制改革中的难点与关键点（尤其是新时代政府与市场关系、供给侧结构性改革）作了探讨。以上两章的比较与新时代发展的政治经济学这一主题最为密切，最能彰显面对当代实践、应对未来挑战时，当代中国马克思主义经济学“思辨理性大叙事”的创新性和优越性，彰显和批判西方经济学形而上学方法的弊端！

四、本书的研究方法

（一）学术文献的分析性比较

采取归纳与演绎相结合的方法，得出经济理论比较的理论框架、基本命题，以及比较—综合方法对马克思主义经济学在概念框架、方法论及理论应用方面的拓展。尽可能对以往大量比较研究成果加以梳理，去粗取精、去伪存真。

（二）辩证结合方法

采取历史与逻辑相结合、经济思想与经济实践相结合、实证分析与规范分析相结合的方法。本书的研究涉及马克思主义经济学与西方经济学的发展史。将始终根据马克思主义经济学的分析框架，以马克思主义经济学原理作为比较—综合标准，按照其内在的逻辑次序，选择典型性内容进行多层次结合研究。关注对经济思想的检验，努力把理论自身的发展逻辑与时代背景和经济实践相结合。

（三）三种类型的比较与综合

第一种类型的比较综合：平行论证，异中求同，以表明马克思主义经济学超越西方经济学的科学性或理论硬核所在（如西方新制度经济学对制度问题的重视远远晚于马克思主义经济学，但局限于现象描述，因而是非科学的）。第二种类型的比较综合：源流对比，差异区别，探索马克思主义经济学的发展方向，指出西方经济学的误区、盲点与错误（如西方经济学消费理论等反映资本主义消费方式的历史演变，忽视生产对消费的决定作用。马克思主义经济学分析的进步性等）。第三种类型的比较综合：实践导向，探索新知，吸收西方经济学的有益成分，在国际经济理论、发展思想等方面，发挥中国特质与创造性，打造中国马克思主义经济学的理论武器。

在以上三种比较中，前两者主要是从形形色色的经济理论中获得真知的理论本体方法。平行共性比较不是简单地为寻求共性而寻求共性，而是更客观地借西方经济学之被迫作出的变动揭示马克思主义经济学的理论硬核；差异不同比较，要求区分不同理论层次，既因重视本质差别而深刻批判西方经济学的庸俗成分，又不妨碍吸收西方经济学运行层次理论可能的科学性成分。第三种比较类型则要求经济学理论要上升到内在于社会实践的、直面不断变化的经济生活新现象、新问题的事实本体方法，在解释经济现象和解决经济问题中获取新知。再反过来发现和创新马克思主义经济学的理论本体。以上三种比较方法并不是孤立的，而是通过综合运用构成一个互相补充、循环推动的方法体系。

五、本书的贡献或创新之处

本书试图提出以下较有新意的观点或认识。

（一）把增强理论延展性作为当代中国马克思主义经济学创新发展，尤其是渐进式创新的重要内容，为新时代中国特色社会主义政治经济学的突破式创新夯实基础

本书以马克思主义哲学为体，借鉴现代科学哲学有关论断，从经济学可以分为理论本体与事实本体两大类开始，把西方经济学主流归于理论本体（或者说虽有尝试但其理论与事实结合并不成功），把各种异端归于事

实本体，我们强调，马克思主义经济学属于理论与事实结合本体（或更大程度上的有效结合），从而使其具有无可比拟的优越性。这种理论与事实的结合既可以采取假说验证方式（但不同于西方经济学的经验主义相关性检验），也可以采取意义解释的阐释学方式，以及话语体系创新的叙述方式；既适当采用个人主义方法，又与整体主义的制度分析相结合。这样一种比较综合式创新有助于整合和梳理以往存在的一些片段性结论，克服仿苏倾向（仅重视经济关系的机械演绎推导）、仿美倾向（只重视逻辑实证主义的假设检验）的缺陷；克服过于抽象思辨，忽略叙述逻辑、话语权力重要性的缺陷。

马克思主义经济学创新发展有渐进式创新和突破式创新之分，二者不可偏废。革命的政治经济学、建设的政治经济学、改革政治经济学属于突破式创新范畴。但与中国特色社会主义道路一脉相承，努力推进马克思主义经济学知识积累和成果凝练的渐进式创新不应忽视。理论延展性是一种理论可以逻辑一致地伸展到事实层面的范围与幅度大小，表明理论与事实结合的状况和程度，增强理论延展性，就是要甄别和淘汰过时的知识，面对新问题、新现象时赋予经典范畴以新内涵、经典原理以新论断，不仅包括对事实现象的描述，而且依据马克思主义理论硬核对社会经济现象本质加以揭示。这些都是经济学说史和科学哲学一再证明但又总是被忽视的有效方式。

（二）当代中国马克思主义经济学理论本体的科学性不可动摇，事实本体分析的实证性需要大力加强，理论与实践的结合要区分类型区别对待

我们运用差异不同比较，进一步确证以劳动价值论、剩余价值论、价值规律、竞争规律、资本积累和周转规律等基本原理在现代市场经济条件下的科学性，因而其地位不可动摇；根据马克思主义经济学的层次性、个体主义与整体主义方法的结合，以及平行共性比较，对西方经济学的借鉴综合应区分适度综合与吸收综合两种方式。所谓适度综合，就是在把握现

代市场经济运行层次规律时（如垄断等），在机制体制层面而非基本制度层面选择对西方经济学适度综合创新的切入点，适当引入西方经济学概念范畴，进行适度的探索性综合；与此不同，在当代中国马克思主义经济学消费理论和创新理论的发展中，基于消费资料私人所有、创新劳动异质性等因素，更多地采取个体主义方法而不忽视整体主义制度分析，尤其是更强调事实本体分析的实证性与定量描述、差异性分析。因此，吸收综合的程度和覆盖面可以更大，可以更多引入西方经济学的定量分析、心理分析，更多面对现象层次的问题，在探求新知中增强马克思主义经济学的时代色彩。

（三）应通过方法的开放、形式逻辑、数理逻辑领域具体方法的加强，增强马克思主义经济学的时代性和科学性

以往我们强调马克思主义经济学结构的开放性，但忽视了理论推演与事实归纳中具体研究方法的发展不足，虽然批判西方经济学个人主义方法的过度运用，但整体主义分析的局限性却被忽略；批评西方经济学结构封闭，但忽略了其方法开放研究路径的潜力及其应用价值。例如，人们试图对马克思主义经济学厂商理论的核心要素如劳动、资本等进行夯实、完善和创新，提出新的活劳动创造价值论、劳动生产率与商品价值正向与反向关系的讨论，这些讨论具有一定的创新意义，但还可以进一步从劳动异质性视角分析分工的发展、创新劳动和创新发展的起源等问题。通过心理学、行为经济学方法的引入，描述和分析消费、创新行为的多样性、复杂性，不仅更好地与人们在市场经济运行中的感性认识相衔接，也增强了马克思主义经济学对于复杂多变的经济现象的描述和解释力。类似地，我们提出马克思经济学要动态分析资源配置与资源创造问题，把分工与劳动过程看作生产理论的重要组成部分，不仅把劳动作为分析基本单元和价值创造角度源泉，而且从生产理论（基于技术进步的劳动异质性：知识劳动、体力劳动、产品劳动、服务劳动、协调劳动等）—创新理论［基于同质性（抽象劳动）节约的工艺创新、基于异质性具体劳动的产品创新］—发展

理论（劳动价值的社会实现—财富创造—发展能力提升的统一）的逻辑联系中，探索新的分析进路。尽管这是非常初步的，但我们相信它是一个值得探索的方向。

（四）把发展的政治经济学作为突破口，由此搭建当代中国马克思主义经济学创新发展的体系架构

本书提出把发展的政治经济学作为当代中国马克思主义经济学创新发展的突破口（参见附录），还试图在具体理论层面提出一些探索性观点。比如，在马克思主义经济学的研究对象创新上，指出不仅应分析生产方式，而且应基于劳动价值的社会实现分析资源配置方式、资源创造方式与发展方式；强调分工是生产理论的生产力维度，与劳动过程理论的生产关系维度结合的重要性，厂商作为社会生产的组织形式和社会经济的产权结构具有辩证统一的关系；西方经济学消费理论的新发展（从新古典经济学的完全理性，到新制度经济学的有限理性，再到如行为经济学的情景理性）拓宽了对个人理性的认识，对社会主义市场经济中更好地满足个性化、差异化消费，发展消费力具有启示；充分认识垄断作为社会经济组织形式的丰富多样性和动态性（如在技术创新上的潜力与维护垄断资本家利益的腐朽性并存），国家垄断资本主义在调节资本主义生产关系虽仍存在根本缺陷，但具有某种适应性效率；重视对金融危机与经济危机中难以用整体主义、个体主义解释的非理性因素的探讨，分析危机对经济结构优化的反面启示；从小康社会到中国梦，从发展理论的创新尤其是创新发展、协调发展、绿色发展、开放发展、共享发展理念的根基中开发马克思主义经济学理论基因。从改革到转型的分析中，分析马克思主义政治经济学范式对西方经济学中新古典理论、凯恩斯主义、演进主义理论等的诸多超越等。

第一章　比较综合视域下马克思主义经济学创新发展的方法论

经济学是由世界观、经济理论和其他应用性知识构成的学科体系，又与政治思想、经济政策等密切相关。马克思主义经济学与西方经济学作为当代两大主要理论范式，在很大程度上决定着当代中国经济学的思想方法和思想内容，进而塑造现实经济生活人们的行为取向、理论意识与政策偏好。从马克思主义经济学发展史看，除自身独特的理论生长外，与西方经济学总是有着不可分割的相互关系，既有对其的批判，也有某种程度的借鉴、吸收与综合。对这一过程加以比较分析归纳，是从方法论和思想史视角认识马克思主义经济学创新发展的切入点。

第一节　社会科学中的比较综合研究

经济学作为社会科学的一个分支，与一般社会科学一起，以帮助人们更为深入地理解社会经济现实为目标。在马克思主义经济学与西方经济学两大理论体系内部及相互之间，事实上的沟通和借鉴既是必要可能的，也难以避免。我们首先从一般社会科学中的比较—综合研究开始，理解这种研究路径的内容与意义。

一、社会科学中的比较研究

比较是人们认识周围世界最重要、最普遍的手段之一，作为参与认识一切阶段和一切形式的思维因素，在几乎所有科学研究中发挥重要作用。比较、类比、例证、隐喻等作为归纳法的环节，往往促使新思想的产生（如历史唯物主义的产生就与经典作家的比较方法相关联），有助于人们克服偏见与扩展研究活动的视野和领域。但指导思想的不同又会导致比较研究的本质差异。

一般而言，西方社会科学中的比较建立在普遍人性的假设之上，将人性和人的心理看作前提，为的是证明以唯心史观为指导的某种理论服务（如用自然条件、位置等不变因素解释社会经济现象的地理环境决定论）。由于西方社会科学在进行比较研究时缺乏科学的标准，往往会得出形式主义的错误结论或结果。对此，马克思主义经典作家指出了形而上学比较在科学发展中所具有的严重缺陷①。另外，西方社会科学在比较研究中也有一些有价值的探索。例如，比较的重点有时是不同经济社会文化现象的某种相同点，从初步用举例证明某种观点，到力求从相同点出发来推论未知事物的类比方法，有助于认识从零散到结构化，在建立所谓超越不同发展阶段的规范化理论中发挥积极作用。

在马克思主义的发展中，“历史唯物主义这一观点本身，必然为马克思主义学者提出一个比较研究的任务”。正因如此，马克思主义比较研究具有独特的科学价值。根据马克思在《资本论》第一卷序言中的论述，在社会科学中，要确定和最有效地认识所研究对象的规律性，只能选择表现得最完整、最清楚的研究对象。在一定程度上，比较起着其他靠科学实验才能达到的认识功能。

马克思主义社会科学特别是经济学、经济史学中的比较方法，其根本特点在于用唯物主义观点解释社会生活，把社会发展看作自然历史过程，以探求规律性。早在19世纪，马克思在研究原始社会时，比较了斯拉夫人的公社和墨西哥、秘鲁、古柯尔特以及印度等公社，得出了公社的特征是生产的集体形式的结论。恩格斯在《家庭、私有制和国家起源》一书中，

① 马克思曾经在批评形而上学式比较时辛辣地指出，“桑乔只熟悉下流作家和空谈家所用的比较方法，用这种方法可以得出这样奥妙的结论：桑乔不是布鲁诺，布鲁诺不是桑乔。但是对于像比较解剖学、比较植物学、比较语言学等科学，他自然是一窍不通的”。中共中央马克思恩格斯列宁斯大林著作编译局，编译．马克思恩格斯全集：第3卷[M]．北京：人民出版社，2006.

运用历史比较研究对国家形式进行三种分析，考察和比较了希腊、罗马、日耳曼氏族瓦解的过程，不仅阐明了一般经济条件的影响，而且判明了不同情况下这一瓦解过程的特点①。马克思主义经典作家在历史比较中阐明了每一社会现象的客观实质，如马克思分析封建社会向资本主义社会的转型时，通过历史比较方法得出了社会制度决定人们经济行为的观点。

马克思主义社会科学比较方法与一般意义的抽象方法是不同的。一般意义的抽象方法如模型方法、理想化方法，尽管可能体现了人们思维的能动性，但侧重于分析与演绎。由于形而上学思想的影响，西方经济学对于比较的认识总是片面的。比如，约翰·斯图亚特·穆勒曾强调比较分析方法是社会科学中唯一有效的方法，并试图模仿科学方法的最初原则推进比较分析，但难以摆脱缺乏可控实验等因素的影响。与此相反的是，有些西方学者把类比（比较）方法看作“懒人的思维”，当代一些西方学者把比较方法看作计量统计分析的一个初级阶段，熊彼特甚至把比较（隐喻与类比）看作通向真理的假设—演绎之路上的障碍②。

比较方法与马克思主义科学抽象方法的结合则更强调与综合归纳法具有内在联系，在理论思维从部分走向整体、从现象到本质的过程中具有关键作用。正因如此，马克思主义经济学中的（历史）比较研究并没有局限于经验主义性质的现象上，而是从历史唯物主义认识论角度，把它看作推动思维运动从具体到抽象，再从抽象到具体的一种方式，因而研究的结果具有科学抽象的价值，是对经济生活的客观认识。

二、社会科学中的综合研究

与“折中”这一贬义翻版不同，按照《辞源》的解释，“综合”有综览、综理、综括、综达之意；在《不列颠百科全书》“综合”（Synthesis）

---

① 项观奇. 历史比较研究法[M]. 济南：山东教育出版社，1986：199.

② [英]杰弗里·M. 霍奇逊. 演化与制度[M]. 北京：中国人民大学出版社，2007：66. 该书对新古典经济学与演化经济学的力学隐喻、生物学隐喻等比较方法的历史做了精彩概括；[美]斯梅尔瑟. 社会科学的比较方法[M]. 北京：社会科学文献出版社，1992. 该书对计量统计分析的比较成分做了归纳。

词条中，“综合”是真理的更高阶段。综合方法是在分析方法把整体分解为各个因素、属性、面相等基础上，再组合成一个整体的思维方法。在马克思主义社会科学尤其是经济学中，这种综合不是机械的、线性的综合，而是辩证综合与系统综合。其中的核心在于科学的指导思想，特别是科学的唯物辩证法指导的标准与方法。

纵观经济学说史，无论是西方经济学发展还是马克思主义经济学中，既有滑向折中主义的拼凑式综合，但也看到过站在思想巨人的肩膀上、构成未来经济学发展不可缺少环节之创新式综合。

比如，西方经济学中的货币主义、理性预期学派和实际经济周期理论，由于继承历史上自然主义传统过多，过于强调自上而下的个人主义方法和形式化抽象分析，虽有具体研究方法的突破，但缺少比较综合综理式创新，不能在宏观意义上为不同流派不同方向提供范式指南，因此在宏观经济学体系的竞争中败给了重视整体分析的凯恩斯主义学派。“现代宏观经济学是经济学家完成新凯恩斯主义模型，并发现很多问题的结果。”从萨缪尔森的《经济学》到斯蒂格利茨的《经济学》，再到曼昆的《经济学》，基于凯恩斯主义的较为成熟的分析框架，吸收包括货币数量论和瑞典学派的分析，凭借貌似科学的形式，使其成为西方经济学主流经典教材①。以《通论》为源泉的凯恩斯主义理论体系，通过对重商主义、马尔萨斯、维克赛尔、卡莱茨基的比较综合，从社会学、心理学等相邻学科吸收新的微观假设或构建其微观基础（或者反推“微观经济学的宏观基础与宏观经济学的微观基础存在同样多的需要”），除了在政策上表现出生命力外，凭借其理论上的自我进步，构成一个较有成效的、知识累积进步的研究纲领方法论。

在马克思主义经济学发展中，马克思、恩格斯在批判吸收黑格尔辩证

---

① ［英］马克·布劳格.经济学方法论［M］.北京：商务印书馆，1992：81；［美］埃克伦德，等.经济理论和方法史［M］.北京：中国人民大学出版社，2001：405.“货币主义已经败北……凯恩斯主义则显然能将货币主义的观念吸引进一种更为精致的宏观经济学”所有这些思想都成为新的经济正统的一部分。

法和费尔巴哈的唯物主义的基础上，建立了马克思主义经济学的哲学基础。马克思、恩格斯在批判吸收英法古典经济学的基础上，建立了马克思主义经济学的理论基础，创新出以《资本论》为代表的科学的马克思主义经济学体系框架。相反，以杜林为代表的折中主义哲学家与庸俗经济学家相类似，在劳动价值论上制造混乱，其综合研究根本上是错误的。斯大林的《苏联社会主义经济问题》一书，以及1954年苏联《政治经济学教科书》的体系化，其中包含丰富的社会主义经济建设和商品经济思想，尽管也存在一些关于高度集中计划经济的局限性，但是对马克思主义经济学的继承与发展产生了深远影响。

就中国马克思主义经济学的发展而言，从20世纪70年代末期开始的改革开放进程推动了社会主义经济建设的一系列重大理论创新，这包括：社会主义初级阶段理论、社会主义基本制度理论、社会主义市场经济论等。中国马克思主义经济学以唯物辩证法哲学信念和思维为指导，收集、选择出大量具有促进马克思主义发展意义的经济学事实和问题，坚持发展与马克思主义基本原理及图景相一致的理论逻辑结构。这包括：从社会主义生产、流通和分配几个方面来进行阐述的理论体系［如《政治经济学（社会主义部分）》（北方本）］，借鉴现代西方经济学的分析方法分析社会主义经济运行、目标、人的地位（如厉以宁的《社会主义政治经济学》）的理论体系，从本质、运行、发展三个层次进行阐述的理论体系（如逄锦聚等的《政治经济学》教材），以及按照中国特色社会主义经济理论体系发展的历史进程和内在逻辑来阐述，对中国特色社会主义建设已有的事实和问题进行组织、加工（以卫兴华、张宇著的《社会主义经济理论》为代表）的理论体系，对于夯实马克思主义经济学的“硬核”具有重要意义。

在过去相当长的一个时期里，中国马克思主义经济学者更是以唯物辩证法为指导，从普遍与特殊、个性与共性、归纳与演绎、抽象与具体、分析与综合、逻辑与历史、研究与叙述等辩证逻辑角度加以探讨，在与西方经济学方法论的比较中，取得了许多重要成果。例如，程恩富、胡乐明的《经济学方法论》（马克思、西方主流与多学科视角）在促进马克思主义经济学创新发展的方法论探索中就颇具特色。但是，以往从方法角度研究马克思主义经济学的创新存在一定的局限，如个人主义与整体主义的关系问题。有许多学者把马克思主义经济学的方法归结为整体主义，虽然马克思主义对于个体主义方法论有深刻批判而更多主张整体论，但马克思主义以强调整体与个体分析的结合为特征，特别是马克思主义经济学并不绝对排斥理性人范式①。

具体到比较—综合方法而言，中国马克思主义经济学研究者一直将其作为一种历久而弥新的方法武器不断运用，取得了一些重要成果②。例如，吴易风的《马克思主义经济学与西方经济学比较》（三卷本）、魏埙的《现代经济学论纲》、张熏华的《经济规律的探索》等。但是，也应看到有不少比较研究存在一定不足。比如，这些研究一般是局部性的、分离性的，缺乏系统整合综理。有些比较存在庸俗化倾向，局限于名词术语比较而忽略实质内容；有些颇有价值的比较研究急于草率地综合和体系化，对于比较研究中发现的科学成分并无进一步提炼。有些比较研究的材料与观点过于陈旧，缺乏时代性。有些比较研究并没有坚持马克思主义指导思想和方法等。

按照卡尔纳普等科学哲学研究者的观点，“综合命题”是表述经验事实的命题，它带有客观的信息，因而同谬误有原则的界限；由此延伸的是所谓“综合真理”，就是被经验事实和观察证据证实的真理。通过比较—综合的研究路径，在局部上升到整体中才能使研究对象的意义、结构得以凸显，从而使经济现实的本质得以呈现。需要在思维中根据马克思主义的基本原理，把经由比较得出的研究对象的各个本质的方面，按其内在联系有机地结合、综合与整合，最终构成统一的理论体系。

除了对经济现实和客观经济关系的研究探索需要比较综合外，在马克思主义经济学本身的发展中，也有一个理论自身生产发展过程中的比较综合问题。一方面，中国特色社会主义道路的开创，社会主义市场经济体制

---

① 张宇. 论马克思主义经济学的本质与理论框架[J]. 学习与探索,2012(3).

② 笔者在百度学术中输入“马克思主义经济学”,输出的有 34.8 万条相关结果;再输入“比较综合方法”,有约 20 万条相关结果,也可从一个点上看到比较研究在马克思主义经济学中地位之重要。

的发展，稳步走上强国富民的改革开放道路，这一切要求马克思主义经济学立足现实，把人们探索的扎根中国的许多有价值经济思想抽象化成为理论形态。但是，由于经济发展与经济运行的复杂性以及人们认识的阶段性，一定历史背景下的比较综合，客观上往往意味着我们所进行的理论工作只是一个片段、一个部分、一个视角的认识。马克思主义经济理论自身生产发展过程中的比较综合也就成为一个不断深入的创新过程。因此，我们看到，基于辩证唯物主义的比较综合得出的命题是人类经济生活本质的正确反映，是被社会经济发展所证明的颠扑不破的真理。同时，马克思主义经济学的核心内容需要作为思维具体而发展，在与西方经济学理论的比较参照中深化认识，批判其谬误，增强自身理论体系的活力和创新。

我们认为，当前比较综合方法视域下的马克思主义经济学创新，就是在问题导向中不断通过比较开拓视野，走综合创新道路。这种比较必然以马克思主义为指导，但要突破教条化马克思主义传统体系的限制；这种比较要凸显和批判西方经济学范式或分析框架的弊病与局限，但并不排斥学习与吸收其科学成分；这种比较要借鉴其他社会科学分支的知识成分，但要坚持和发展经济学本身的内核和工具；这种比较要客观面对现实与理论之间的不一致，把实践作为检验真理的唯一标准，但又要以夯实和升华马克思主义经济学理论的逻辑构件为旨归；这种比较是在层层推进中得以升华的。通过在比较中出新知，在看似熟悉的理论比较中比较出新意、呈现出出彩的新表述；通过在新知与正确的旧知的综合中提炼出真知，进行马克思主义指导下的当代中国与世界经济现实的检验，将若干科学思维成分或元素有机地、有序地构造成理论主线与理论体系，在得到更高层次科学认识中发扬光大马克思主义经济学。

第二节　西方经济学范式的方法论

经济学首先是由世界观、科学理论、政治思想、公共政策等构成的科学实践，其结构又是由本体论、认识论、方法论等理论构成的有机统一。

具体来说，本体论与方法论构成理解马克思主义范式与西方经济学范式的两大要素，都包括无论人们是否明确意识的世界观、某种预设的、超历史的方法、基本假设、推理原则、“元叙事”“元科学”概念等①，本体论是区别不同研究范式的基础。至于方法论，则与本体论相互联系、相互作用，“方法会严重影响经济学家的所作所为”，它绝对不只是非正统经济学或对方法论上瘾的经济哲学家质疑主流的借口。不同的经济学在其演化发展中遵循不同的研究范式（方法论与本体论的组合），让我们从范式的内在机制和动力出发，从讨论西方经济学范式及其代表性研究中的这些基本预设开始。

一、西方经济学的主流范式

所谓研究典范（范式），按照库恩的界定，包括适用于特定科学共同体的特定假设、概念、理论、分析方法，意欲解决的问题、约定等。在西方经济学边际主义革命以来，其研究对象、分析方法等不断发生重大变化。比如，人的心理本性不再属于经济学家的研究对象，只是部分凭借研究者对人的心理本性的局部感性认识，部分利用了心理学的资料来假定人的心理本性已知；社会环境即政治形式以及法律、政治思想等，同样也不属于经济学家的研究范围；物质环境、技术关系更是理所当然地划归自然科学名下。这样，经济学的研究范围既相当狭窄、封闭，以不断强调专业化和形式化为志趣，同时，吊诡的是，经济学又过于宽泛，虽然不时闯入社会学、政治学、法学等学科，经济学演化的社会张力缺乏，虽然一度被称为“经济学帝国主义”，由于不能兑现其所承诺的研究目标，所以只是流行一时的学术时尚。

在西方经济学的发展中，尽管主流学派是一种客观存在，但多元主义也不时成为一个主要特征。对于西方经济学不时出现许多流派或者学说、

① 常庆欣，张旭．“批判实在”对主流经济学的批判[J]．经济纵横，2013(7)．

主义，有些学者根据“硬核”和“保护带”来划分[1]，这具有重要意义。本书将其归纳为理论本体与事实本体两种研究范式。

西方经济学范式中的主流子范式，如法国的桥梁道路学派、边际学派、马歇尔学派、新制度经济学、经济自由主义等在微观经济学中占据统治地位，瑞典学派、凯恩斯主义、货币主义、理性预期理论、真实经济周期理论等成为宏观经济学中的重镇与骨干；貌似异端，实则与主流范式密不可分的特定类型，如奥地利学派在理论本体等领域的研究中具有根本性影响[2]。凯恩斯主义的国家干预学说摇摆于均衡观念和历史观念之间，尽管一度受到货币主义、供给学派、理性预期、真实经济周期理论等冲击，则在主流范式的宏观经济学中占据要津。西方经济学范式中的非主流子范式，如历史学派、（老、后）制度学派、现代制度主义、演进主义（如新熊彼特学派）等，则在经济理论的丛林中占据另一个极端。其中，有些流派（演进主义）以不可知论为哲学基础，对主流经济理论的成果采取怀疑主义态度，在人的认识和客观世界之间人为地刻画鸿沟；有些流派如制度主义，深刻批判新古典经济学人性概念的缺陷在于享乐主义哲学，批判个体主义方法以及主流经济学和资本主义制度，它们采用历史起源方法研究经济制度及其形态，也构成西方经济学发展中不可忽视的一个重要面相。

（一）主流范式的世界观

主流经济学世界观的基本根源是希腊哲学宇宙和谐的自然秩序观，背后的经济哲学是构造论的。它们强调社会经济生活的规律性，先验地类似于整个宇宙万物之间的和谐与秩序。如果说整个宇宙的和谐完美本质上是

---

① 方福前. 根据“硬核”和“保护带”来划分经济学流派[J]. 中国人民大学学报，1998(1).

② 在强调演化分析上，奥地利学派与制度主义者有相似之处；虽然以消费与生产的非连续性假设为依据反对数学推导；以开放行为假设为依据反对现代计量经济学的存在。但在个人主义和演绎方法与自然法哲学上，则与主流经济学异曲同工，也有标准新古典经济学变种之称，为市场原教旨主义奠定基础，而且这一学派的创始人门格尔更是作为主流经济学边际革命的主将而尤其卓著，因而笔者认为奥地利学派实质上是西方经济学史上的主流而非异端。

基于客观物质性的，那么人与人之间的行为与物体之间的相互作用也是相似的，并受制于同一机制，虽然社会经济生活的不同基于个体原子的经验实在性（经验与客观的统一）。主流经济学试图揭示人的动机与现象的真实联系，并把它所研究的对象确立为可以用达到目的的手段加以实现的诸多人类行为上。

与古希腊时代的城邦社会对应，社会经济生活的和谐秩序被古希腊哲学家诠释为一种组织构成要素的秩序，以及社会经济事务、政体治理等更高层面的和谐，家庭、团队、政府等诸如此类的社会单元的本体存在，这些经济主体之间相互依赖、相互分工、各司其职、各尽其责，构成了一幅和谐、统一、有序的图景。

在自然法与道德哲学的结合过程中，英国古典学派在对自然法进行重大批判的同时，将其引入了道德哲学，开创了自然法理学传统，并对市民德性和自然权利进行调和，进而作出对于经济问题的思考和回答。亚当·斯密对于经济秩序的系统性勾勒，不仅立足于社会经验事实概括出初步的概念化模型，而且基于永恒不变的人性及自然秩序的思想以经验历史的材料加以丰富和调适该模型。古典经济学在自然秩序思想和人性假设的基础上进一步理解经济事件。在牛顿力学自然观的引导下，用“看不见的手”这一隐喻模拟经济秩序，抽象出大量偶然性、随机性与误差修正背后的必然性。亚当·斯密说，宇宙里有一架巨大的机器，“利用最好的技巧使手段适应于其打算要达到的目的”，类似地，“人类社会，当我们以某种抽象的或哲学的方式对其进行思考时，它也就像是一架巨大的机器”。李嘉图的抽象分析方法所利用的很多工具和假设，都可以看到机械力学中的严格因果、机械决定、自由和谐影子，他集中于被斯密相对忽视的分配理论是一种进步，但以纯粹理论化的不切实际的分析得出政策建议等，在改变经济学研究方向的同时即产生诸多弊端，因而被熊彼特等后人斥为“李嘉图恶习”。

作为自然秩序思想的延伸，体现着终极理性世界的经济秩序思想则“肯定是神学信仰”，从而以宇宙是理性大厦，将真理与事实等同的唯心论哲学作为基础。正如凡勃仑的批评，亚当·斯密对经济学中的精神本体论世界观的孕育负有责任，按照这种见识，现实的最终基础是上帝设计的，是一种有目的的自然结果。同时，它假设人已然具有足够的判断力、倾向、本能乃至基因等天赋，人能够在“自然”倾向（如增加他人幸福的亲切和交往的本性）的带领下，在追求私欲的满足时为共同的福利有所贡献，由“看不见的手”所引导，去增进大众福利。新古典及后古典学派一直坚持这种路线，论证资源的有效配置状态就是利益和谐状态。马歇尔的经济利益和谐思想展现在其均衡价格论和收入分配论中。均衡不仅是经济的稳定形态，而且所有的“经济人”均可以实现自身的目标。如此枉顾历史事实的一个极端是奥地利学派米塞斯，他赤裸裸地否认资本主义存在固有的阶级矛盾，把和谐看作不证自明的前提，并任意广泛加以推演。此后，受到波普尔等证伪主义的影响，加之20世纪初期资本主义生产方式的新变化，同属奥地利学派的哈耶克则包容了利益冲突，淡化了宗教因素，但其当代新自由主义意识形态对自然秩序传统与和谐之关联的强调仍不改变。

主流范式的世界观将人类的经验或日常事务分为现实世界与理性世界两部分。现实世界看起来是无序的、杂乱的，而理性世界则是完美的、终极的，是某种永恒的精神的反映。由于强调超时空的理性宇宙观，人类经济生活就成为宇宙现象的一部分，但人类生活又体现了宇宙中存在的超时空的理性法则。由于静态世界观和理性秩序观，个人在宿命上就是被动的，不需要也不可能进行真正的探索和革新，这种静态与宿命色彩的世界观意味着，人们掌握知识的目的是解释而不是改变世界，基于这些哲学的经济学其目标就是刻画和反映、表达理性世界①，并以那个彼岸的理性世界评判人类实践。与此相呼应，作为其文化基础的基督教思维更是强调普遍的精神共通性，无意探讨世俗经济生活的物质需要②。正是由于立足于这些静态哲学的根基之上，正统经济学家有意无意地忽视和抹杀了现实经

① 张林. 艾尔斯的制度经济学思想[J]. 江苏社会科学,2002(1).

② 朱富强. 自然主义思维、经济人假设与现代主流经济学的庸俗化[J]. 人文杂志,2014(5).

济体系的复杂性与动态性，主要关注一个有序的、理性的经济秩序，尽管试图把现实与理论通过经验论相链接，但主体上仍然以理性万能的唯心主义哲学为指归。

（二）主流范式的理论本体论

西方主流经济学隐含的世界观坚持实在是由“实际的”以及“经验的”两个领域构成，前者是指社会经济生活的客观状态，个人被看作人类社会最终的、最小的实物粒子，孤立的个体是社会真实的最终构成部分。作为经济行为主体，人对社会经济生活的体验，通过主观经验、感觉的整理等，以规律、本质等方式加以客观表现。

原子个体与自然科学的物质结构虽有形态差异，但都是“一幅由种种联系和相互作用无穷无尽地交织起来的图画”。基于原子个体动机等因素推引的行为、事件，虽然基于人的认知天赋，但具有可以离开人的意识而保持“客观实在”的属性，并不是人的幻想或某种神秘精神的体现。因此，原子论提供了经济学理论本体的客观基础，并转化为一种突出个体和基本基层单元的思维方式。

主流经济学试图揭示人的动机与现象的真实联系，把它所研究的对象确立为表现为工具性的手段的人类行为，将经济机器的运动原理以数学逻辑的方式表达出来。李嘉图假设经济参与者是理性和精于计算的，进而，他坚持理论是分析具体问题的先决条件，却不考虑是否适应于基本背景。根据西尼尔的论述，经济学的基本前提是理性原理，理论的任务是完善体系的逻辑，但李嘉图学派推崇理论本体的结果造成经验证据与理论前提矛盾被长期忽视。约翰·穆勒虽然补充说，演绎模型得出的结论要与事实比较，以发现所谓“扰动因素”，但又认为这会导致新的更多的假设，再通过演绎推理得出新的结论。具有讽刺意味的是，由于不能解释劳动和资本的交换，以及等量资本必然获得等量利润的事实，李嘉图的价值理论是失败的。这论证了穆勒上述方法论的虚妄。马歇尔致力于锻造经济分析的强大、紧密、高度抽象的理论结构，认为经济学说“不是具体真理的主体，而是发现具体真理的发动机”，局部均衡、其他条件不变、边际量、时间周期、代表性厂商、生产要素等抽象的理论构件是其发动机的构件。在这一精神指引下，方法论的个人主义作为主流经济学理论本体的基本志趣，演化成为庞大复杂而又封闭的理性选择理论。

正如著名经济思想史学者马克·布劳格所言，“经济学是一门独特的科学，不用说它研究的是人的活动，从而要用人的行为的原因和动机来解释事情的缘由”①。实际上，门格尔早已指出，要关注人类生活中与经济活动相关的方面，永恒的理论根基必须是有自主经济意识的个人②，从而以个人为本体来诠释国家和制度现象具有优先意义。

个人主义方法论认为，个体是社会真实的最终构成部分，“关注社会现象是如何通过个体行为而产生的”。个体主义分为实际上有利于封建绝对专制王权的原子论个体主义（如霍布斯、米塞斯）和强调社会因素而不是心理因素的反原子论个体主义（如哈耶克）两种不同的形式。其中，反原子论个体主义者认为个体的相互联系是解释社会现象所不可或缺的，也就与社会学、政治哲学等具有天然联系。而原子论个体主义把从自然界获得的普遍主义和个体主义拓展到对经济学的分析中，否认个体之间的联系是一种真正的解释。

奥地利学派侧重于心理角度，运用抽象的鲁滨逊 - 克鲁索模型，抽象掉历史过程与制度安排的影响，抽象推演所谓经济学公理或“人类行为经济学”。其方法论先验主义或主观主义认为，如果不考虑事实背后人们行为的目的，而只是考察事件或物体，不能解释任何事实，也不能增进人们对世界的理解③。人类行为是思想的产物，是一种根植于人类行为公理之

---

① ［英］马克·布劳格. 经济学方法论［M］. 北京:北京大学出版社 1992:7.

② 超验实在主义与经济学理论的“发现”，朱富强. 对现代主流经济学的方法论反思［J］. 福建论坛（人文社会科学版），2010（7）；朱富强. 超验实在主义与经济学理论［J］. 政治经济学评论，2010（4）. 该作者系列论文对西方主流经济学的方法论进行了视野广阔的启发性批判。

③ 朱海就. 市场的本质：人类行为的视角与方法［M］. 上海：上海三联书店，2009：48. 该专著对奥地利学派作了较好的梳理归纳；韦森. 奥地利学派的方法论及其在当代经济科学中的意义及问题［J］. 学术月刊，2005（4）.

上的演绎方法①，由此，米塞斯、柯茨纳、罗斯巴德等强调原子论式个人主义，试图由个体逐步逻辑地构造出整体分析，以构建统一的人类行为经济学理论。

（三）主流范式的方法论

如前所述，主流范式把经济现象视为一系列经验客体，是客观而独立存在的自然之意识性反映。实际的事件与人们的经验、感知、智识共存，从而实在被认为是可感知到的。实际上，因其理论本体论的取向，加之功能主义哲学观的影响，主流经济学在资本主义工具理性和各种商品货币拜物教思想的影响下，把功利主义和实用主义紧密结合在一起，把研究的重点定位于探究事件之间的规律性关联上，尤其关注事件之间所存在的稳定的联系模式。对此，约翰·穆勒进一步强调，经济学的基础是处于完善与修改过程中的经验事实，经济学的规律和公理使经济趋势分析成为对经济现象的最好理解。

因此，主流经济学在方法论上强调对演绎主义等特定解释方式的推进。演绎法是经济学领域居于统领地位的解释方法，其解释现实现象立足于已有初始条件、假设及公理等，或者从各种事件的常态关联中派生，经过逻辑推理推断出某种观点结论。遵循演绎主义的方式，抽象演绎的研究路径是作为方法论实践，表现为概念的界定、命题的确立、形式理性、普遍性的超时空一般化理论等，作为思维之眼（Mind's Eye）的抽象演绎的任务在于揭示不证自明但通过思维得以确信的原理，进而解释更多的特定事实。

定量化、形式化要求把经济事务内容诸要素统一起来的结构或表现内容的方式，同一形式可以容纳多种内容，经济学的形式化就是寻找适合最

---

① ［奥］米塞斯．经济学的认识论问题［M］．北京：经济科学出版社，2001：14．“无可争议的是有且一定存在人类行为的先验的理论……”由于人类行为经济学的知识是先验的而非经验的，“运用公理性方法就可能建立一门如此一般的普遍人类行为学，以至于它的体系不仅包含了我们实际面对的世界中的所有行动类型，而且包含了其条件完全是想象的并没有任何相应经验的世界中的行动类型”。

广泛经济内容的、具有相对稳定性的普遍形式。以此为指导，新古典经济学立足于稀缺性和资源配置这一理论基石，更是将经济学理论转变为数学的形式化表述，以数学与逻辑的运用及改造，以强调社会科学能够且应使用与自然科学相同的方法为特征。

量作为事物的一种内在规定性，度量、计算、测量等具体方法的发展与运用是极其重要的。作为“纯粹”形态研究量的科学，经济学中数学的启发功能使它成为一种有用的智力工具，使人们可以更严格一致地思考外在功能关系，以精准的模式定量化、符号化表达，甚至使之成为自在运转的模型，进而成为演绎主义解释方式的主体而洋洋大观。与奎因的改良自然主义相对应，在“存在的即是合理的”这一信念下，派生出了大量实证主义与计量应用。但是，尽管自然科学方法可以帮助但也可能限制思考。例如，演绎主义最终导致对严格的数学形式描述经济行为方法的滥用，当这种方法被误置施用于根本不适合的研究对象时，可能产生更多的不良影响。例如，把模型与理论混为一谈，结果在理论的发展中带来同义反复或套套逻辑等致命的缺陷①。不无讽刺的是，“现代人探究模型特征的偏好，要远甚于探究现实特征”②，以自己选择的假设为基础，展示数学的威力以炫耀，在严谨之中，经济学变得与现实无关!

为了满足形式化建模的需要，新古典主流经济学在其理论框架中采取两种封闭或研究志趣。内在条件是指一种原因总会导致同样的结果，意即现象的结构是恒定如一的；外在条件封闭是指一种结果总是源于同样的原因，意即在既定的约束和行动中，只有一种结果是可能的。进而主流经济学提出所谓分离法，综合以上两种条件，基于一种封闭系统的思维方式，演绎事件层面对经济现象的决定论解释③。因此，杰文斯以边沁的功利主义哲学为基础，企图建立一套推理的规律，他主张“类似物的替代”，即

① 理论是关于真实世界的信仰体系，尽管其中有假设成分，模型是能够清晰阐述理论中各部分逻辑关系的数学构造，一般不包含理论的整体。参见莱永胡武德. 历史的价值[J]. 比较，2009(4).

② [英]杰弗里・M. 霍奇逊. 演化与制度[M]. 北京：中国人民大学出版社，2007：3.

③ 贾根良. 新政治经济学：范式革命与异端的综合[J]. 天津社会科学，2004(3).

逻辑中的代替完全可以像在代数中一样，以方程式的方式表达命题，把经济学变为逻辑与数学的等同物。瓦尔拉斯、帕内托等指出数理方法是经济学研究的独一方法，并尝试完整构建微观经济学和一般均衡理论的严格框架。

功能性、形式化分析的数理经济学逐步主导了经济学研究，其发展立足于大数定理等以消除复杂社会过程的随机性与不确定性，坚持哲学上的实用主义倾向、经验主义和工具主义，注重“以最有效的手段来达到目的”的工具理性。其中，费里德曼倡导的芝加哥方法就是一个典型。在阐述经济科学时，“芝加哥”象征着一种方法，该方法试图将经济理论的运用作为分析相当广泛具体问题的一种工具，为摆脱前述抽象的数学结构的纯粹演绎，该方法又坚持对理论概括进行经验检验，以拒绝没有理论的事实和没有事实的理论。

在封闭体系理论本体中框架关系是恒定的，因此能够使用数学关系表达。客观经济生活的多样性、异质性，与特定经济事物相联系的、对它的存在和发展发生作用的要素复杂众多，决定了理论分析需要经验验证，以查明经济规律的条件。一种理论可被诸多生动具体的实践活动所证明，则该理论就能够被大家接纳并享有科学规律的地位，否则，如若不能被经验证据所支撑，就无科学价值且应被反驳。基于此，与观察的或实验的数据匹配是统领任何学科的最高规则。而且，历经实证检验，科学的知识体系必然具备日益提升的理论解释力。在这一信念下，经济计量学是检验西方经济学基本假说和原理的工具，尽管这种检验主要是相关性的，不是因果性的，但被作为一种方法而不断推进。

尽管西方经济学中的形式主义认识论和知识论以逻辑实证论为指导，强调理论特质和理论本身的逻辑结构形式，以及经验验证程序上的证实、验证、否证；强调理论应该是一种经得起检验的且具有逻辑上一致性的知识整体。但是，这种检验是有局限的，因为依据功能主义和实用主义，主流范式对经济现象的外在表现和现象相互之间的功能性关联加以解析。但主流经济学过度坚持形式主义的方法并忽视对象的本质，导致对于理论本体的屈从，从而失去了推导因果关系、动力机制及本质等存在的逻辑根基。比如，相关分析以经济系统是封闭的为前提，探索现象之间是否具有某种依存关系，并对存在依存关系的现象考察其相关方向和相关程度，它与因果分析有着巨大差别。类似地，由于不关注经济现象形成的制度基础、伦理环境、历史逻辑以及诸多事物的内在联系，计量经济学在很大程度上只是检验或预期其相关性，只有在极其个别情况下才能说明因果关系。

总体而言，西方主流经济学范式虽然也表示，科学理论要合乎逻辑与具有检验内容，但其所隐含的内在矛盾（如主体认知结构与外部对象何以具有一致性等）使其经常必须迁就理性、思维与主观，而牺牲经验、存在与客体。尽管有时也似乎坚持因果观基础上的经济规律的假说，但更强调经济学的形式化、话语的命题性质、概念与概念的同义反复关系，扩展理论的内容。在新古典经济学中，以瓦尔拉斯的《纯粹政治经济学纲要》和马歇尔的《经济学原理》等著作为典型代表，严密的逻辑体系一度令人震撼，但是，由于过于强调概念与理论的形式化、一般化，导致客观现实的因果关系分析难以进行。由于它所强调的其实只是相关关系或现象性而非本质性因果关系，强调在封闭系统中可重复度量、量化逻辑关系的检验等，因而其研究对象与范围仅仅局限于外在相关，或者经济生活中可观察的外表，不能分析内在的经济关联，不能揭示经济社会的本质！

二、西方经济学的非主流范式

（一）三种主要的非主流范式

尽管受自然科学中强调理论本体者的影响，经济学中强调理论本体者的产生与发展洋洋大观，但也吊诡地刺激强调事实层面者的产生和反弹。在19世纪下半叶的达尔文革命和20世纪初的物理学革命的影响下，产生了一种动态和演化的宇宙观，催生了非主流经济学的发展。由于在资本主义发展中，很难认为个人偏好、技术等不是外生给定不变的，因而个人主义方法的基本前提是不存在的，加之形势变迁时主流思想观念虽欲罔顾非主流学派的攻击，但总是显得无能为力[①]，非主流经济学或异端经济学等也就乘虚而入而得以勃兴。回顾历史，早在19世纪下半叶就产生了异端经济学的许多重要先驱，一直到20世纪40年代以后，西方经济学中非主流范式堪称洋洋大观，这包括重商主义、德国官房学派、历史学派、美国学派、凯恩斯主义、后凯恩斯主义、激进主义、女性主义经济学、社会经济学、制度主义、准制度主义、演化经济学等，在主流与非主流并存的多元主义中，非马克思主义异端学派以历史学派、制度主义和演化经济学最为典型。

历史学派，堪称异端经济学的先驱，偏好于历史史实分析、历史事件解读等资料分析，尽管带有浓厚的民族主义情感因素，但通过历史方法的贯穿而在经济学中持续激荡、时有回响。德国历史学派和英国历史学派是其主要代表，它们形成的时代背景、国别特征和哲学思想有所不同，但使用的方法有相通之处。德国历史学派发源自对英法古典政治经济学的驳斥[②]。但是，在回应20世纪初英法经济学（特别是门格尔）的挑战中，新新历史学派的马克斯·韦伯转而认同自利的“经济人”的假说，认为其应再继续改进，并提出了“理想型”理论。尤其是在对财产权利、资本主义发源以及货币、市场与交易等的分析中，韦伯指出人文科学要通过再现行为主体的内心世界得到理解，这要求将行为对人的主观意义与客观要求结合起来，使社会科学实现在意义水平上的恰当与因果关系上的恰当相结合，新新历史学派的这类观点对理解各类制度形态未来延续的方向和范式

① 贾根良，崔学锋．当前西方经济学界主流与异端的分裂及其发展趋势［J］．当代经济研究，2005(6)．正如方法论学者所言，主流与异端学派尽管流派众多，但将二者区分开来的不是具体的学术观点，而是本体论预设上这一元方法的根本不同或分野，前者坚持理性人和个人主义的世界观与隔离式方法，而后者是以制度—历史—社会结构的观念和归纳综合作为其分析框架。

② 关于德国历史学派的方法及其争辩，可进一步参见 There Really Was a German Historical School［J］. *History of Political Economy*, 2001(33)：649－654；［英］杰弗里·M．霍奇逊．经济学是如何忘记历史的［M］．北京：中国人民大学出版社，2008．这一学派与19世纪中期德意志民族的启蒙思想解放以及法理学等学科的勃兴有重要关系，该学派批驳李嘉图、萨伊等主张的抽象演绎方法，指出英法国家的经济学仅仅是在臆造没有意义的思维神话，只有历史方法才是确切可靠的。“现代与过去无法割裂，总体和整体是重要的”，应观察其“从不合理到合理“的历史演化过程。在分析欧洲中世纪的行会制度、城市化、工业发展、银行问题，虽然强调因果过程的重要性，但否认一般规律的存在。

造成了巨大影响，也有助于纠正其前辈不承认历史发展的一般规律，只强调经济活动的特殊性，结果陷入不可知论和相对主义陷阱的谬误。

英国经济学中的历史主义则发端于对爱尔兰1845—1849年饥荒讨论的理论回应，尤其是对古典经济学方法和内容的驳斥①，这一学派受达尔文主义、相对主义哲学影响，强调经济理论的相对性与整体主义，理论与政策同历史密不可分，强调道德问题的必要性，强调事实与统计分析的彻底性，经济学说的开放性等②。其鼎盛期是1875—1890年，但在历史学派和新古典经济学派在政策观点上的一次集体交锋（1903）后，被边际革命和数理分析所覆没，此后，在经济史、经济思想史和应用经济学领域中得以薪火相传，以计量历史学的形态得以一定程度的恢复。

制度主义（根据Chicago economics and institutionalism，Malcolm Rutherford，这一术语最早由凡勃仑的一位名叫Robert Hoxie的学生提出）在美国20世纪约兴盛30年左右，试图超越经济人假设与新古典经济学简单归结于约束条件的做法，强调人的能动性与结构问题的重要性，大力倡导基于事实的研究范式。近年来，与德国历史主义相呼应，并受奥地利学派影响，制度主义者认识到了历史特定性的重要性，一方面侧重于经济过程的动态性、复杂性和混沌特性③，但更加强调个体自由等。制度主义者尝试阐释社会生活中人—物关系（技术）和人—人关系（制度）间的彼此作用，并根植于其小资产阶级的社会价值理论作为判断标准。受到马克思主义经济学的巨大影响，制度主义者认为，经济社会的构成部分是相互矛盾的，社会是一个动态演化的过程，技术、制度的相互适应引致社会进步，关键在于技术不断打破制度的阻力。制度主义者尝试抛弃或遏抑对人类社

---

① 参见［英］杰拉德·M. 库特. 英国历史经济学：1870—1926经济史学科的兴起与新重商主义［M］. 北京：中国人民大学出版社，2010：218.

② 关永强，张东刚. 英国经济学的演变与经济史学的形成(1870—1940)[J]. 中国社会科学，2014(4). 例如，这一学派的奠基人克利夫·莱斯利，以工资基金理论为例，指出李嘉图学说并不符合现实，应脱离纯粹演绎方法，强调经济生活中的复杂性和不确定性；理查德·琼斯因提出路径依赖思想同时被认定为制度主义的共同先驱，他指出经济学理论是历史决定的且应由经验数据来支撑，直斥李嘉图学说是“妄想的假设”，仅能解析非常小部分经济现象。

③ 杨虎涛. 美国制度主义与马克思主义[J]. 当代经济研究，2009(9).

会存在破坏性的、虚伪的礼仪价值，并把创造性能力以及实用的工具价值放于第一位，通过工具体系（技术体系）不断打破制度—仪式体系的妨碍，追求人类生命的持续和生活质量的提升。例如，在艾尔斯所辨别的价格经济和工业经济中，与虚伪的礼仪价值相应的社会价值是无助于社会福利的、仪式的虚构价值，与实用的工具价值对应的却是经由科技决定且有益于社会福利的持续性价值。可是，尽管制度主义者尝试揭露真正对人存在的有用性与追逐利益及权力等活动之间的冲突，关注资本主义过程本身，但却漠视资本主义生产方式内在的规律，很少触及资本主义的产生以及资本积累的过程的内在矛盾等重大问题。

经过长期酝酿，在生物学思维的零星回归等因素影响下，20 世纪 80 年代后，非主流经济学的新近代表演化经济学，“作为一种由经济利益所决定的文化发展的过程理论”，围绕制度作为演化选择的基本单位，开始赢来了一个空前的繁荣期。早在20 世纪前半叶，康芒斯认为，经济体系运作的关键是政府，强调资本主义结构改革以及搜集资料的调查研究方法；凯恩斯则批评微观经济分析，提倡总量经济分析；博尔丁把经济生活看作一个生态系统，认为知识与遗传基因类似，突变即新观念、新知识的产生，等等。此后，在熊彼特、凡勃仑、韦伯等的基础上，在演化博弈论的协助下，制度主义和演化思想大发光芒①。这一理论关注的是新古典经济学假定前提的变化，强调对社会交互过程和技术转变基本因素的分析，分析偏好的形成及其变迁，即新偏好的形成、技术和制度的创新以及新资源的创造，本体论意义上的新事象或“新奇的创生”等重要思想。这一理论既强调惯例的基因遗传机制以反对机械论范式，又强调经济事实的演化过程所包含着的对新事象（创新）的批判实在论解释；这一理论既认为不同层次上展现的特性不同，对高层次特性的剖释不能全部复原到低层次或基本元素的层次上②，也反对整体主义的还原论解释。这一理论既对实际经

① ［日］八木纪一郎，孟捷，吕守军. 进化经济学的现在［J］. 政治经济学评论，2004(1).

② 杨虎涛. 演化经济学的两种系统观［J］. 经济学家，2009(8)；孟捷. 演化经济学与马克思主义［J］. 政治经济学评论，2004(2).

济体制的趋势和联系进行渐进和批判性抽象分析，又反对把过度抽象、故事编造、虚构看作基本方法，回避对真实世界分析困难的取巧之法。这一理论指出经济现象没有结果，主要是过程以及奥地利学派沙克尔的所谓无因之因，经济事实是发展累积和演化的历史过程且面临着严重的信息问题和不确定性，关注焦点不能集中在均衡上；这一理论强调价值驱动和政策定向①，反对把手段与目的、事实与价值分裂开来，承认经济行为者之间可能存在的矛盾和不平等。总之，由于使用时间因素和动态分析，演化过程就成为演化经济学关注的焦点问题，在分析不同层次上经济系统的动态变迁过程及其耦合，观察真实世界的经济现象，把变化与创新作为研究的主题中，开辟了非主流经济学的新境界。

（二）非主流学派的方法论

作为异端学派的共同哲学基础，早期由美国哲学家罗伊·伍德·塞拉斯提出，通过英国经济学家劳森等发展的批判实在论科学哲学，对主流与异端经济学的方法论差异作了精彩解说。比如，主流经济学认为自然是由事件的规则性构成的，并把经济现象区分为潜在的和实际的、倾向和结果等类型，批判实在论科学哲学认为，这种实证主义自然观是谬误的，世界不仅仅是由事件和人的经验感知构成，而且是由不能直接观察的深层结构、机制和趋势所构成，构成经济世界的这些分层的、有结构的本体，制约着人们已经历或尚未经历的现实事件。有别于经验实在论，批判实在论指出实在自身是有差异的、繁杂的、多层级的②。虽然事件的规则性揭示需要一定的分离或封闭。但是，在经济学和社会科学中，数学形式化建模能够应用的条件并不具备，经济学数学形式化是它盲目地崇拜自然科学成就的非自主性产物。

---

① 贾根良.演化经济学与达尔文主义：文献述评[J].政治经济学评论,2004(2).

② 批判实在论认为，构成经验实在的三个部分重合但本体上存在差异的领域是：经历、印象等经验事件、事物状态，以及结构、机制和趋势，这三个领域彼此之间经常缺乏共时性和遍历性，故而，当经验与事件不一致虽然允许人们进行某种比较，但事件与作为其支撑的深层次结构或机制是“不同时的”“非遍历的”。

因此，应提倡一种区别于实证主义的研究方法论。第一，基于事实本体论，经济学的任务并非预测，而是对人类经济行动的类型进行识别、归类、理解和意义解释[①]。第二，强调对规制和人类行动的结构性条件、预期转变进行研究，基于特定的历史条件为社会经济活动探索更大和更平等的发展机会。第三，借鉴其他社会科学和人文学科，批驳性解析已有的谬误观念，在人们的开放性实践以及自身对世界所持有的观念和理解的转变中[②]，推进社会结构与人类能动作用之间的良性互动。第四，除了关注新奇惊异创新之外，探索规范分析与实证分析的统一，以唤醒作为兼具社会科学与人文学科二重性的经济学之内在诉求。总之，演化经济学强调实质性、特殊性，层次性、运动性、历史性是其方法的主要特点。异端经济学各流派从不同的视角否决主流经济学的对象制约，提出应该涵盖更加重要的资源创造（经济剩余）、经济规范等问题。进而言之，演化经济学对经济学的性质存在与主流对立的认识，其非主流方法总是公开或隐含地赞成演化结构、方法论有机主义和社会历史事实本体的预设。可是，这一学派一般都突出个人“心智”的本质作用，并过分突出演化的无目的性、无方向性和多样性，否认预测必要性以及客观规律的存在，这与马克思主义原理并不一致！

历史主义思想起源自意大利启蒙思想家维科，并在 18 世纪到 19 世纪盛行于德国，作为德意志民族崛起时的哲学思潮，区别于英法启蒙思想家的理性主义和普世主义，历史主义包括发展和个体性两大观念[③]。历史主义是对启蒙主义批判的产物，根源于 19 世纪英国、德国发展道路的分歧，

---

① 新古典理论认为，对人类总体行为的理解完全可以通过对孤立的“代表性行为者”的理解和演绎来达到，但这是极其错误的，因为其中存在“合成的谬误”，总体行为中所发生的“深层次的”交互作用（“网络”“网状系统”、非原子式个人主义）等，特别是识别这些经济行为的前提条件（如结构变量、人的互动与相互依赖、外部性和反馈循环），以及无意识动机、默会性技能和意料之外的后果。

② 由于自然现象和历史现象间存在根本差异，认为人文社会科学应使用独特的方法。历史主义反对基于经济人假设的，由知识与理性引致的古典的和谐一致观念，强调历史由具有目的性的、独特的、不可重复的人类行为所组成。参见贾根良. 新政治经济学：范式革命与异端的综合[J]. 天津社会科学，2004(3).

③ 高德步. 历史主义与中国经济学的当代建构[J]. 政治经济学评论，2012(1).

强调个人行动的非理性因素。作为时间上和空间上不同的某种特殊社会环境的一部分，人只有通过自身的发展才得以显现，表达这种发展的历史成为理解人的有效指南。作为一个自然变迁的动态过程，人类历史体现出不可复制性特征，代表一种个别的精神，显示自己的独特性和价值。进而历史学派驳斥通过普遍规律或模式进行推理研究，倡议实施历史归纳方法，突出将历史研究方法与生物进化观念的综合，特别是采用历史经验对经济学理论实施证实性或证伪性检验。总之，作为德国当时居于统治地位的意识形态，历史学派在一定程度上梳理并促进了德国经济发展的思路，归纳了快速发展的经验，虽然也具有诸如滑向不可知论等的消极成分①，但重视面向现实的研究风格，在指引经济学转向经验分析方面具有重要作用。

制度学派以实用主义哲学和詹姆斯等的非行为主义心理学为基础，并根据美国的制度与经验对英国和欧洲大陆的经济思想加以折中，在凡勃仑、康芒斯、M. 克拉克、霍布森、米切尔等基础上加以阐发。受到历史学派观点思潮的影响，凡勃伦的理论体系根植于一系列特别的人性假定条件上。人是社会进化和进步的能动主体，人的行为受到先天人性本身和后天社会环境的两重约束②。与此相对应，根据杜威的哲学，凡勃仑将社会视为一个生命过程。社会的生命过程有两个主要的特征或者两个主要方面：制度特征以及技术特征，社会约束而不是个体本身的重构是重要的。因此，个体偏好不是固定的，其总是处于被型塑这一过程中。“道德理想塑造了制度，而社会制度则塑造了个体的习惯和行为”③，于是，人的社会性体现为个人具有多重身份与角色，未必总是以个体自己的利益为目标，理性计算的一般原则亦将因其历史时空背景与社会性而出现相对与多维面相。凡勃伦还提出习俗先于个体的观念、把习惯看作理论解释的重点。在把人的本性主要归结为三个方面（工艺本性、随意的好奇心和父母本性）

---

① 汤在新. 论历史学派[J]. 经济评论，1991(5)；胡明. 历史学派与德国特殊发展道路[J]. 德国研究，2008，23(3).

② 张林. 凡勃伦的制度变迁理论解读[J]. 经济学家，2003(6).

③ [英]杰弗里·M. 霍奇逊. 经济学是如何忘记历史的[M]. 北京：中国人民大学出版社，2008：171.

之后，有别于正统经济学把理性看作人的唯一本性，凡勃伦突出人的社会性、重视制度对于既定物质环境的支撑。至于制度学派的其他主要人物，如康芒斯、米歇尔、艾尔斯等，则发展和丰富了凡勃伦的理论，形成了一个完整的制度分析框架。按照这一框架，经济由社会政治及文化习惯一并构成，人的经济行为主要决定于文化，经济学中的价值应是社会价值而非单纯的价格；制度学派尤其认为，人类知识的有效性最终依据是否改善人的生存质量来评价，主流经济学无历史的、主观的理性个人主义是虚妄的；他们强调，经济过程而不只是市场、生产力而不只是效率是重要的，经济生活的目标是人类福利，而不是均衡，市场的结果必须受到经济规范的评判，而不是异化地由前者来评判后者[①]。

三、西方经济学主流范式与非主流范式方法论比较的结论[②]

（一）关于主流范式对非主流范式的吸收综合

美国经济思想史学者兰德雷斯和柯南德尔在《经济思想史》（2011）一书中指出，经济理论的发展有两种方式，即相对主义方式与绝对主义方式。相对主义方式强调影响人们思考经济问题的社会、政治、历史因素与事件背景。正如无政府主义科学哲学家费易拉本德所言，即外部对科学界或科学界承受的社会压力影响理论的发展。经济现实问题的解释力和适用性如何，就是经济理论的发展所面临的外部压力。在重商主义时期强调依靠殖民掠夺和对外贸易，古典学派初期重视制造业、生产劳动与财富创造，古典学派末期转而关注分配问题，此后在市场经济发展进入更高阶段后，新古典经济学强调消费与资源配置方式，这一系列转变都不是偶然的[③]，都与经济学家承受的社会“压力”和社会期待密不可分。绝对主义

---

① 张林. 两种新制度经济学：语义区分与理论渊源[J]. 经济学家，2001(9).

② 本部分内容已发表，这里有较大扩展。

③ 刘伟. 经济学为什么研究价值理论——兼论马克思劳动价值论面临的历史性挑战[J]. 经济理论与经济管理，2003(5)；朱富强. 中国经济学范式思考：两个层次的契合[J]. 财经研究，2008(5).

方式考虑经济学自身内在的发展，特别是围绕理论硬核的知识积累与方法进步等。因为一种理论形成后，会沿着其特有的逻辑道路向前发展。一般而言，经济学的发展方式是复合的，如李嘉图工作方法的实质既是抓住时代向他提出来的问题，又运用他通过批评《国富论》所得到的工具去解决它们，他与斯密的区别是侧重点的不同，其成败得失与吸收和综合密不可分。事实上，这种吸收与综合的成效对一个学派的地位有重要影响。比如，历史上的异端可能成为主流，有时候曾经的主流又退化为异端，就与对其他学派是否吸收与综合的态度、行为难脱干系。

无论是主流范式还是异端理论都是因面临同一类问题（对资本主义生产方式下的经济活动规律进行解释）而产生的。因此，由于研究对象的交集，针对同一现象的不同理论解释，通过不同范式互换观点和相互进行比喻而磨砺，相互替代与相互补充的关系并存其中。前者如马歇尔对杰文斯的更新，主要以斯密、李嘉图、穆勒的工作为基础，把边际革命中处于胚胎状态的启示发展成为一个壮观的有机整体，从理论本体角度看，建造了经济学的“分析发动机”而影响深远，因而被誉为“新古典微观经济学之父”；后者如在门格尔与施穆勒的方法论之争后，主流经济学受历史学派影响更多强调实证因素，期望历史主义的批评“最终将能够扫除旧有的虚假的权威”。由此可见，虽然异端学派集中在社会经济变化及其外在因素上，但同一时代的主流与异端有时候是相互补充的，因为正统经济学家视为既定的东西，非正统经济学家则试图去加以解释；非正统经济学家视为既定的东西，正统经济学家则试图去加以解释。互动沟通构成西方经济学主流理论发展的一个基本路径。

不同时代西方经济学的发展又具有不同的个性，综合与剥离都时有出现。例如，西方经济学的研究对象或定义在前古典时代、古典时代都与道德科学难以区分，新古典经济学时代就强调其与其他社会科学或道德科学的独立性和分析性，以增强其专业化。这样，主流经济学集中在资源配置问题上，试图使其更像一门科学。不过，过度模仿自然科学进行一些缺乏方法论创新的“雅致”的数学尝试，但却忽视了根本性的社会或制度变革，结果对公共政策只有一些次要的影响！正因如此，现代制度主义者加尔布雷恩批评主流经济学在适应根本性变化方面极为勉强①。这又说明了西方主流经济学对于异端经济学吸收的局限性。

但是，研究方法与本体论不同，在解释过程中遇到的问题不同，因而在不同理论之间的竞争、沟通互动中，“取”与“予”的关系及其影响不同，范畴体系的发展轨迹也就不同。西方主流经济学的概念形式（Conception，形式），尽管是具体的客观存在，成为范畴体系的起始元素，但由于人们的感觉、经验、知识、信仰的不同，这种形式概念纷繁复杂、色彩斑斓，最终只有极少数升华构成硬核的核心概念，一些蜕变成为理论硬核之保护带，还有一些过时或被淘汰，从而在一个学派的演化发展中，硬核的夯实与保护带的修正形成经久不衰的回响。

与经济学方法论联系颇为紧密的科学哲学家拉卡托斯认为，主流经济学对保护带的修正有退化的与渐进的之分。例如，边际主义产生的原因，首先是经济学内部发展的结果，是古典经济学发展的逻辑延伸与哲学观变革的结合，尽管与19世纪哲学、社会学、心理学和数学的发展有着千丝万缕的关系，但不乏具有渐进性质的修正，为理论提供新的应用领域。例如，门格尔的理论是在批判英国古典经济学的背景下提出的，力图加进独创性成分，建立自己的体系并试图加以发展，表现为门格尔综合的边际效用价值理论。马歇尔对成本价值论与效用价值论的综合也试图融合英国历史学派与边际革命的对立，以创新和替代古典学派。他极不情愿地把经济学从其他社会科学中分开，又认为经济学研究不应是抽象的“经济人”，而应是一个实在的人，且还应考虑包含道德等在内的制度因素。阿尔钦、费里德曼这类颇有影响的主流经济学者则试图将非主流经济学的演化理论用于对企业利润最大化等的解释，美国的“历史—制度”范式与盎格鲁－撒克逊传统的冲突也最终经过萨缪尔森之综合而型塑成所谓现代经济学。正是在不断的吸收综合中，边际革命的成果、古典经济学价值理论作为理

① [美]约翰·肯尼斯·加尔布雷思. 加尔布雷思文集[M]. 上海：上海财经大学出版社，2006：82.

论硬核得以不断检验和夯实。

（二）关于经验性检验与演绎分析的互动沟通

如前所述，主流经济学显示出浓厚形而上学色彩的演绎主义逻辑，立足于先验假设或者抽象定理，在逻辑推理中获得具体结论。作为其哲学基础的先验主义及唯理主义认为，人的知识是先于感觉经验、先于社会实践而存在的，这就否认了理论同客观世界的反映与被反映的联系。于是，与古典经济学时期的休谟—斯图尔特论式相类似，方法论学者博兰指出，效用最大化并不是同义反复，因而证据本身不具有决定性①。描述主义者则认为，理论是一种简要描述所观察现象的方法，表现为一个或一系列事实性陈述。进而逻辑实证主义提出对理论的清晰检验、逻辑相干检验和一致检验。这些检验在执行规则之前可能并不使用，但在解决问题时，使它不模棱两可或含糊不清，就完成了清晰检验；如果规则是有效的，则逻辑相干检验就得到了通过，当结果与我们已经知道的相一致，则它满足了一致性检验。不过，按照逻辑实证主义的方法论，上述逻辑演绎主义又主张去除形而上学，对科学概念施行绝对的经验主义分析，并通过客观公正的描述个人的主观经验感觉，达到描述内心心理状态的语句与描写外部躯体状态的语句等值互换，基于心理研究的主观主义方法论并不是唯一的，这又为边际效用理论在经济学分析中的客观应用提供了哲学根据。

实用主义哲学的兴趣在于应用知识或概念来解决问题。因此，制度主义者如康芒斯把现实操作性和评价性问题放在首位，试图提供一种能够指导经济政策制定和立法的理论。与此相类似，主流经济学的发展中，强调经济理论必须从长期和稳定的现象中加以总结，并把实用性看作判断经验命题的一个主要标准。于是，工具主义进而认为，理论是语言或观念上的工具，在启示人们从一系列事实转向另一些事实中发挥作用。后来，实用性检验成为对可接受的规则性知识是否可靠的主要检验，在证伪主义的基

---

① 参见[英]杰弗里·M.霍奇逊.经济学是如何忘记历史的[M].北京：中国人民大学出版社，2008：272.

础上，费里德曼对结论而不是假设的检验，在与描述主义和工具主义一致的基础上，调和了归纳与演绎的冲突，以适应功利主义与实用主义的要求①。除了假设前提的检验②、预测性检验之外，近期还有人补充了逻辑一致性、优雅性、延展性、通用性、理论支持或连通性、启发性或衍生性等多项标准③，以进行理论优劣之比较。正如制度主义者 J. M. 克拉克所说，“经济学应该和事实保持更加密切的联系，并占有比正统经济学迄今为止已经占有的资料数据更大的范围。经济学必须建立和这些资料数据的联系，可以通过如下方式，进行更多的归纳，也可以通过更多的结果检验，还可以将其他学科领域中专家们可信的结论吸收进来，尤其是哲学、人类学和历史学”④。尽管理论检验与比较的标准众多，但总体而言，在当代西方经济学中，计量检验与演绎推理的互动沟通得以优先强调，诺贝尔奖得主哈维莫把经济学研究分为不同阶段，“第一，构建试验性的理论模型；第二，对理论进行验证；第三，估计问题；第四，预测问题”⑤，其中，强调理论本体者认为对理论进行验证的目的在于查明一种理论的适用范围，而基于事实本体的计量经济学则强调探索性数据分析对于理论分析的前提作用，检验与探索由此构成理论本体经济学与事实本体经济学的前后反复、互动沟通过程的主线。

正如哲学家奎因所言，科学理论是一张网，“一张仅仅在边缘上触及经验的力量场”，必须从整体上加以理解。因此，虽然观察和实验被看作

① 朱富强. 逻辑实证主义何以成为现代经济学的主导思维[J]. 经济评论,2008(6);程恩富. 马克思主义经济学的五大理论假设[M]. 北京:人民出版社,2012;许兴亚. 马克思主义经济学应如何看待“经济人假设”——与程恩富同志商榷[J]. 中国社会科学,2008(2). 他们认为,提出包含着真实性尚未评判内容的经济学假说,也是经济思维靠近客观真理的有效方式,对这种假说加以检验应是经济学发展进程中的必然内容。但这种经济学假说检验是一个复杂的历史过程,与实证主义哲学具有本质不同,尤其应注意其中包含的实践相对性等因素。

② Hirsch A. The “Assumptions” Controversy in Historical Perspective[J]. *Journal of Economic Issues*,1980(1):99 – 118.

③ Tarascio V. J. Caldwell B. Theory Choice in Economics: Philosophy and Practice[J]. *Journal of Economic Issues*,1979,13(4):983 – 1006.

④ [英]杰弗里·M. 霍奇逊. 演化与制度[M]. 北京:北京大学出版社,2012:269.

⑤ [印度]慕克吉. 理论研究在当今发展经济学中是否太少?[J]. 比较,2007(28):81.

知识获取和假设检验的充分手段。但是，逻辑实证主义的经验检验观点一直存在异议，库恩的范式论认为，经验性检验从来不是决定性的。西尼尔、穆勒和凯尔恩斯也都持有这样的观点，认为证实不是检验各种经济理论正确和错误的手段，但由于各种扰乱因素的存在，只是确认显然是正确理论的应用范围。证实是人们为发现起干扰作用的原因是否能够解释事实与理论有效性的差异而进行的验证，证实在这里实际上是设置的一种保护带方法措施。反之，历史学派、计量经济学等坚信数据本身可以验证或催生理论，也导致制度主义朝着生涩、没有坚实基础的实证主义转变，并导致其在美国经济学的发展中最终出局。

（三）关于非主流经济学的地位与作用

主流与异端的争议，虽有学理上相互补充的一面，但主要是不同时期资本主义经济内部矛盾冲突在人们思想观念上的反映。异端学派，有些属于资本主义社会中的小资产阶级思想体系（如制度主义），有些具有封建主义的糟粕色彩（如历史主义）。从其自身立场出发，非主流经济学承认资本主义制度的弊病，研究如何改良，而不是像主流经济学那样一味地粉饰现实。尤其是近年来，针对“滞胀”问题，其批判的目标转向凯恩斯主义及其他主流经济学。针对国家垄断资本主义的新发展，也对现代资本主义的政治经济状况进行一些较为符合实际的分析。不过，虽然在对主流经济学的批评中也与马克思主义经济学加以沟通，但也有不少片面理解，甚至严重歪曲。比如，准制度主义者加尔布雷思的二元体系学说把资本主义的主要矛盾说成是计划体系与市场体系的矛盾，这是极其荒谬的。

非主流经济学发展由于缺乏坚实的方法论内核或方法创新，总是长期处于边缘地位，甚或自行消失，或者被主流经济学所吸收而成为历史遗迹①。比如，由于实用主义哲学、达尔文进化论等对经济思想的深远影响，

---

① 哈耶克指责德国历史学派要为经济理论在人们的评价中不高这一现象负责，虽然有失偏颇，但“根本不能称历史学派创造了一门科学，他们的目的不是进行理论研究工作”的观察却符合事实。

20世纪初期制度主义经济学出现而成为一股重要力量，制度主义者强调社会制度在经济学中的重要性，并试图将注意力更多地放在解决问题上，通过案例研究与经验研究改变了主流经济学的许多方向。但由于种种因素的作用，如缺乏有效的方法论创新、不能发展出体系化理论框架、过于排斥主流经济学的价格分析等，尤其是不难有效解答资本主义市场经济发展中的重大现实问题，于是，罗宾斯说，“历史上最大的经济衰退（1929—1933年的经济危机）表露出制度主义的贫瘠和他们评价的无能：他们的方向错了”①。虽然有些制度经济学者唤起了人们对经济周期与垄断的持续关注，其论述则被主流经济学所吸收。这一学派从当时的主流退化为边缘②，其经验教训值得深思。

非主流范式在其内部相互之间又存在“取”与“予”的关系。例如，凡勃伦批评了历史学派，因为其基本假设是不科学的。虽然历史学派如施穆勒试图找出范例并从因果关系上加以说明，但只集中于各表面现象间的因果关系探讨，缺乏本质说明。再如，新历史学派松巴特关于工业资本早期积累来源于地租的理论，“全是从事实联想出来的一些解释性的假说”。非主流范式内部的综合也鲜有成功者。

总之，西方非主流经济学在强调社会经济活动的历史性和整体性、有限理性、信息的不完全性、生产结构和社会制度的重要性等方面，与马克思主义经济学具有一些相通之处③。但由于采取变型的“经济人”个体主义分析方法，或者唯心主义思维方式的根深蒂固，缺乏系统、科学的历史唯物主义世界观和方法论，没有在生产方式内置的矛盾运动中把握社会经济的运动规律，因而具有明显的缺陷。

---

① 转引自[英]杰弗里·M.霍奇逊.演化与制度[M].北京:北京大学出版社,2012:379.

② [英] 马尔科姆·卢瑟福. 制度经济学：过去与现在 [J]. 许敏兰，李陈华，译. 制度经济学研究，2005 (4). 原文献为：Rutherford M. Institutional Economics: Then and Now [J]. *Research of Institutional Economics*, 2005, 15 (3): 173 - 194.

③ 郭殿生，姚广义. 论马克思主义经济学与西方非主流经济学在方法论上的联系与区别 [J]. 当代经济研究，2008 (12).

第三节　马克思主义经济学范式的方法论

一、马克思主义经济学范式的本体论

马克思主义经济学认为，生产力与生产关系辩证统一，构成物质生活的客观生产方式，这决定着整个人类的社会形态。不是意识决定存在，相反，是社会存在决定人们的意识。在社会生产力与现存生产关系或财产关系的相互作用中，社会经济形态、社会经济制度的内在结构及其变化与发展的规律构成马克思主义经济学范式的客观理论本体。

马克思主义经济学的本体论还强调事实，特别是历史事实的分析，把历史因果关系的把握看作其最基本的认识方法之一，强调经济规律产生的客观基础与必然性。因此，基于人类经济生活以解决个体与总体的生存和发展问题为目标，面对资源匮乏、欲望约束等限制格局，以及由此产生的各种矛盾、冲突，基于历史唯物主义的马克思主义经济学，在这种矛盾的运动特别是对立统一中，以客观经济规律及其实现方式的揭示，在历史变迁中、在理论与实践的相互映照和矛盾运动中展开因果联系。

客观世界中到处都存在引起和被引起的普遍关系。唯物辩证法把这种引起和被引起的关系，称为因果联系或因果关系①。人们的经济关系必然受到因果联系的普遍制约与支配，这正是在经济学研究中自觉认识世界和有目的改造世界的方法论前提。人类的经济社会关系具有客观事物所固有的，不以人们意志为转移的客观性，坚持因果关系的优先把握，正是客观因果关系的主观反映。马克思主义经济学对于客观因果关系的把握不同于形式逻辑的思维形式并列，体现出根源于质量互变规律、对立统一规律与否定之否定规律的历史阶段性，它是从经济现象出发，揭示本质，找出何种原因将会引起什么后果的规律性的永恒探索。

---

① 李秀林，王于，李淮春．辩证唯物主义和历史唯物主义原理［M］．北京：中国人民大学出版社，1982：201．

以被马克思称为“从后思索”的方法为例。正如著名的西方马克思主义经济学家保罗·斯威齐所言，马克思研究方法的一个特点是历史性特征，因而也是比较的①。作为马克思主义社会科学的独创，溯因法与本书采用的比较综合方法是内在一致的。借助于类比与隐喻，以历史唯物论为指导，从“表象”回溯到深层结构，目的正是在于揭示结构、事件与经验之间的因果机制。

总之，马克思主义经济学的本体论强调主观与客观之间是辩证统一的。经济社会现象的本质性、物质第一性，决定了存在先于思维，事实先于理性。人类经济社会实践是经济学思维的最根本基础和来源，人是被时空结构化，并且嵌入于社会经济结构的个体，经济学的使命是透过科学活动掌握因果发展，加上实践检验与不断地反复修正，使主观接近客观，目的是更好地预测和指导未来发展。

因果联系具有系统性、网络性、层次性等特征，需要从整体角度采取整体主义方法进行研究。马克思主义经济学的历史唯物主义世界观，进一步认为时空相对强调对社会经济事实的解释，特别是动态的整体的因果关系。社会本身就是一个系统，内容异质的要素之间具有非常繁杂的整体联系，只有立足于动态的整体效应和情景的演变，才能驾驭社会经济系统。马克思主义经济学强调变的本质，但是，马克思主义经济学又不是相对主义的，人虽然不能完全认识客观历史现实，但也不能否认其存在。在时间不可逆的条件下，认识又具有绝对性和进步性、累积性。经济学的任务是以事实检验因果关系，建构更符合客观实际的人类经济生活的因果关系体系（理论），并据此指导实践。在这种检验中，经济学的研究不应仅限于表象，而是要从经

① 就“从后思索”的方法内涵而言，不仅是历史的，而且是比较的。“由于各学科研究的发展不平衡，当研究者无法理解本学科的一种事物，却注意到这一事物与其他学科理解得很清楚的另一事物具有相似性时，如果他能够通过类比和隐喻，理解在此之前他尚不能理解的本学科的那种事物，那么这种方法就是溯因法”，不难发现其中相似性比较这种方法的基因。其次，“对人类生活形式的思索，从而对它的科学分析，总是采取同实际发展相反的道路。这种思索是从事后开始的，也就是说，是从发展过程的完成的结果开始的”。也不难发现这正是对历史方法的描述，因此，强调所有的现在都根源于过去，过去、现在与未来必然具有因果上的关联性。程恩富，胡乐明．经济学方法论［M］．上海：上海财经大学出版社，2002.

济、社会、政治的历史整体，贯通不同层面，建立因果体系。

二、马克思主义经济学范式的方法论

唯物史观等是马克思经济学的方法论硬核，体现了马克思观察社会问题的哲学理念和视角。其中强调长期分析、整体分析，以及辩证唯物主义的历史观与世界观，构成理论构建与评价的基本因素[①]。

首先，归纳与演绎的辩证统一。归纳与演绎法各有利弊。只进行归纳不进行演绎，就会成为没有条理的、需要“被一把火烧掉”的事实堆砌，结果总是在庞杂的事实中迷失，不能进行理论抽象，进而否认经济生活的客观规律性（德国历史学派就是一例）。只演绎而不归纳，沉溺于形式化的游戏式推理，找不到理论分析与现实的接口，会得出不相干甚至荒谬的结论。以归纳法为例，西方经济学范式总是采取形式逻辑的归纳法，其归纳是有缺陷的。马克思主义经济学范式总是采取辩证逻辑的归纳法，并从“亲缘关系”上去揭示其历史起源，不随意假定所谓固定的、不变的、永恒的前提，而是在个别和特殊的事物中发现本质和历史源泉，并以矛盾或对立统一关系加以阐释。同样，至于演绎法（从原因求结果），西方经济学范式也是运用形式逻辑去说明和解释具体经济事物。然而，马克思主义经济学演绎侧重于深层次的、普遍存在的经济关系及其矛盾运动。这样，基于对立统一规律的辩证逻辑（如从商品出发）在方法上实现了归纳与演绎的统一，远远超越了西方经济学的形式逻辑方法。

其次，分析与综合。分析与综合同样各有利弊。只分析而不综合，容易导致片面、机械、钻牛角尖式看问题，“只见树木不见森林”“捡了芝麻丢了西瓜”；只综合而不分析，被次要矛盾困惑而缺乏洞察力。难以从客观复杂性中去粗取精、去伪存真，不能抓住主要矛盾和获得真知。马克思主义经济学探讨对事物本质的分析，体现了特殊矛盾与普遍矛盾的辩证统

---

① 程恩富、胡乐明的《经济学方法论》一书对马克思主义经济学的方法论作了扼要与视野广阔的探讨。

一，而不是像西方经济学那样局限于事物外部现象，不适当地模仿自然科学的隔离法，炫耀和沾沾自喜于狭隘的深刻性，同样，马克思主义经济学基于特殊矛盾与普遍矛盾的辩证统一来运用综合方法，在事物内部矛盾、矛盾不同方面的关联、性质以及解决方式的探求中，使分析和综合的层次推进，螺旋式上升，直至真理获取的阳关大道。

最后，逻辑与历史。马克思主义经济学十分重视逻辑与历史相统一的方法。逻辑的方法遵循经济范畴的逻辑架构，始于比较简单的思维情形，通过放松假定等上升到比较复杂完善的原理和规律，以更多更好地解释社会经济现实。而历史的方法复原和依据历史发展的事实进程，映照和衬托经济现象和经济发展过程。逻辑的方法更关注事物的普遍联系①，依据逻辑次序展开经济事物的内在结构与内在逻辑，把握经济规律，而历史的方法容易被偶然现象，不必要的、有时会使分析模糊不清的次要因素所困扰，而且在历史上起作用因素的先后顺序与因果关系并不能简单等同。另外，根植于经济理论能够说明生产关系内部彼此关联的逻辑结构。逻辑的发展需要现实验证，西方经济学所倡导的所谓“反事实推理”具有明显的局限性。单纯地依据逻辑或单纯地遵循历史，都是有失偏颇的。

马克思主义经济学方法又是不断演进和发展的②，在吸收西方经济学以理论为本体的部分合理性中，在事实为本体的对立统一中，在归纳与演绎的辩证统一、分析与综合统一、历史与逻辑统一中历久弥新。借助于类比与隐喻，以历史唯物论为指导，从“表象”回溯到深层结构或者从现象到本质③，揭示结构、事件与经验之间的因果机制，这正是马克思主义经济学方法论创新的方向。

---

① 王明友.《资本论》中的市场经济逻辑[M].北京:社会科学文献出版社,2015:52.

② 李建平，张华荣，黄茂兴.马克思主义经济学方法论的理论演进与变革趋向[J].当代经济研究,2007,141(5).

③ 贾根良.批判实在论：经济学方法论的新发展[J].自然辩证法通讯,2004,26(2).

三、马克思主义经济学与西方经济学范式比较的结论

（一）马克思主义经济学对西方主流经济学的批判与吸收综合

西方主流经济学中的理性形式主义，主要从数量与形式方面去把握，忽视了内容与本质。之所以如此，是因为内容和实质被看作非理性的、难以把握的因素，理论本体及其概念结构的形式主义特质，要求根据所谓不变的公理、公设去透视外部世界，难以考虑研究对象的具体特性和客观基础。由于这样的经济学实际上成为数学、统计学等的推广应用，难以把握客观经济事物的本质，于是以其为基础的经济学帝国主义向其他社会科学的延伸，也就注定是昙花一现的。根本原因正是在于，实用主义成为其目的与标准，作为数学、统计学应用部分之一，经济学虽然获得了一定的可操作性，但始终限于经济生活的表象领域和直接范围，难以形成从现象到本质、从局部到整体、从静态到动态的认识路径①。

尽管马克思主义经济学与西方主流经济学都在前提预设的基础上进行讨论，但是马克思主义经济学的本体论与方法论体现了事物的本质，因而具有现实性、可实现性和可延展性，而西方经济学的方法论，有时出于解释的方便而随意假设，有时仅是逻辑游戏过程本身而不关注其结论的意义，其内容中混杂了诸多唯心史观不科学的成分②。但是，研究对象的交集等因素决定了二者在方法上仍可沟通。比如，马克思采取实证的方法研究价值问题，在唯物辩证法的指导下，马克思既继承了李嘉图劳动价值理论中的一些科学因素，同时也能够摆脱和扬弃古典经济学理论的错误，因

---

① 孙伯鍨，张一兵. 走进马克思[M]. 南京：江苏人民出版社，2008.

② 张俊山. 经济学中唯物史观与唯心史观的分歧及其评述[J]. 天津行政学院学报，1994(4).

此，劳动价值学说“就其要点来说是斯密—李嘉图学说的必然的发展”①。还有，马克思深刻理解数学作为辩证思维的辅助工具所具有的巨大意义，在对数学工具的运用中，精确简洁地表达了经济规律。这为重视数学与自然科学方法的引入，增强马克思主义经济学的解释力、科学性树立了典范。

正如人们一再强调的，历史唯物主义是马克思主义经济学的理论灵魂，决定了其体系结构的基本内容和格局，从方法论上完成了对于西方主流经济学的超越。也应看到，马克思主义经济学强调整体分析与局部分析的统一，并不绝对排斥个人主义方法。尽管个人主义方法的异化成为西方主流经济学中的现象描述法之渊薮，由于只认可感官能够把握的个体对象，只认可人类知识源于感官经验，进而蜕变成为庸俗经济学的基础。个人主义方法论毕竟具有反映人们日常经济活动中的思维方式和直观感觉，因而具有较容易为人们领会与接受等优点。

马克思主义经济学的超越之处是，坚持认为任何经济现象不能脱离一定社会经济条件及其经济意识，必须从客观历史经济环境这一经验的来源和客观内容出发，在此基础上分析个人的经济行为并体现其主观能动性，研究解决经济问题。因此，承认人们在社会生产中必然发生一定的交往关系，但这种关系又不是根据理性原则由个人自由选择决定的。强调因果关系体系与规律的历史性，强调个人嵌套于物质关系决定的社会经济关系中，这为从现象到本质的分析路径作了必要准备，这种研究路径也可以与现代社会科学中的情景分析等方法相沟通。另一种值得关注的研究是所谓分析马克思主义，曾经有一些西方主流经济学者在否定马克思劳动价值论的一面之外，又应用了西方经济学界率先发展的分析工具和研究方法

---

① 不仅有对均衡的含义、均衡的结果和均衡的调整过程的全面和充分的讨论，而且有对均衡分析的现实性、合理性和局限性以及如何克服这些局限性等的非常独到和深刻的分析。[冯金华.《资本论》与现代经济学研究方法[J].江西社会科学，2014(1)]而且，马克思指出有机构成不同的各部门利润率也要逐渐趋同，同样预付资本将获得同样利润，其中蕴含着对均衡趋势的描述，在均衡状态的基础上最终将形成生产价格经济学的“均衡”与“过程”方法比较[朱海就.经济社会体制[J].比较，2008(1)]。

(如森岛通夫的《马克思的经济学》一书),倡导数理分析方法,这对于推进马克思主义经济学的精确化、严密化和科学化的发展方向,客观上是有所助益的。与此相关,分析马克思主义从个人理性选择角度解释生产力、具体的生产关系、阶级以及剥削,尽管这种分析仍然是非历史的,但因更关注普遍性、严格性,因而也具有对马克思主义经济学产生有益影响的潜在可能。

总之,马克思主义强调区分经济过程和经济范畴的物质内容与社会形式,如果说关注社会经济生活的物质内容与社会形式都是构建当代中国马克思主义政治经济学的任务,因而与侧重于描述经济现象的西方经济学之间存在可沟通性、借鉴性、吸收性,甚至某种学习性,这样,在分析生产关系以及相应的资源配置方式时才不至于局限于空洞的社会形式,才有可能实现物质内容与社会形式的有机统一。

当然,马克思主义经济学的方法与庸俗经济学具有天壤之别。比如,同时体现马克思主义经济学所说的个人能动性与经济关系约束的分析。资本主义经济中的工人只能在职业间选择较高工资,资本家必须遵循资本运动的规定性,以生产出更多利润为目标,因此,由于工资与利润的阶级归属不是个人所决定的,个人只能在具体经济环境的约束下,作出对自己最优的选择,进而影响经济活动的具体结果。而庸俗经济学的个人主义方法对此是远远不能进行科学分析的。

必须说明的是,主流经济学把具有价值判断及政策选择的目标本身转交给伦理学家、政治学家和各类经济活动者自身,自以为不考虑伦理判断与价值意义,只要探索给定目标下可经过逻辑推理证实的手段之合理性问题,就可以达到价值中立。不过,主流经济学虽然强调把研究对象建立在“事实”基础上,但却排除了历史性质及其与其他社会领域的总体联系。这类实证方法试图从统计角度验证理论命题,但总是隐含性地将社会历史现象自发化、永恒化,难以跳出以西方文化根深蒂固之自然主义传统服务于新自由主义等资产阶级意识形态之套路。这种意识形态不变的立场是对马克思主义经济学制度发展与强调社会历史的进化观的反动。因此,不难发现，那些口头上言称“客观性”和价值中立的学者，事实上总是提出戴着有色眼镜的“关于世界的描述性论述”。例如，现代主流经济学看作基本目标的事物如“经济增长”更多是起因于现实生活中资本家这一群体的利益诉求，因此存在厚重的价值判断色彩。西方主流经济学的隐含话语一直是资本主义本身的价值判断[①]。对此，如同熊彼特这样广博的学者早就批判过的那样，“（知识社会学之父）曼海姆教授说过，尽管意识形态是人类的共同命运，总还有些不偏不倚的知识分子在空间自由飘荡；他们享有免于这种命运的特权”“这方面至少有一点是明显的：那就是这位知识分子事实上不过是一堆偏见，在大多数情况下是靠虔诚的信仰力量全力维持的”[②]。显然，作为一门社会科学的经济学，其所有理论均必然体现一定的目的或价值，这是我们对西方主流经济学批判与吸收综合的题中应有之义。

（二）马克思主义经济学对西方非主流经济学的吸收综合

首先应看到，在和西方主流经济学的争持、沟通、竞争中，有些马克思主义异端经济学自发地使用从本质到现象这条基本路线，探索事物的实质；有些非马克思主义异端学派特别重视规范分析，且对比现状并揭露资本主义经济生活异化的成因，得出不少具有重要意义的结论[③]。

由于社会经济现象具有事物与认知主体、认知主体和其他社会主体之间的同生互动关系，西方主流经济学与异端学派之间的学术秩序也是动态演变的。即使在主流经济学的重镇芝加哥学派内部，也有诸如奈特这样的重量级人物充当制度主义与新自由主义之间的调适器，一反主流观点地认

① 孙伯鍨，张一兵．走进马克思［M］．南京：江苏人民出版社，2008：561．

② ［美］熊彼特．经济分析史：第1卷［M］．北京：商务印书馆，1996：64．

③ 比如，英国方法论学者劳森指出，西方非马克思主义异端学派强调人类行为常常由社会经济关系所刺激推动，具有特定的意向性或动机。因此，分析人的动机和意图，并且进一步触及更加宽泛的社会关系之中自是题中应有之义。

为，动机不应当被视为自然之事①。这些观点对于马克思主义经济学分析范式的演进中如何推进规范分析具有一定的拓宽视野意义。

马克思主义经济学的理想类型分析与韦伯等历史学派主张也有可沟通对话之处。马克思为了研究资本主义经济运动规律，从商品这一资本主义社会的经济细胞开始分析，首先假定商品可以顺利实现价值、产业资本家单独占有剩余价值等这些约束，实际上构造了理想商品这种理想型研究对象，但马克思又坚持使用价值与价值统一这一本质属性，从而为探究资本主义经济下剩余价值的各种具体形态及其规律作了准备②。而西方马克思主义经济学家（激进经济学）德赛的《马克思的经济学》一书，把抽象劳动范畴作为一个历史过程或历史趋势看待，从而赋予了马克思主义经典理论以新意③，这正说明了把异端学派的有益成分吸纳进入马克思主义经济学发展中的意义。

当然，在与异端经济学的互动沟通中也必须澄清其中的谬误。比如，以演化经济学为例，其与马克思主义经济学在世界观和方法论层面具有重大差异，无法用演化方法代替马克思主义的辩证方法④，而是既要对其吸收综合，立足于辩证唯物主义和历史唯物主义基础，对沟通借鉴异端学派的程度、切入点等加以科学把握⑤，又要对其不妥之处加以批判和澄清。

---

① 奈特坚持，自然中的因果关系和社会科学之间最根本的差异，起因于问题以及与问题相联系事实的性质。人类行为活动的意图性、预期之外和错误等因素是不可忽视的。故而，“为了解释人类行为，必须至少引入三个因素。典型的人类行为，部分可由自然因果律解释；部分可由意图或愿望解释，作为行为的绝对依据，它们是‘事实’，尽管不是自然事件或自然状态；部分可由对实现‘价值’的渴求来解释，它不能划归实际的欲望，因为这种渴求没有可以用文字描述的对象”。参见朱富强. 逻辑实证主义应用于经济学的内在缺陷——逻辑实证主义的“逻辑”批判，[J]. 江苏社会科学，2008(7).

② 张小金. 资本论与科学研究方法[M]. 北京：社会科学文献出版社，2005：46.

③ 杨玉生. 西方马克思主义经济学家的理论创新及其启示[J]. 南京财经大学学报，2006(1).

④ 肖磊，赵磊. 马克思是演化经济学家吗？[J]. 政治经济学评论，2012，3(4)；黎贵才，王碧英. 制度变迁是自然无序的还是历史必然？[J]. 当代财经，2011(1).

⑤ 胡乐明，刘刚. 论马克思主义经济学与经济学诸流派的沟通——以演化经济学为例[J]. 当代经济研究，2012(12).

第四节　经济理论比较综合的类型与本书的方法论说明

基于历史唯物主义的比较研究，在科学抽象法、归纳与演绎、分析与综合、逻辑与历史辩证统一的基础上，发展出“溯因法”这样一种可与自然科学中的实验法相类似的、从本质到现象的技术路径。在马克思主义经济学研究中，这种方法的科学性不断得以证实。即使在全部经济学说史领域，嵌入内涵有比较方法的辩证法也具有超越库恩科学哲学的价值①。我们认为，马克思主义经济学综合创新中的比较方法，既与一般经济问题研究中的比较法具有重要联系，又具有独特性。比如，从方法论角度看，无论西方经济学还是马克思主义经济研究中的比较法，都主要与归纳方法相联系，但西方基于事实本体的比较更多给予定量和形式化的需要（如计量经济学方法中识别问题的解决其实质也有比较方法的成分）。马克思主义经济学综合创新中的比较方法尽管也与归纳相联系，但强调定性比较而非定量比较、历史比较而非刻舟求剑式的静止比较，由苏联哲学家迈尔高尼扬和法国著名历史学家马克·布洛赫等写作的《历史比较研究法》一书，将马克思主义社会科学的比较方法分为平行论证比较、差异本质比较和实践导向比较三类，对本书具有重要意义。

一、经济理论比较与综合的类型

（一）经济理论平行论证的比较，彰显马克思主义经济学的科学本质与理论硬核，为综合创新出更普遍适用的中国马克思主义经济学夯实基础

经济理论平行论证的比较或求同的比较，是把事实归纳比较作为夯实马克思主义经济学理论硬核的基本方式。由于西方经济学也在对历史事实

① Bronfenbrenner M. The “Structure of Revolutions” in Economic Thought[J]. *History of Political Economy*,1971, 3(1):136 - 151.

的探求中发展其范式，其与马克思主义经济学在面对同一事实时，着眼点、范围、分析模式与理论假设上可能存在共性，通过类比、隐喻等探索出的这些共性或交集，是经济学以往成果的积累，也是凸显马克思主义经济学的科学本质与发展基础的需要。

例如，科斯的交易成本经济学、诺斯的制度变迁理论、威廉姆森的资本主义制度理论，其理论基础均建立在交易费用分析和博弈论之上，主要依靠概念的详细叙述和新古典经济学的演绎法，按照新古典经济学的理论框架和新自由主义的意识形态，过滤和解读历史事实①。虽然新古典经济学的框架封闭，但方法却是开放的。他们明确接受了“博弈论”方法，在交易成本、信息成本为正的引申假设下，以行为人的重复博弈为基础，使合作、“搭便车”、机会主义行为等成为议题。其优点在于，对于制度的分析以微观层次为主，在基本制度稳定的背景下，这种均衡分析是较为精致的，但是，由于其以历史唯心主义的历史归纳法为指导，对制度变迁的整体性缺乏充分把握，对于制度变迁过程中不同层次、不同方面的制度相互影响缺乏分析。对制度变迁的动力把握狭隘，把制度创新的不同主体（如个人、团体、政府）一视同仁，实际上掩盖了人与人之间交易关系背后的利害冲突，因而有为资本主义制度辩护的色彩。他们探讨资本主义经济运转中的问题，并给出应对策略，以修缮资本主义经济这架机器为目的②。只是资本主义经济制度的工程师和修理工，而非真正伟大的经济思想家。马克思主义经济学的制度范式，以辩证唯物主义和历史唯物主义为方法，揭示制度的动态性、历史性及其演变规律，从生产力与生产关系的对立统一中，解释制度变迁与技术进步、生产力发展的辩证关系。

在分析技术进步、生产力发展对制度变迁的影响时，马克思主义经济学实际上就与新制度经济学具有共性或重要可沟通之处。新制度经济学在技术进步对制度变迁影响的分析中不断进行实证经验，不仅证明自身相关

---

① 诺斯曾这样说过，“我的理论是由一个关于人类行为的理论（理性选择的新古典框架）结合一个关于交易费用的理论建立起来的”（制度、制度变迁与经济绩效）。

② 白暴力.《资本论》方法论的若干思考（上）[J].高校理论战线，2009（9）.

命题的正确性，客观上也在一定程度上证实了马克思主义经济学中生产方式、社会形态理论“硬核”的真理性。其大量关于技术变迁、交易成本变动从而产权制度变动的实证研究，关于产权制度影响经济绩效的成果（包括阿西莫格鲁等近年来的关于国家繁荣与否与之制度关系的实证研究），对于我们理解生产力决定生产关系、生产关系反作用于生产力的机制不无裨益。这正是我们进行经济理论平行比较的一个发现。

当然，以劳动价值论、剩余价值论为基础，马克思主义经济学指出违背劳动创造价值原则的制度是不合理的；强调制度创新的主体的阶级性；阐述革命式的制度创新，揭示资本主义必然灭亡、社会主义必然胜利的基本规律；主张引入公平标准，进行效率评价和价值判断（以社会文化心理为基础的意义探求）。这又构成马克思主义经济学优越于西方经济学之处。

（二）经济理论差异区别的比较，既批判西方经济学的庸俗性，又促进马克思主义经济学的科学性，在开阔视野探索新的发展方向中把“熟知变真知”，开拓中国马克思主义经济学综合创新的新路径

我们认为，经济理论差异区别的比较，可以区分为两类情形：第一类，在两大理论体系本质层次上，强调相互之间的差别与不可通约性，坚持和发展马克思主义经济学的本质分析，这样，就不会被西方经济学表象上的科学性所迷惑，更好地对其庸俗性加以批判。在这方面，中国马克思主义经济学已经进行了卓有成效的努力。第二类，在两大理论体系运行层次或机制分析上，也要看到，西方经济学虽然体系封闭但方法开放所创造的成果，如方法的不断创新在研究常规问题时由于开拓了新路径，带来的新意甚至理论冲击感。这时，差异所表明的正是马克思主义经济学下一步发展的方向或切入点，而不应故步自封地一味加以排斥。因此，在批判西方经济学的具体方法如数学方法时应注意其运用层次的适用性，不能仅仅贴上形式主义、实用主义的标签而排斥，当然也不能机械模仿，否则将有与人类科学与社会科学甚至人文社会学科总体趋势相隔离的风险。

就第一类差异比较而言，以经济人假设为例。方法论个人主义和理性

选择是西方主流经济学的基本选择。萨缪尔森说，“把经济学和社会学区别开来的就是在效用（选择理论）框架下定义的理性和非理性行为”。西方经济学基于自然主义思维把一切社会制度都看作力量博弈的先验性结果，忽视制度对人性的影响，这就扭曲了制度与人性假设的基本关系，并且，主流学者总是有意或无意地强调经济人假设或其变体理性人假设的实证性、演进性，对忽视社会关系造成的事态扭曲熟视无睹，由此造成总站在强势者一方极力为丑陋现象进行百般辩护和解释的可笑逻辑。马克思主义经济学的人性假设则不同，马克思着重指出“任何人类历史的第一个前提无疑是有生命的个人的存在”[①]，因而有时可以把个人看作研究问题的起点。但是，马克思的个人观念具有差别于经济人假设的本质内涵[②]，主要是资本主义经济活动的当事人。因此，马克思主义经济学家深刻批判了新古典经济学的辩护性和庸俗性，使其以“庸俗经济学”“权势经济学”等面目曝光于大众。

就第二类差异比较而言，作为理性人假设也确有其合理性一面。理性行为在最大化、节约、一致性等方面的拓展，不断使许多传统的经济学论题生产出新的理论增长点，正是通过对于资本主义经济运行层次规律的认识深化，人类对于一般市场经济运行规律的认识也得以深化。正是在理性人假设的巨大影响下，以约翰·罗默为代表的西方分析马克思主义学派做出新的成果。这种分析要求经济人既可以是个体，也可以是定义明确的决策者或其集体，不同主体的偏好与进行选择的可行条件不同，个人利益、集体利益包含了从部分观点来看的社会整体利益，从而受到基本经济关系的制约。这就在引入经济人观念的同时又分析其选择面临的社会结构之作用。既坚持生产资料私有制是引发剥削与矛盾重复的首要因素，同时分析贸易流通等产生剥削的重要性。由此可见，尽管其新古典主义方法与历史—逻辑方法不同，具有非历史属性，但对于增进马克思主义经济学在形式

① ［德］马克思，恩格斯．德意志意识形态（中译本）［M］．北京：人民出版社，1961：13．

② 高嵩．马克思与斯密：关于投机行为的不同看法［J］．经济评论，2012（5）．

逻辑层次的连接与丰富是有益的。

（三）在“中国道路”“中国梦”的实践导向比较中，以发展、增长、转型等为切入点，既吸收西方经济学的有益成分，又扎根于中国特质与创造性，打造更深刻的中国马克思主义经济学理论武器

经济生活与经济现实的运动发展是人类历史的永恒主题，中国特色社会主义市场经济的发展，不仅提出了新的时代涌现或需要解释的新现象、新问题，而且在困惑解释与问题解决过程中，提供理论发展和检验的新机遇，即通过使“陌生的变为熟悉”，以澄清认识并获取新知。例如，马克思主义经济学关于生产方式的探究侧重于内在的对立统一，强调社会形态的性质及其发展变化的辩证统一。另外，马克思又总是把经济的发展同经济制度的变化连在一起，把生产力和经济制度发展看作经济制度演变的最终决定因素①，在经济制度、生产方式的有机联系中辩证地把握我们时代经济学的研究对象和任务，这构成了马克思主义经济学的本质特征。因此，紧密结合时代大趋势，既吸收西方经济学的有益成分，又发挥中国特质与创造性，坚持马克思主义宏观意义上结构和进程的基本因果，把生产力与生产关系的对立统一这一为人们熟知的基本原理具体化为马克思主义经济学宏观因果分析的理论工具，将为理解我们时代的新的重大问题提供有力分析武器。

我们认为，诸如中国道路与中国梦的宏大经济学叙事，这些主题能够体现在比较综合中拓展马克思主义经济学的框架所具有的时代价值和理论意义。与世界经济史中的大国崛起相呼应，经济学说史中古典经济学、德国历史学派、美国学派的经历表明，一个真正时代的基本特征是由大叙事构成的。如果说当代西方经济学是以市场经济发展的“科学知识的大叙事”为标志，原苏联东欧经济学是社会主义经济建设中“思辨理性的大叙事”，中国马克思主义经济学既需要科学知识、思辨理性，更需要中国智

---

① 程恩富. 经济理论与政策创新[M]. 北京：中国社会科学出版社，2103：54.

慧、中国气派和中国话语，在平行求同比较、差异本质比较的基础上，批判借鉴西方经济学理论，继承发展经典马克思主义成果，在转型、发展、增长、“中等收入陷阱”等主题上打造理论武器，为世界马克思主义经济学以及人类经济学的发展谱写新篇章！

二、本书的方法性说明

（一）马克思主义经济学与西方经济学比较综合的对象界定

首先，对马克思主义政治经济学的研究对象加以界定（本书对马克思主义政治经济学与马克思主义经济学不作严格区分），以此出发进行基本理论范畴的比较。其次，综合把握理论范畴的稳定性与变动性的辩证关系。应选择在经济学发展中起主要动力作用的关键范畴，如经济人假设、制度范式等，以期获取经济学知识的跨期积累。同时，在时代的发展中选择具有现实时代性的重大理论问题加以比较，不断增强研究的时代与中国特色，获取新知与新理论武器。

（二）马克思主义经济学与西方经济学比较综合的技术路径

从确定同异开始，在分类、范畴的界定中加深理解各自的显著特点与一般性，探求经济学理论发展的规律性。平行共性比较不是简单地为寻求共性而寻求共性，而是在说明两种理论范式的对象与观点时，客观揭示马克思主义经济学的理论硬核；差异不同比较，要求在理论特质的基础上，因重视差别而深刻批判西方经济学的庸俗成分，又进而发现西方经济学运行层次理论可能的科学性成分；这要求上升到内在于宏观叙事比较的、为证明马克思主义经济学科学假设而服务的溯因法等科学方法，再反过来为在更广阔范围内解释经济现象加以运用。以上三种比较构成一个互相补充的方法路径。

（三）马克思主义经济学与西方经济学比较综合的标准、观点

以辩证唯物主义和历史唯物主义为指导，要以实质性的核心问题为比较对象，即不是成为术语上的错误和表面判断的牺牲品，而是以马克思主

义经济学的基本观点和方法为标准，以坚持和发展中国马克思主义经济学为目的，在比较的基础上为打造理论武器服务。一方面，不应过于强调西方经济学的认识偏见而完全否定其科学价值，从而一概排斥；另一方面，又要深刻反映理论问题的真相和全貌，与时俱进地加强批判性比较。二者互为补充，缺一不可。

三、本书的内容安排

首先，对研究对象的不同界定体现了相应的方法论观点、人性假设作为经济学以及其他社会科学得以建立的独特基础，作为生产关系表现及其意识形态反映的制度与制度研究尤其在马克思主义经济理论中居于核心地位。我们将与西方经济学相关论述进行上述基本理论前提的对比。

其次，依据马克思主义经济学的基本原理，社会再生产包括生产、交换、分配和消费四个环节，我们的比较以马克思主义经济学原理为指导，从生产、分配、消费领域这些马克思主义经济学基本支柱出发，既探讨这些环节的内在结构，又探讨上述环节所组成的体系，以增进对马克思主义经济学内在联系的整体理解。

再次，在厂商理论、创新理论、垄断理论等方面，进行马克思主义经济学与西方经济学微观应用问题的研究，在比较借鉴和汲取西方经济学理论中的分析方法和研究成果中，厘清和剔除其中的谬误观点，增强马克思主义经济学的解释力。

复次，在国际经济理论等方面，进行马克思主义经济学与西方经济学应用问题的研究比较，探讨可能具有的某种可沟通性、如何沟通等问题。

最后，在发展理论、转型理论、“中等收入陷阱”等方面，进行马克思主义经济学与西方经济学当代重大问题的研究比较，在回答时代提出的各种挑战和难题中，反映和增强本书的时代性。

第二章　马克思主义经济学与西方经济学研究对象的比较综合

马克思主义经济学与西方经济学作为两种理论范式，在研究对象上的差异显著，这与本体论、知识论密不可分，也引起理论体系构建及其应用的巨大差异。现代西方经济学声称是关于资源配置的科学。马克思主义经济学传统上主要以生产方式尤其是生产关系为对象。但随着时代的变迁，关于研究对象的观点处于不断嬗变与创新中，与前者产生交集。理解二者研究对象的关系，不仅是理解两大理论体系基本内容、相应的知识论、方法论的一个基本视角，更是推动马克思主义经济学创新与发展的基础。

第一节　西方经济学研究对象的嬗变与定型

一、研究对象的嬗变之一：财富

熊彼特在《经济分析史》中说，经济学的定义与研究对象问题早在斯密之前就有很多解释。西方古代思想家认为经济学是研究如何增长财富的，但没有区分财富增长所涉及的层级。例如，色诺芬在首次使用“经济”一词时，一般认为其指的是“家政管理”①，探讨奴隶主家庭如何扩充财富。亚里士多德对经济学的研究对象和内容进行了补充，探讨致富之

① 另一说为，经济是指“地产管理”。详见［英］罗杰·E. 巴克豪斯. 西方经济学史［M］. 海口：海南三环出版社，2007.

术、包括奴隶在内的家庭成员关系等。重商主义者则努力探索国家层面的经济管理和财富增加，但把财富等同于仅能产生自流通领域的金银，这一度把经济学研究引致谬误并产生不良影响。

古典政治经济学修正了重商主义的谬误，强调在生产领域中研究财富及其增加。威廉·配第著作的主题是探讨财富问题，因而提出了“土地是财富之母，劳动是财富之父”。布阿吉尔贝尔认为货币不是财富，流通领域不产生财富，强调财富来自农业。魁奈极力论证财富来源于农业领域，坚持认为农业是唯一的财富来源。亚当·斯密明确将财富看作政治经济学的研究对象。李嘉图则把政治经济学的研究对象引向财富的分配。

19 世纪庸俗政治经济学家认为，政治经济学的研究对象是财富一般，强调财富的交换属性[①]。强调财富一般导致任意扩大了财富的定义，把效用等同于财富，进而主张“三要素分配论”。此后，财富的交换意义得以重视深化，成为发达市场经济财富观与其他社会的最显著区别。例如，《现代经济学词典》中说，“财富，如果有市场价值并且可以用来换取货币或商品的东西，都可以被看作财富。它包括实物和实物资产”。约翰·斯图亚特·穆勒在《政治经济学原理》一书中则提出，生产和分配的规律和由这些规律推理的结论都是政治经济学的研究议题，但穆勒又认为，生产规律是自然规律，分配决定于社会规范伦理。还有一些学者侧重于从国家层次、制度等层面界定经济学研究对象[②]。

---

① 如萨伊界定的政治经济学是：解释财富的形成、分配和消费方式，或者说财富是怎样生产、分配与消费的科学。麦卡库洛赫认为，政治经济学是“关于调节那些对人必要的、有用的或适意的同时具有交换价值的物件或产品的生产、积累、分配和消费的规律的科学”或“价值科学”。

② 穆勒的政治经济学研究“财富的性质，以及它的生产和分配的规律，包括：直接地或间接地，使得人类状况……变得繁荣或相反的一切原因的作用”。历史学派的罗雪尔说，“我们的目的只不过是描述人的经济性质和经济欲望，研究涉及这些欲望的满足的制度的规律和性质，以及它们所获得的成功的大小。”另一位历史学派成员施托尔希认为，政治经济学是“决定国家繁荣的自然规律”的科学。

二、研究对象的嬗变之二：经济行为

研究增加财富的必然要求和自然延伸，是把政治经济学或经济学研究对象的重心转向微观经济行为。这正是边际革命以后西方经济学探讨各种微观经济行为的基本原因。如庸俗经济学者巴师夏认为“政治经济学的研究对象是人”，即人的欲望和其如何被满足。瓦尔拉斯不但强调经济学要探索人的欲望及其满足，还强调财富的稀缺性。杰文斯则认为，精确的分析经济条件必须研究人的欲望及其满足的“微积分”。

马歇尔提出一个折中的政治经济学研究对象，泛指立足于日常生活中个人的经济社会行为，各种与使用物质产品有紧密关联的显然易见的事实。“经济学是一门研究财富的学问，同时也是一门研究人的学问。”马歇尔强调人的选择行为以及人对于环境的反映方式（如节约行为），但认为国民经济没有主体性，他将“政治经济学”更名为“经济学”，在突出个人、家庭、企业、政府的决策角色中，试图凸显和推进经济学的专业化与科学性。

三、研究对象的嬗变之三：加入总量经济行为

与微观经济学的研究对象嬗变相比，宏观经济问题作为经济学的研究对象得以确立具有相对滞后性①。实际上，西方经济学在相当长时间忽视了宏观经济行为的研究，只有关于货币理论、增长理论和经济周期理论的局部性思想。例如，亚当·斯密虽然早就关注增长，但马尔萨斯、李嘉图、詹姆士·穆勒在收益递减基础上，对增长持悲观看法，约翰·穆勒更多讨论了技术与增长问题，尽管有矛盾之处，但对增长持乐观看法。德国的李斯特、美国的凯里则从美国、德国的不同发展道路出发，对增长采取乐观主义态度。

---

① 不过也有人认为，历史上的重商主义与自然法哲学学者的经济分析，其关系类似于宏观经济学与微观经济学的区分，参见 Maria Luisa Pesante. Paradigms in English Political Economy: Interregnum to Glorious Revolution[J]. *The European Journal of the History of Economic Thought*, 1996, 3(3): 353 – 378.

直到1936年，凯恩斯出版《就业、利息和货币通论》一书，立足于GNP、总就业及总供需等，探索国家如何进行宏观经济政策选择以解决资本主义危机，经济学研究对象中的宏观经济行为才被更多关注。不同于马歇尔，美国制度主义者米切尔以及NBER强调总体宏观经济现象具有本体和经验的合法性，并部分证明了总量测度的可行性。此后，宏观经济行为的研究试图描绘资本主义社会经济活动的总蓝图、经济变量的社会总数、平均数或比率之间的相互关系，这种转变突破了古典经济学只研究微观经济行为的局限，但其研究对象的界定缺乏微观基础却饱受诟病。

当代西方经济学的研究对象既有微观经济行为，也有宏观经济学行为，且微观经济行为和宏观经济行为的研究焦点漂移不定，总体而言，西方宏观经济学与微观经济学的研究对象缺乏有效结合，导致不时出现所谓经济理论的危机。例如，在经济政策领域，凯恩斯的乘数分析昙花一现，在理论上无关紧要，而微观理论则缺乏宏观应用价值。西方经济学时而寻找宏观经济学的微观基础，时而又寻找微观经济学的宏观基础，关于研究对象的界定仍处于宏微观割裂态势。

不过，西方经济学研究对象在其内部的矛盾运动中也有得以拓宽的一面。这首先与资本主义经济发展的历史过程密切相关，同时与研究方法的特性和绝对主义经济思想史观密切相关。由于研究方法的特性等因素，亚当·斯密对增长的关注模棱两可，结果在古典经济学的发展中败给了李嘉图形式化的模型。虽然英国工业化与古典经济学、凯恩斯主义与20世纪30年代的大萧条、李斯特对技术进步与增长的关注实际上依托于德国的发展经验，但需要形式化模型创新后，最终成为宏观经济学乃至经济学的核心部分。再如，在货币理论中，早在休谟那里，就对货币数量论作了清晰阐述，费雪的交易方程集中于解释价格总水平的决定，马歇尔的现金余额说则要进一步解释货币数量论的微观基础，可以说是对宏观经济行为加以微观分析的尝试。而在经济周期理论发展中，由于资本主义制度的内在不稳定性一再显示，尽管也有如哈耶克这样的学者把周期看作协调失灵的特例，对资本主义市场经济的“自我平衡”盲目坚持，而到了凯恩斯那里，失业均衡的可能性在对新古典批判继承的基础上得到理论展示，在与新古典主流经济学的理论本体论（如价格与工资相对不变假设等）与政治哲学基础（个人主义与自由主义传统）的抵牾沟通中，由于关注宏观事实本体而得以新发展。

四、研究对象的嬗变之四：资源配置

1935 年，罗宾斯归纳了边际革命以来西方经济学研究的要求，出版了《经济科学的性质和意义》一书，这标志着一个较为普遍接受的西方经济学研究对象开始形成[①]，这一定义是对马歇尔定义的再聚焦而狭窄化，因为通过强调形式化的理论分析，强调独立于价值判断与资源稀缺性，一方面，试图使经济学区别于自由放任资本主义的意识形态而摆脱与历史学派、制度学派的争论；另一方面，在二战之后特殊的实用主义背景下，促使西方经济学走向最大化行为、理性选择等“科学”发展方向，这一定义也就成为当代西方主流经济学家所接受和信奉的基本立场。

罗宾斯作为保守主义者坎南的学术传人，又受到奥地利学派的广泛影响，为了排除奥地利学派与新古典学派自身的一些困难问题（如历史特性问题）[②]，也为了抗衡当时制度学派、凯恩斯主义的影响[③]，他提出的经济学定义试图基于资源配置方式视角，说明资本主义的各类制度安排可以最有效地生产和消费，最有效地提升个体、群体、国家甚至全人类的福利。但是，这种界定忽视了历史分析、制度分析与规范分析，具有极大的缺陷。对此，制度主义者强调研究作为人类实践与关系的产业载体及社会组

---

① 转引自吴易风. 马克思主义经济学与西方经济学比较研究：第 1 卷[M]. 北京：中国人民大学出版社，2007：7. 其中，经济学是一门研究作为目的和具有不同用途的稀缺手段之间关系的人类行为的科学。

② ［英］杰弗里 · M. 霍奇逊. 经济学是如何忘记历史的[M]. 北京：中国人民大学出版社，2008：236.

③ ［美］安格斯 · 伯金. 伟大的说服[M]. 北京：华夏出版社，2014：11.

织[①]，并对资本主义经济作了重要的事实性批判，这显然超出了该定义的范围。以布坎南为代表的公共选择理论也对该定义的不适应性持否定态度。同时，仅就经济领域的行为而言，稀缺资源的配置行为也仅仅是人类经济行为方式的一个组成部分，单纯强调稀缺性与选择行为实际上是误导的。因此，虽然二战后出现以贝克尔为代表的所谓经济学帝国主义运动，试图扩展经济学的边界，但经济哲学与伦理学问题、历史与制度分析等却被边缘化，都与这一界定所造成的问题密切关联。

第二节　马克思主义经济学研究对象的嬗变

一、马克思主义经典作家对研究对象的界定

众所周知，马克思在《政治经济学批判导言》一书中指出，“我要在本书研究的，是资本主义生产方式，以及和它相适应的生产关系和交换关系”。这一科学论述成为马克思主义经济学研究对象的经典界定。此后，列宁、斯大林有关生产关系作为政治经济学研究对象的界定[②]，具有与当时社会主义经济建设相适应的历史合理性与必要性，但在一定程度上排斥了“人与物”的关系，因而具有过度抽象而难以解释现实经济运行等局限性。

由于种种原因，人们对马克思主义经济学的研究对象有过僵化教条的理解[③]。政治经济学研究对象被唯一地定义为社会生产关系即经济关系。总之，把政治经济学的研究对象界定为生产关系在当时虽然有一定的社会

---

① Backhouse, Roger E, and S. G. Medema. Retrospectives on the Definition of Economics[J]. *The Political Economy of Economic Policies. Macmillan*, 2009:221 – 33.

② 列宁曾说，“政治经济学史不研究生产，而是研究人们在生产上的社会关系、生产的社会制度”。斯大林也曾指出，“政治经济学的对象是人们的生产关系即经济关系。这里包括：(1)生产资料的所有制形式；(2)由此产生的各种不同的社会集团在生产中的地位以及它们的相互关系，或如马克思所说的，互相交换其活动；(3)完全以它们为转移的产品分配形式。这一切共同构成政治经济学的研究对象”。

③ 比如，苏联教科书的界定，“生产关系”特指“生产资料所有制以及在此基础上形成的生产过程中人与人的相互关系和分配关系”。

意义，但这种表述具有片面性，其最大弊端在于忽视社会主义制度现实运行中必然产生的对商品交换或市场经济的客观要求，忽视了社会主义基本经济规律的实现方式等，也延缓了对经济发展、技术创新、对外开放等问题的探索。

二、中国马克思主义经济学的研究对象界定

改革开放以来，中国马克思主义经济学在研究对象讨论中首先取得突破，指出政治经济学要研究劳动者与生产资料的结合问题，特别是不同社会制度下的生产方式问题①。劳动者与生产资料结合方式的差异必然意味着不同的生产方式，不同生产方式反映了“人与人”“人与物”之间在生产、交换、分配及消费等社会再生产关节的各种关系。因此，不仅生产关系是政治经济学的研究对象，更要研究包括生产力在内的生产方式问题。

那么，生产方式的研究与西方经济学的资源配置方式又是何种关系呢？一般认为，研究生产关系比研究生产方式更为抽象、深刻，生产方式是对生产关系研究的具体化。因为交换、分配属于广义生产的组成部分，如果把资源配置主要看作分配、交换问题，那么对市场经济条件下资源配置范式的研究自然是政治经济学生产方式研究的题中应有之义。资源配置方式总体上属于经济运行层次的分析，可以分为资源配置一般和资源配置特殊。前者一般是指各个历史时期市场经济条件下所拥有的共同规定性，立足于生产一般层次研究资源配置问题，正因为揭示共性而有其合理性②，如马克思主义经济学阐述的价值规律、市场竞争规律作为典型性市场经济规律，可以引申到资源配置层面加以逻辑展开。但是，马克思主义经济学更强

---

① 于金富，李静. 生产方式是政治经济学的首要研究对象——30 年来我国学术界关于政治经济学研究对象问题的探讨[J]. 经济学家，2009(4). 该文对马克思主义经济学的研究对象作了启发性梳理。

② 吴易风. 马克思主义经济学与西方经济学比较研究：第 1 卷[M]. 北京：中国人民大学出版社，2007：12.

调深入研究具体的、特定的生产方式中的资源配置范式，关注一种生产关系对资源配置的根本约束，因此，社会主义市场经济中的资源配置规律必然具有不同于资本主义市场经济的本质规定。从生产方式角度，特别是根据劳动价值论界定资源配置的实质和效率标准，而不是仅仅停留在帕累托效率这种现象描述上，也是马克思主义经济学的逻辑延伸。相反，西方经济学总是以这样那样的方式假设资本主义制度是永恒的，其出发点和目的决定了不能揭示生产关系与生产力的相互作用与调整，其资源配置分析也就是有缺陷的。总之，中国马克思主义经济学的研究对象创新在于，不仅要研究资源配置范式，而且要研究生产方式，特别是研究作为生产方式两大要素之一的生产关系，在区分抽象的、一般的资源配置方式与具体的、特定的生产方式的基础上，展开具体的、特定的生产方式下的资源配置规律研究。

近年来，随着中国特色社会主义市场经济的发展，一些学者着重对生产方式与资源配置方式之间的关系进行了颇有新意的探讨，提出了富有启发意义的观点。如孟捷（2000）认为[①]，马克思主义经济学的研究对象是生产方式，这可以把对资源配置方式的研究包含在对生产方式的研究之中[②]。研究生产方式则关涉的是被占有的（物与人的）实体，而资源配置方式则分析（物与人的）实体的经济运动规律。因此，生产关系、资源配置方式与生产方式在一定意义上是宏微观统一的。宏观层面的分析以微观分析为基础，宏观分析又是微观分析的综合体现。

动态而言，在与演化经济学的沟通中，孟捷和杨志（2004）等颇具新意地提出，马克思主义经济学的研究对象，实际上可以自然地把技术创新这个现代经济中最重要的现象纳入分析[③]。因为，由于生产方式就是“组

---

① 孟捷. 马克思主义经济学范式中的生产方式与资源配置方式[J]. 教学与研究，2000(6).

② 事实上，马克思以研究资本主义生产方式为名研究了资本主义资源配置方式。在微观层面，它们是指生产者和生产资料结合以生产产品和服务的直接方式以及背后的经济关系。在宏观层面，它们是指经济要素与资源以何种方式有效地分布于生产不同产品和服务的社会部门并加以协作的方式。不过，马克思研究的生产关系就其实质而言，是有效地占有他人劳动（和剩余劳动）的权力关系。这与西方经济学存在本质差异。

③ 孟捷，杨志. 技术创新与政治经济学的研究对象[J]. 政治经济学评论，2004(2). 该文及其作者的一系列论著对马克思主义经济学研究对象作了具有创新性的新阐述。

织和进行劳动的方式”，从劳动范畴加以展开自是题中应有之义。同时，劳动过程是有目的的、动态变化的[①]，劳动手段的确定建立在对自然的认识深化和突破中，否则目的的设定就是虚幻的。由此可见，基于劳动权限、劳动要求、劳动限制的差异，新奇性或创新是劳动范畴所蕴含的本质特征，这就为对纳入技术创新的马克思主义经济学提供了可能。

第三节　马克思主义经济学与西方经济学研究对象比较综合的结论

一、西方经济学研究对象界定的缺陷与贡献

首先，排除规范分析是西方经济学研究对象界定的重要缺陷，也是中国经济学“仿西”倾向中的一个弊端。研究人的行为应该关注的是人的特殊性。与自然界“惰性物体”、与生物运动和“行为”有很大的不同，人类不仅有遵循自己的理性计算进行经济活动的先天禀赋，而且具有自由意志并依据自己的道德标准、价值观和情感判断来行事。因此，在人类社会的发展中，超越功利主义考虑的美德、良善等基本伦理价值总是熠熠生辉[②]。由此观之，以形式化研究为特征的罗宾斯对于经济学定义的症结就在于排除规范分析，因而总是难以对真实的问题加以科学分析。

其次，西方主流的新古典经济学在其研究对象上的另一个缺陷是实际上排斥对创新行为的分析。第一，由于将生产关系对资源配置的影响视而不见，新古典经济学研究对象的规定必然是狭窄与残缺不全的，这就很难真正研究创新；由于把资源的创造（作为劳动限制的减少也是一种创新）与资源配置以自然科学处理物理问题的思维方法的名义（隔离分析法）截然对立起来，自然难以完整理解人类经济生活中真实的创新。第二，西方

① 马克思在设定劳动目的时曾一再指出，与动物的需要不同，人的需要是被实践活动设定和改造的对象，因而不是一成不变的，而是一个不断发展和丰富的体系。

② 韦森. 经济学的性质与哲学视角审视下的经济学[J]. 经济学(季刊)，2007(4).

主流经济学关于人的行为的模型本质上是适应性的[①]，忽视人发挥经验积累与主观意志从而能动地改造和认识世界的能动性，服务于论证整个经济体系趋向静态均衡的方法论。目的在于表达对资本主义经济的内在稳定性的盲目信仰或神学信仰，完全忽略了体现自由意志的、真正意义上的人的选择，这就必然具有严重的内在缺陷。

但也应看到，罗宾斯的经济学定义聚焦于资源配置和稀缺性，对于推动西方经济学发展也作出了积极贡献。罗宾斯的定义看起来过于狭窄，但又具有一定深刻性而可以推广到非经济领域，结果又被批评为过于宽泛！的确，根源于稀缺性与选择行为的经济学排除了即使在直接经济领域也很普遍的重要因素，因为许多经济问题的动机位于经济领域之外[②]。但实际上，虽然非经济领域的行为更多取决于非经济动机，许多非经济领域的行为也根基于选择或经济替代性。因此，公共选择学派一方面批评罗宾斯的定义，但同时用理性选择模型分析政治领域问题，并取得了一定突破。总之，虽然西方经济学中这种资源配置一般的研究并不能摆脱其资本主义制度的烙印，聚焦于选择行为最大化的优点是为理性选择资源配置理论的拓展从研究对象上给予了合法性，丰富了资源资源配置一般的理论分析！

二、在吸收综合中创新马克思主义经济学研究对象

西方经济学研究对象嬗变的一个特征是“宣称”已经摆脱了价值判断（索罗曾经不厌其烦地列举美国经济学中价值判断与实证混为一体所造成的诸多问题，以反衬摆脱价值判断之成功）。但这种摆脱其实并不成功，

---

① 作为行为主义心理学思想的被动衍生，主流经济学模型中的人的经济行为，如同肌肉收缩扩张或腺体的分泌一样，取决于外部刺激的强度以及适应性应对，即生物学意义上的“刺激—反应”模型也是解释经济行为的公式。追求利益的目标、给定数据信息集合的约束，决定人的选择，即找到与之对应的最大化方法就是答案，但是，由于人类具有主动选择自己行为的能力、意志和道德责任，在本体论上与动植物等生物学分析单元根本不同。这样的问题在于，人类行动的复杂性被忽略，这种复杂性所蕴含的学习和创新的可能性也被忽略。

② Crespo R. F. Two Conceptions of Economics and Maximisation[J]. *Cambridge Journal of Economics*,2013, 37(4):759 – 774.

之所以这样说，是因为那些宣称价值中立的西方经济学家，并非没有个人价值判断，而事实上将其隐藏起来，或者一直在进行深层次功利主义的价值判断。作为新自由主义大本营的朝圣山学社负责人曾坦言，“在某种程度上，我们的做法是偷偷引进一些目标或价值，然后在它们的基础上界定什么是好的政治、什么符合人类利益”。[①] 首先，以新古典为主流的当代“科学主义”的经济学，其伦理判断和道德基础可以追溯到古代的阿里斯提卜、伊比鸠鲁，而从哈奇森、爱尔维修、边沁、穆勒等开始，经过古典功利主义学说的最好阐述者西季威克的普遍的快乐主义分析、埃奇沃思的功利主义伦理学分析方法创新，功利成为对人们“常识”道德系统的修正和反省[②]，一直经久不衰。即使就一般均衡这一具有较强技术色彩的理论本体而言，形式主义理论方法相应的研究对象界定和行为模型设定，与其说是为论证一般均衡概念服务的分析技术选择，毋宁说是表达了其对于由资本主义经济内在稳定性的功利支撑，进而产生对资本主义的盲目信仰。其次，尽管从重商主义到当代经济学，西方经济学研究对象的确定和表述不断演变，受到当时的社会背景和研究任务的制约各有其具体特征，但是，很多西方学者不愿意承认经济学的阶级性，一直试图证明资本主义生产方式的完善性、和谐性以及永恒性，这一点却是共同的。因此，西方经济学的研究对象界定具有辩护论色彩。比如，马歇尔界定的研究对象似乎和早期庸俗政治经济学有所不同，通过“人的日常生活”而把人和财富直接联系起来的研究路径[③]，试图包容诸家，面面俱到。例如，回避奥地利学派主张的离群独居的鲁洪逊，特别强调“经济学所研究的是一个实际存在的人，不是抽象的或‘经济的’人，而是一个有血肉之躯的人”。但在涉及具体经济问题时，马歇尔用产业集团成员去代替阶级划分，再进一步试图用伙伴关系去代替阶级关系。罗宾斯基于在经济学领域肃清马克思主义影响（以及凯恩斯主义、制度学派）的思量，费心竭虑地拟定对立的经

---

① ［美］安格斯·伯金. 伟大的说服［M］. 北京：华夏出版社，2014：272.

② 张谊浩，方先明. 西方经济学的意识形态反思［J］. 马克思主义研究，2012（2）.

③ 刘涤源，彭明朗. 阿·马歇尔的政治经济学研究对象述评［J］. 求索，1983（2）.

济学定义，企图“逃避考察人与人之间的社会经济关系”，结果使其资源配置理论陷入混乱状态，并没有真正增强解决资源配置问题的能力，所以并不能真正实现经济学的“科学化”。

与曼海姆知识社会学相通，思想的形成、发展、变化等意识形态变迁与社会群体具有重要联系，马克思主义经济学对价值判断问题的论述深刻而精彩。因为人类社会是由人的劳动实践活动形成的，人通过自身不断参加的丰富而运动的社会实践，从实践的需要、必要条件、沟通互动中认识社会，可以获得不同于自然科学的关于社会的客观知识，因为社会科学知识的获得是在人际互动中实现的，获取途径与方式当然包含了反映人们之间基本经济关系的价值判断。因此，只有基于历史唯物主义和唯物辩证法的马克思主义经济学，研究基本经济关系的本质，才能真正揭示社会的客观经济规律。我们认为，西方经济学对纷繁复杂的现象进行描述是重要的，对于被资本主义制度扭曲的市场经济中的资源配置方式的研究也是有意义的。但存在基于资本主义制度扭曲的价值判断扭曲。由于抽象谈论财富，用物与物、人与物的关系代替对社会关系的研究，其对资源配置问题的研究始终停留在表面现象层次，不能科学地提出和回答资源配置及利用中的重大问题。比如，由于有意或无意忽视资本主义生产对于工人和资本家的差异所在，在贫困、消费、分配等问题上总是以有色眼镜观察现实，也根本无法解释经济周期、失业、经济危机等重大现象！这些极其重要的资源配置问题只有马克思主义经济学才能给予科学回答。

从中国特色社会主义政治经济学的要求看，在研究对象的确定上，当前多数学者认为，仅仅联系生产力来讨论生产关系是不够的，而是把生产力—生产关系作为生产方式的辩证统一来研究。上层建筑不是马克思主义经济学的研究对象本身，但这一过程中要联系上层建筑加以展开。我们进一步认为，考虑到经济学创新的阶段性，作为社会科学的国别性，以及中国事实、中国经验、中国方案的日益凸显的重要性，中国特色社会主义政治经济学不仅要研究生产方式，而且要把研究发展方式作为一个基本要求加以贯穿，将生产方式与发展方式作为一个集合体来确定研究对象，要动态研究发展能力提升与发展过程中的社会关系的辩证统一。这要求纳入创新问题和人的全面发展因素，联系社会形态的运动，动态分析资源创造和配置方式的效率改进，纳入发展方式问题动态分析生产方式的矛盾运动规律。动态分析中国长期历史中的发展道路、发展思想和制度演进与西方资本主义国家经济发展相关问题的联系和区别；动态分析中国经济体制转型的道路对传统社会主义理论和西方转型经济学的超越；基于个人发展方式而不仅是生产方式和生活方式这一视角，动态分析人的全面发展对于奠定宏观经济运行的微观基础意义，以及中国经济新时代人的全面发展的实现问题；动态分析中国特色社会主义对外开放理论在新时代的创新问题；动态分析中国特色社会主义基本经济规律的展开和表现；动态分析中国经济新常态与资本主义中高收入国家类似发展阶段的关系等。

这样一种研究对象的转变，根本上是从新中国成立 70 年来人民日益增长的物质文化需要与落后的社会生产力之间的矛盾运动中把握生产方式的效率改进和公平正义诉求，是从中国道路、中国模式、中国经验出发，从中国方案的创造性和科学性中，扎根于中国文化、中国智慧、中国元素中内在的价值判断（如天人合一等），对人民物质文化需要的内涵加以更好的把握，从生产关系视角对社会生产力的发展规律更好地把握，把生产方式的效率改进与公平正义更好地统一。总之，马克思主义政治经济学的研究对象不仅是研究生产方式，而且要纳入发展方式，不仅要静态研究生产方式约束下的资源配置，更要纳入资源创造研究动态的资源配置方式和人的激励等问题，以发展方式的中国政治经济学研究推进和丰富马克思主义经济学的研究对象创新。

另外，马克思主义政治经济学的研究对象也需要处理好与政治学等兄弟学科的关系！不能用政治学代替马克思主义经济学，不是要求经济学从属于政治学，因为经济问题具有自身的内在规律，马克思主义经济学包含的科学方法是适应经济问题的内置需要而产生的，同时苏联经济学发展中存在的过于强调价值判断对马克思主义经济学发展所造成的教条化影响也不应忽视；政治经济学不应该和不可能完全回到过去，那些被意识形态之争的旋涡所禁锢、用价值判断主宰一切的研究路径的弊端也不应忘记。因此，从国家层面、高度和视角看待和把握经济运行及其客观规律，从政治话语与经济话语的良性互动中推进马克思主义经济学的创新，需要理解和测度政治因素、政治行为对经济过程的影响，这正说明了马克思主义哲学社会科学的系统性！

第三章　马克思主义经济学与西方经济学人性假设比较

经济学作为研究人的社会科学，对人的经济行为及人性进行抽象是理论框架的基本前提。与自然科学不同，社会经济生活中“只有个人才作决策，而事物并不决策”，人性假设就成为经济学以及其他社会科学得以建立的内在基础。尽管人的行为、心理、性格特点和需要偏好是复杂多元的，但经济学分析中所要求的人的本性指向需要概括与抽象，以满足理论化和科学抽象要求。西方经济学的经济人假设与以及马克思主义经济学对其的研究构成了两大理论体系在方法论上的根本性差异。

第一节　西方经济学经济人假设

无论是在当代西方经济学还是其大多数发展历史片断中，“经济人”都被看作考察人类经济行为和市场经济的核心，其基础地位一直在不断强化，内在逻辑也不断丰富。“经济人”既被当作分析前提，足以推论出整个经济学体系，又是人类历史的发端之所在，是对全部经济学事实的逻辑演绎。

一、主流经济学经济人假设的方法论基础

（一）功利主义哲学

总体来看，功利主义哲学、康德先验论（理性监控着愿望）、唯心主

义、形而上学、机械论哲学是经济人假设的方法论基础①。从经济学说史角度来看，经济人假设源于功利主义哲学。功利主义把整个人类世界都归功于人具有痛苦和快乐支配的价值图式，每个人都遵循追求自身快乐这一功利原理行事。功利主义思想源远流长，最早与边沁、詹姆斯·穆勒联系在一起，作为一种与感觉论心理学、伦理享乐主义等密不可分的意识形态，它兴起于反对中世纪经院哲学的过程中，因而曾经具有一定的积极意义。但是，这种哲学毕竟过于狭隘，由于把一切真正重要的事情都排除在外，这种理论一产生就招致批判②。事实上，与功利主义哲学相对抗，有人早就提出利他主义假说③，同时，人们还认识到有一些与享乐主义无关的快乐，如“产生于作恶的快乐、产生于获取权力的快乐、产生于宗教信仰与实践的快乐”等不应忽视的现象。

功利主义源自西方文明的希腊文化、希伯来文化两大思想传统④。希伯来文化特别是基督教伦理学强调公益，以及社会普遍幸福的重要性，强调“克己”而不是“利己”，于是即使利息是忍耐的补偿，为放债收取利息自古以来就被当作违反神性的罪恶。在这种背景下，功利主义哲学的最初出发点是从社会角度追求“最大多数人的最大利益”（或者君主的、民族的利益），“自利”仅仅是实现“社会利益最大化”这一目标的手段，这样，利益最初曾经是罪恶的一种委婉说法，追求利益并不是可敬的行动。

资本主义的进一步发展，要求解除基督教伦理学对人们的思想束缚，

---

① 程恩富. 现代马克思主义政治经济学的四大理论假设[J]. 中国社会科学，2007(1)；赵磊. “经济人假设”的五个误区[J]. 学术月刊，2009(9).

② 马克思在批驳边沁时说，“他幼稚而乏味地把现代的市侩，特别是英国的市侩说成是标准的人”。熊彼特则说，“他们（功利主义者）创作出一种人生哲学，这种哲学在所有可以想象出来的人生哲学中是最浅薄的，而且处于与其他人生哲学不可调和的对立地位”。

③ 例如，早在斯密之前，英国伦理学家沙夫兹伯利就认为，“产生同情心和这是他人利益的程度，丝毫不亚于产生自私心和重视自身利益的自然程度”“有德的人会从行善中得到快乐，而不管他们对行善的结果有何看法”。

④ 朱富强. 经济人假设的文化根基：基于西方社会的认知思维和行为机理[J]. 改革与战略，2012，28(1).

物质利益的追求逐渐为社会舆论所接受，甚至出现了私恶（贪婪、虚荣、奢侈、野心等）即公益的流行观点。例如，曼德维尔认为，一切行动的目的都是为了包括自尊心在内的某种满足，“个人行恶，公众得益”（奢侈品的消费这一以往评判的私人罪恶对于一般福利也是有益的），私利又被用来作为“贪婪”的委婉说法，是一切行为的最终动机。亚当·斯密的《国富论》中关于屠夫、酿酒者、面包师的那段为人熟知的著名论述中，与“看不见的手”相关，对于一心追求财富的行为给予合法地位，这是因为商人的行为实际上是间接地为公共利益服务的。斯图尔特等古典经济学家走得更远，他们甚至反对人们介入公共事务（利他），因为公共领域的行为是“自我爱怜的破坏性情绪的表现”。

作为与功利主义互为补充又有区别的意识形态，古典自由主义者一方面强调；人的幸福和满足感的内在属性[①]；另一方面，又认为物质福利能为人们的内心生活发展创造一个良好的外部条件，“事物会使我们的社会更好”，从而较为曲折间接地为物质福利辩护。西尼尔把经济利益最大化原则看作其“纯经济理论”中四个基础命题的第一公理，这中间既暗含着理性意蕴，但越发强调对财富的追求是人类的普遍本质[②]。于是，积累财富的欲望从曾经被赞扬的“平静的感情”，演化成等同于利益概念本身，这种行为的所有形式，不管如何热情或不合理，都在私利的名下被激发和崇尚，成为涵盖人类行为全部范围的概念。

（二）理性主义的形而上学与机械论方法

在功利主义的另一思想传统中，希腊人一直关注人类生活的具体问题，如城邦这一文明生活的具体形式及其运作，以及对经济组织效率的暗喻等，隐含着尚待挖掘的理性人思想。这成为经济人假设理性人维度的基

---

① 古典自由主义者认为，人的幸福和满足感不能来自外部世界，所有外在的调节无法触及人们最高或最深层次的追求。

② 对此，当代自由主义者米塞斯解释说，自由主义“着眼点和最终目的是促进人们外在的物质福利，而不是直接满足人们内在的、精神上的以及形而上学的需求。是尽一切可能将外部世界所能提供的物质用来满足人们的诸多要求”。

础。在边际革命前后，由于强调个人目的的最大化需要量化，而效用作为快乐的代替就成为量化的基本单位，从基数效用论到序数效用论，可度量性问题在某种意义上似乎得以缓解，基于形式主义的边际效用理论开始盛行，进而货币化作为价值的核心大行其道，这样，通过李嘉图、约翰·穆勒等的推动，经济学更加抽象化和数学化，试图以假说与假定为基础而得出一般均衡体系。总之，尽管早期关于快乐同质且可以计算的观点是荒谬的，但形式主义及数量化倾向的发展，受益于自魁奈的《政治算术》与重农学派《经济表》起取得的学术成就，以及此后自然科学的发展，反过来在有些方面与经济人假设互为表里，又通过马歇尔、萨缪尔森、芝加哥学派的价格理论，使西方主流经济学的经济人假设的支配地位得以确立并不断强化。

当代著名经济学方法论学者博兰评论所说，主流经济学“将人置于快乐与痛苦的计算器的作用地位”，这是“一种颇为机械的关于决策行为的观点”①，因为复杂、主动的人受到不同心理状态和动态变化着的世界观的影响，且不同个体动机不同。加之社会结构的影响并不能总是用自利的术语表达，实际上在形式主义的模型中无法允许选择的存在，这样一种形而上学与机械论方法忽视人的实质性选择和动机（如好奇心等），存在重大缺陷，并不能对经济问题给予本质性的科学解释。

博兰认为，最大化、一致性等是主流新古典经济学形而上学的组成部分，虽有启发性，虽然不是同义反复或套套逻辑，但作为孤立、静止、片面的观点观察活生生的经济现实，必然是不可证明与脱离实践的猜测。其问题不在于逻辑，而是作为一种形而上学，存在忽视社会生产关系的影响片面强调抽象人性等在本质上错误的东西。于是，基于形式主义的边际效用理论开始盛行，进而货币化作为价值的核心大行其道，资本主义成为一个物欲横流的社会，人类的一切价值特别是自身价值被极度贬低。此后，

① ［美］劳伦斯·博兰. 批判的经济学方法论［M］. 北京：经济科学出版社，2000：230；程恩富. 新“经济人”论：海派经济学的一个基本假设［J］. 教学与研究，2003（11）.

西方经济学在更加抽象与形式化中，以假说与假定为基础而得出超阶级、超历史的诸多错误结论。

二、西方经济学经济人假设的内涵

就历史源流而言，西方经济学经济人假设的内涵包括两个基本方面：首先是自私人假设。早在17世纪，霍布斯在《利维坦》中就明确提出了原子论式的人性自私论，孟德维尔也把利己主义看作人类的自然特征和社会的发展动力，斯密的经济人假定拓展了孟德维尔的思想①。随后，李嘉图、西尼尔等古典经济学家加以广泛借用。其次是理性人假设，在李嘉图的抽象经济分析中，经济人假设就转换为“理性人的最大化”；约翰·斯图亚特·穆勒受边沁功利主义原则的影响，把经济人作为经济生活中一般人的抽象，认为经济学无关社会中人类行为和本质的所有问题，而是研究以财富最大化为目标的行为。这样，西方主流经济学的发展历史正是以经济人为理论逻辑和脉络主线的。有些学派通过对传统“自私人”内涵进行拓展，把利益、效用扩展为不可用货币衡量的精神利益层面，把分析范围扩展到政治、法律、社会等非经济领域；有些学派增添了机会主义人性假定和信息成本约束（如以布坎南为代表的公共选择学派则认为人的政治行为和经济行为一样，都是受自利动机支配的），从而拓展了经济人假设的应用分析领域。有些学派如贝克尔等，把社会个体视为效用最大化者，引入歧视系数、利益较之成本的差异、非市场活动时间（闲暇）等，把犯罪、工作环境乃至养育儿女都纳入经济模型的分析中，从而拓展了“理性人”分析。

从基本内涵来看，经济人假设主要涵盖三个基本命题。

（一）经济活动中的人是自私的，追求自身利益是其根本动机

狭义的经济人的自私，“仅仅只是理性地进行计算，以促进他自己的

① 郑春芳. 从马克思主义经济学视角评西方经济学的经济人理论[M]//吴易风. 马克思主义经济学与西方经济学比较研究：第1卷[M]. 北京：中国人民大学出版社，2007：184.

利益”（利己心）[①]。而且，就经济人中人这一主体而言。贝克尔认可并提出“血亲利他主义”这一概念（人的遗传基因会照顾与自己相同的子孙后代基因），他认为类似家庭这样的结构中存在的是以家庭血缘为基础的看似利他实则利己的行为，非家庭的更广大领域更是不必待言。但是，正如著名发展经济学家与社会学家赫希曼的观念史考察所言，“利己心”概念中的利益一词，一开始并不限于指人的物质利益。而是“涵盖了人类的全部欲求”或“多种利益”。只是在资本主义发展过程中，“利益”一词的含义通过某种过程的话语创新，被变成公认的惯例、被与当时的时代精神所厌恶的同义词区别开来、被实质化为包括激情等传统上对立的因素的广泛话语[②]，尽管这种利益与激情的张力在当代社会科学中又是必要的。尤其是边沁将人们在经济活动中自觉产生的功利标准推广至伦理领域，快乐和痛苦被认为是人类欲求是否满足的后果，是可以测量、加总、排序的量。于是乎功利主义甚嚣尘上。此后，利益与功利的联系发生变化。詹姆斯·穆勒扩大了私利概念的范围，以阐明社会生活中的非经济方面，这包括开明的自身利益、长期的利益、真正的利益等。但是，随着资本主义市场经济的进一步发展，从“自私人”假设发展出的把货币化作为价值核心的理念几乎难以动摇，可以看到存在从货币财富依附于物质财富到货币形式的社会财富强化，再到国家与国际层面的拜物教形式的利益主宰的“自私人”假设的变动轨迹。

从方法论视角来看，对于“利益”概念的意义，赫西曼曾指出，“一个受利益支配的世界”才会具有“可预见性”[③]。而熊彼特等则认为，功利主义只涉及福利经济学，在其他方面只要承认理性人假设即可，功利主义甚至有些多余或有害。这些观点忽视了经济分析中的价值判断问题而只是一种形而上学的幻觉！

---

① 杨春学. 经济人的“再生”：对一种新综合的探讨与辩护[J]. 经济研究，2005(11).

② [美]杰里米·阿德尔曼. 入世哲学家：阿尔伯特·赫希曼的奥德赛之旅[M]. 北京：中信出版社，2016：645.

③ [德]阿尔伯特·赫希曼. 欲望与利益[M]. 李新华，朱进东，译. 上海：上海文艺出版社，2003：45－51.

（二）经济活动中的人在条件、能力和行为上是理性的，能依据目标、机会与约束有效决策

从完全理性到有限理性，又回归到理性预期，西方主流经济学有自己“独特的”、丰富的理性界定，如最大化、一致化、节约行为等①。理性预期理论作为对有限理性理论的回应，认为人们不会运用产生系统误差的信息获取机制，他们通过修改获取信息的机制来消除系统误差。这在一定程度上消除了有限理性论述中所说的信息问题，从而继续坚持为理性人假设辩护。

在理性人假设的发展中，赫伯特·西蒙认为人追求满意而非追求最大化（“有限理性经济人”），他的贡献在于改进经济人假设的约束条件，把经济学分析从理想情形（理论本体）中拉回现实世界，特别是与经济活动和行为人实际遵循的程序性事实加以比较和参照，发展出过程理性思想，此后被威廉姆森转化为基于资产专用性、机会主义和有限理性的信息成本思想，实际上大大丰富了主流经济学的理性人分析。因为，尽管从决策结果看只得到满意解，但考虑了人类推理活动的时间和空间特征，考虑了决策成本与可能性等之后，理性人仍然是追求最优解的，因而“有限理性经济人”被戏称为“经济人的堂弟”，在行为经济学的进一步发展中，基于行为动机和行为模式两方面，又提出了异质性经济人假设②，“人是具有多样化行为模式的自利—利他者”，这标志着理性人假设作为一个重要概念，在实证性与演进性中仍在得以继续发展。

---

① 典型情况是，理性偏好的存在等同于效用函数的存在，理性选择等同于效用最大化。因而，理性行为的解释就是对诸理性公理的进一步阐述，在理性行为和最大化行为之间形成一种对应的关系。

② 贺京同，那艺. 经济行为的异质性与行为经济学对经济人假定的发展[J]. 学术月刊，2009(6).

（三）只要有良好的制度保证，不采用强力、欺诈来实现个人利益，个人追求自身利益最大化的自由行动能够无意而有效地增进社会公共利益

在资本主义制度的形式平等下，经济人凭着貌似绅士、形式平等的手段（如交易）来为自己谋取物质上和精神上的利益。霍布斯说，人的欲望是多种多样的，并不会存在共同的目的，但存在一种实现各种目的的方法，于是，和平、安全、道德准则的维持会使每个人得益。斯密认为，各种行为的实际后果可以与最初的期待相去甚远，大多数人并非有目的地增进公共利益，也没有意识到他们实际上在这样做。但是，就整体而言，人们“在追求自我利益时，常比他有着为公共谋福利的动机时更能有效地促进公共利益”。进而言之，按照当代福利经济学家阿马蒂亚·森的论述，基于经济人假设和最大化行为，福利经济学的基本定理得以证明，竞争均衡与帕累托最优之间的紧密联系得以建立，这就使“看不见的手”论断得以成为备受崇拜之迷思。

即使在有限理性论式中，一方面，威廉姆森认为，经济人的自利行为常常会导致机会主义行为；另一方面，之所以如此，除了利己动机的自然延伸外，与有限理性一致的信息不对称和信息不完全也是重要因子。因此，有限理性导致市场失灵、组织失灵或资本主义制度失灵。但是，威廉姆森又认为，市场失灵、组织失灵是与理想状态对比而言的，与合理的运用纯收益认识的可选择方法相比，市场或组织又未必是运行无效的，威廉姆森进而推论，在节约交易成本上的行为使资本主义经济制度具有动态的适应性效率。

美国社会学家格兰诺维特提出经济行为的嵌入性问题①，这实际上是对主流经济学关于经济行为与社会关系无关命题的反动。嵌入性意味着交易的社会关系进而生产关系是重要的，但并不排斥以个人利益的理性计

① “行动者并非是外在于社会环境，如原子般行为和决策的……相反，他们进行有目的的行动的尝试，是嵌于具体的、正在发生的社会关系体系中的”。

算，这实际上反映了一种非原子论式的个人主义。“经济人”的社会关系的互相制约性，使“经济人”追求私人利益的行为总是在与其他“经济人”追求私人利益的相互制约中①，这种制约超越“看不见的手”能够协调的简单交换关系，涵盖生产、交换、分配、消费等各个生产和再生产环节，而经济人利己动机仅仅能够说明其中并非最重要的一部分。这样就不难理解，斯密作为古典政治经济学的集大成者，在对现实经济活动过程中人的特性加以抽象时，虽然明确表达了“经济人思想”。但是在分配论中又考虑到不同阶级的“利己心”之互相对立，斯密虽然假定人的交易本性的重要性并影响到所谓形式主义立场，但在分析工资及其所反映的利益对立时，又务实地转而通过具体经济关系来进行②。

总体而言，“经济人”作为一种理论假设或纯粹虚构，是作为资本主义历史运动的观念呈现。作为一个特定时代的产物，如果说斯密、李嘉图对“人”的“预感”先于资本主义发展而呈现出预见性，在资本主义发展成熟甚至显现出矛盾危机之后，边沁对“人”的“重复”则是庸俗的，马克思主义政治经济学所实际刻画的才是资本主义经济中的“人”或资产者本质规定性。

三、西方经济学内部对经济人假设的评价

经济人假设是逐步演化出来的，最初可以称为自利自私人假设，在受到不少人指责后，逐渐演化为理性人假设，行为人的目标可以包括利他，或者称为一种开明的自利行为（因为，经济行为人追求的效用最大化，可能源自商品等货币因素，也可能是尊严等非货币因素，后者会以间接的方式，或在未来兑换成自身利益）。于是，方法论上的理性人与伦理意义上的自利自私人互为表里。

在成为基本理论前提的同时，上述经济人假设不可避免地受到诸多非

---

① 方竹兰.“经济人”假设的反思——探寻2008年全球经济危机发生的根源[J].教学与研究，2011(2).

② 孟捷.经济人假设与马克思主义经济学[J].中国社会科学,2007(1).

议和责难。早在利己假设的顶峰时期，就出现了浪漫主义、保守主义的反动。英国保守主义思想家埃德蒙·伯克、以把经济学称为“沉闷的科学”而出名的作家托马斯·卡莱尔等认为，私利导致的并不是朝气蓬勃的商业和工业，而是对传统价值和社会性秩序的破坏性力量的复活。具有法国古典经济学家与小资产阶级政治经济学代言人双重身份的西斯蒙第，主张超越自利研究人的精神幸福，而斯密的政治经济学研究的仅仅是物质福利。尽管这具有小资产者的理想情怀与局限性，但强调“需要良心正如需要理智一样”的观点，却有着比狭隘的经济人假设高明之处。

德国历史学派的先驱人物李斯特认为，斯密的经济人假设排除了道德的力量、情感的因素，仅重视人的利己主义经济动机，根本未顾及国家、民族和社会利益，绝非“真实的人”。历史学派的主要人物如罗雪尔、希尔德布兰德、克尼斯等认为，人与物质和人与人之间的关系等伴随历史、地理及教育等的改变而改变，而斯密的“经济的利己主义者”显然过于狭隘。马克斯·韦伯等德国新新历史学派批评说，当理性人假设占据主要地位后，一切事物都逐渐理性化了。当所有的行为都变得完全理性时，它常常会失去意义或基本含义，因为事物与人本身对于理性范式而言变得次要了。马克斯·韦伯区分了四类“有意义行动”类型：①目的性行为。人可能由外部世界或和他人所指引，由行为者本人理性地考虑和追求目的，用于实现目的的“条件”或“手段”本身的价值并不重要，其效率功能优先，这与经济人假设相一致。②价值性行为，由某种超现实的社会价值、伦理、审美、宗教信念或信仰所指引，无须考虑其后果的行为类型（“价值合乎理性的行动总是一种根据行动者认为是向自己提出‘戒律’或‘要求’而发生的行动。”）。③感情的，或者是情绪的，生理的或者纯粹的心理因素所催发的行为类型，喜怒哀乐事实上有时也是人们行为的依据。④传统的，或者习俗指引的行为类型①，作为历史习惯的延续而有意与功利成分隔离。由于不同的历史环境、文明体系造就了不同的价值观、历史

① ［德］马克斯·韦伯. 经济与社会：上卷［M］. 北京：商务印书馆，1997：56.

情感等，人们行动的目的就必然是多元的。于是，个体从自身视角所得出的理性判断往往是相互冲突的，一种文明体系中的个体很可能被其他理性传统中的个体认为是“非理性”①。总之，由于从不现实的前提进行推导，经济人假设变成了对人类行为进行歪曲性分析的基础，忽视诸多理性概念的历史文化异质性恰恰是西方经济学经济人假设的缺陷所在。

与实用主义哲学互相影响的美国制度学派，批评了功利主义的快乐与痛苦的计算，特别是新古典假设对于有用努力的厌恶及劳动无效用的观念，指出快乐与痛苦的所谓理性计算没有主动的精神过程，把人看作同质的被动反映的机器，因而是错误的，制度学派认为，人的劳作本能有可能在进化中被选择而并非总是被看作折磨（基督教关于劳动一个原初理念），而不是如同新古典所说的那样仅仅是一种获取另外目标的方式。同时，本能和习惯先于理性，功利计算的基础是主观评价，理性计算必然受到文化、制度环境及其变化的影响，新古典之理性人使“人性被排除了，人成了不变的中介，所有的制度特征也被排除了”②，这样的理性计算必然是虚幻的。理性人假设必然包含目的论与功利主义两方面，由于自然秩序是人类行为的方向，而且这一方向被认为是最好的、最有利的，于是自然秩序作为目的，其实现便规定了“看不见的手”之经济学理性范式。对此，制度主义认为，“看不见的手”范式是虚幻的，重要的是进化的过程或可能的转变，主流经济学仅仅在口头上强调选择，但缺乏对于人的自我反省、智能、意图或者意愿等概念的深入分析，自然秩序作为目的何以与人的自我选择加以关联恰恰被主流经济学所忽视。

从古典道德哲学（一般社会科学当时之别称）这一范畴看，斯密的思想的确存在经济与道德的悖论，《国富论》中对经济层面自私自利行为的确认虽然被德国历史学派不正当地歪曲为“唯物主义”，却也不是空穴来风；《道德情操论》中对同情心、怜悯和利他行为的认可，又折射出人性

---

① 王京安.现代主流经济学的人性假设及其批评[J].中南财经政法大学学报,2006(6).

② ［美］索尔斯坦·凡勃伦. 有闲阶级论：关于制度的经济研究［M］. 北京：商务印书馆，1964：114.

之另一侧面，二者存在冲突与张力。那么如何协调“自私人”“道德人”或“利他人”的行为呢？如前所述，尽管私利概念的范围一直在扩大，但与此同时，一些难以用利己倾向来解释的善行、无私也吸引了经济伦理学者的注意。

主流经济学内部的观点是，经济人的目标限定在利益这一富于弹性的概念及其最大化上，其内涵从重农学派对人类营养物质的强调、斯密对金钱所得与物质手段的强调起，经过功利主义哲学为基础对财富的强调、对快乐与痛苦的强调，不断演化而充满张力。无论是利益、快乐或者抽象的某种目的，或者各种各样更具体的表现形态，新古典经济学都将利己或自利看作最主要和最核心的因素，认为这既符合常识，又有着生物遗传学和进化论方面的证据。而且，作为对制度主义强调演化的批评的回应，一些人甚至认为，在长期的进化过程中，由于人们必须选择一定程度的欺骗，利他行为可以看作这种欺骗的高级隐蔽形式，真正的利他基因逐渐被淘汰，只有自利基因得以保存下来。但是，这种辩护很难成立。以研究经济学史著称的当代美国学者大卫·柯兰德总结评述说，自利原则用之于利他主义经济现象的解释，显然是无力的，或者说是牵强的。当代行为经济学更是在引入生理学与心理学方法后认为，现实观察不仅表明存在大量利他行为，利他基因的发现还表明人的道德品质也有源于先天本能的依据，人的本性中确有利他的一面，而且并不是从利己中派生的。

主流经济学内部对于异端学派批评的另一种回应主要是在自私人假设的掩饰中，吸收演化的观点为自己辩护。例如，阿尔钦等则坚持把放弃“利他性假设”看作经济学工具理性的进步，并一直排除纯粹利他的行为，用所谓选择行为为利己人百般辩护。由于把利己的内容理解为趋乐避苦，与心理学相互交织的行为经济学主张回到边沁①。借助于好的效用偏好序列，再加上约束条件这一对理性人目标实现的规定性条件的描述限制（如行为者自身资源与外部资源限制等），从成本收益分析方法到“约束条件

① 陈惠雄. 利他—利己一致性经济人假说的理论基础与最新拓展[J]. 学术月刊，2012(11).

下的最大化”、满意行为、节约行为等，经济人行为框架的理性人意义与局限性均得以凸显，自利与理他的争辩则交给伦理学家与哲学家。

第二节　马克思主义经济学的人性假设

一、马克思主义经济学的社会人假设

马克思主义经济学的一个重要内容是，科学地阐明个人在特定生产力与生产关系辩证结合下的本质关系①，由此可见，社会关系总是型塑经济行为，所谓理性经济行为是后天习得的，而不是先天遗传的。人是特定经济关系和经济利益的承担者，经济学没有必要也不可能建立一成不变的行为假设，只能根据客观经济现实，在人对经济规律的服从中，根据经济研究的特定任务进行科学抽象，由此形成理论发展的坚实基础。

（一）资本主义生产当事人“是经济范畴的人格化”

马克思主义经济学的人性假设，在与社会发展保持历史的和逻辑的一致性中，以经济范畴的人格化为标志，根据历史提供的新材料不断发展和完善②。经济人假设最早是对启蒙阶段、近代、西方资本主义生产方式中利益关系的简明概括，有一定代表性。虽然伴随发达国家生产力的提高，一定范围内的利他主义行为有所增加，但阶级利益差别绝不可能消失（如发达国家对发展中国家的侵蚀和压榨，正是国际范围内经济人假设的表现）。在资本主义制度与经济人假设的交互作用中，资本主义生产关系的

---

① 马克思主义经济学认为，“人，只是经济范畴的人格化，是一定的阶级关系和利益的承担者……不管个人在主观上怎样超脱各种关系，他在社会意义上总是这些关系的产物”。因此，在批判和发展了理性概念的合理成分后，主张在特定经济关系下展开分析人的行为和目标模式，而不像新古典经济学那样，试图从某种先验的人性出发，运用个体主义方法推演出徒劳地推演整体经济关系的存在。中共中央马克思恩格斯列宁斯大林著作编译局，编译. 马克思恩格斯选集：第 2 卷[M]. 北京：人民出版社，1995：101 – 102.

② 马克思主义经济学并不固守利己或利他假设，而是认为，“无论是利己主义还是自我牺牲，都是在一定条件下个人自我实现的一种必要形式”，（中共中央马克思恩格斯列宁斯大林著作编译局，编译. 马克思恩格斯全集：第 3 卷[M]. 北京：人民出版社，1995：275. ）。

客观存在是第一位的、本质性的，至于具有利己心的资本家个人反过来的影响则是次级的、现象性的。

因此，马克思指出资本主义制度下资产阶级的群体行为并不建立在个别资本家是否利益最大化上，而是阶级利益、群体利益、集团利益占据优先地位。个体的自利行为源自社会存在的环境，如竞争支配资本家追求利润的动机、生存条件要求个人追求工资的行为、“资本人格化”着资产者阶级的本性，其不是一般的、前资本主义社会生产关系占统治地位时表现为发财致富的利己主义，而是通过占有雇用工人的无酬劳动、以榨取剩余价值为本质的“利己心”①。即使个别资本家偶然有些非“经济人”特性存在，但是在资本主义私有制下会被不断纳入以剥削和被剥削为本质的“普照的光”生产关系之下，被改变、被塑造、被统摄于“资本主义当事人”的存在方式。由于经济人特性具有阶级差异和制度差异，西方经济学抹杀内容根本不同的抽象的“利己心”分析是极其错误的。资本家作为资本主义经济的代表性行为人，只能从资本主义私有制的运动规律中进行本质揭示。于是由于商品的使用价值是利他的，价值是利己的，利益冲突的客观性也就根深蒂固，西方主流经济学宣扬的利益和谐是不存在的，因为生产关系（制度）决定着人们的利益关系，也就决定着利益冲突的结果。

当然，马克思主义经济学也不否认或贬低利己心的重要性。利己心在摆脱封建枷锁束缚、促进资本主义社会生产力的发展中所具有的积极作用更是得到很多论证②。

（二）人的本性是“自由地进行有意识的活动的社会存在”

马克思主义把人的本性归结为“自由的自觉的活动”，正是这种人性的导引是极其可贵的，从中才可能产生人的行为模式的多样性和制度的多

① 胡钧，杨静.“经济人”假设的历史观和方法论——“经济人”与“人格化资本”两种不同规定的本质区别[J].经济学家，2005(6).该文基于马克思主义政治经济学阐发了“人格化资本”的内涵。

② 在马克思主义经济学看来，如果说利己心对于资本家来说表现为占有别人剩余劳动、无酬劳动或剩余产品、无偿产品的欲望，因而是丑恶的；对于工人，则表现为不能占有自己的产品，只能获取自己劳动力商品价值的愿望及其实现的不确定性，因而是值得同情的。

样性以及二者的各种组合。根据马克思主义基本原理，在社会主义这一更高阶段，经济人是有限的经济人，其自利性会受到约束。一方面，每个人的自由发展是一切人的自由发展的条件①，这决定了生产方式演进的根本方向在于使人的个性自由和社会的决定作用实现统一，虽然在社会主义阶段，马克思主义经济学关于劳动仍然是谋生手段的表述与西方经济学的稀缺性假设之间，不难发现经济人作为一种客观存在的一致性。但是，社会主义制度为每个人实现自身利益、人的物质文化生活需要、人的全面自由发展创造了条件，社会主义制度的发展将逐步实现人性利他与利己的内在统一。从而克服了资本主义经济活动当事人的历史局限。

二、马克思主义经济学对经济人假设的批判

由于人的自利性被西方经济学一般化、抽象化、孤立化，并且被看作历史上早就存在且永恒存在的，对此，马克思主义经济学认为，虽然经济人假设在反封建专制中具有必要性，但毕竟是一种反历史的唯心史观，而在这一假设被颠倒过来论证资本主义制度永恒化时，其错误就是根本性的了，必须给予彻底的批判。虽然代表小资产阶级利益的制度主义、代表落后封建社会残余的历史学派强调社会整体性的分析方法，对于经济人假设的批判固然有其合理之处，但是，单一理性行为者假设又总是被偷偷接受（如制度主义者），或者过于强调把社会置于个人之上的方法（如历史学派），只能是一种唯心主义历史观与小资产阶级不切实际的幻想。经济人假设上的争论说明西方经济学的方法总是处于形式主义与经验主义、个体主义与整体主义的对立之中②。

第一，经济人假设把个人、人类的本性抽象化、简单化、低级化。

主流经济学宣称拥有能够独立于心理学的假设（实际上在坚持利己基因的唯一性），但利他基因的确证说明，不需要在经济分析时探寻行为动

---

① 王元培. 马克思主义经济学与西方经济学比较研究：第 1 卷[M]. 北京：中国人民大学出版社，2009：180.

② 周世兴. 个人的历史与历史的个人[M]. 北京：人民出版社，2013：99.

机（抽象的理性人假设）的做法缺乏客观基础。实际上，主流经济学离不开用“心理”来解释“心理”的思维套路，在不断遇到来自社会学、心理学以及行为经济学的挑战时，这种“ 唯心教条”的内在硬伤却被主流经济学者或者采取鸵鸟式的态度有意无意地加以规避，或者虽然依赖于心理学推理，但仅为日益泛化的利益概念提供选择性依据。实际上，人虽然具有部分由生理决定的低级本能，但更多具有由既定社会环境决定的高级本能。“经济人”试图用人的低级本能取代高级本性，会导致思维抽象化与简单化以及还原主义的错误。实际上，即使在早已成为明日黄花的弗洛伊德心理学中，也无法将“本我”与“超我”等同，而“自私人”最多与“本我”有所匹配①。马斯洛的“需要层次论”及其包含的不同质需要的弱通约性，更是与自私的本性大相径庭。它否证了以经济利益最大化为目标的经济人假说，说明了经济人效用利益目标的扩大这一分析路径的苍白无力。

人非机器而理性能力有限，加之人的动机是复杂多样可变的，人们主观上的最优化行为与行动结果之间总是存在不容忽视的偏离，因而理性行为又总是肤浅的，无论作为最大化、一致性、节约行为，新自由主义经济学总是把偏离理性行为看作随机的，因而无须在经济学中研究。但并不能说明为什么非理性行为是随机的。经济人假设作为方法本身就具有局限性。主流经济学中偏向于凯恩斯主义者的克鲁格曼认为，基于理性人的模型是经济学研究的进步，因为它可以提供指导经济政策的地图，但是，正如社会学家丹尼尔·贝尔所说，那些模型只是高度精简的、缺乏太大应用价值的、与不规则碎片一样的变焦镜头。同时，由于社会界定的构造性现象使稳定偏好序列不太可能，这种理性行为框架“什么都可以解释”，可能会导致“什么都不能解释”。

第二，经济人假设局限于资产阶级这一特殊阶层的狭隘思维和人性异化心理。

主流经济学虽然承认经济人假设或偏好的进化性质，但并没有对制度

---

① 程恩富. 新“经济人”论:海派经济学的一个基本假设[J]. 上海市经济学会学术年刊,2004(1);赵磊. 西方主流经济学方法及危机介析[J]. 中国经济问题,2004(3).

因素、环境状况对人性的影响进行科学分析，总是用所谓的文明社会与公平公正来搪塞，其人性假设也就始终不具有科学性。

马克思主义经济学从历史的实际发展中指出，经济人是18世纪市民社会中从事经济活动的人的本性，在以往的历史中并不存在。从历史比较看，近代以来注重个人主义的资产阶级思想的确体现出驳斥反封建、反禁欲主义的积极效应，但在现代资本主义经济高度发达之后，其狭隘性早已昭然若揭。西方经济学错把私有制下商品生产者的本性当作历史的起点和永恒前提，是极其荒谬的。这体现了其形而上学的方法和资产阶级的阶级局限性。按照德国历史学派的归纳，可以发现三种互相区别的行为类型：一是在私人领域，个体可以追求自身利益最大化；二是在公共领域，人要以社会全体利益为依据和旨归，并接受某种强制性；三是在慈善、捐赠、社会安全福利领域，个人要以遵循伦理道德习惯作为准则。虽然从社会历史文化角度解释并不是第一位的，资本主义的发展总是以情感、传统、生物遗传、文化传承等方式渗透到人生活的内在结构，不难发现，经济人假设背后的“店老板”心理、“市侩”心理就是把私人领域的合理性过度夸大之人性异化心理和错位的重要反映，是资本主义社会制度下深刻的阶级和社会矛盾的反映。

这样一种经济人假设带来的诸多问题，在一些西方学者那里也有反映。近年颇为活跃的诺贝尔经济学奖得主阿卡洛夫说，经济人行为框架的适用性有限，新自由主义经济学不知道理论的边界（只有少数结构如增长理论适用）①，其世界观的狭隘在于只有最大化行为，忽视了社会制度分化因素，因而是错误的。美国著名社会学家丹尼尔·贝尔则认为，理性人假设遵循古典机械论模式，混淆了构成现象与构造的现象，错把经济行为看作有其“万物本质”的内在秩序②，而经济行为实际上是有社会界定的构造性现象，受到价值伦理等规范的制约。因此，理性人假设总是难以分

① ［瑞典］斯威德伯格. 经济学与社会学［M］. 北京：商务印书馆，2003：99.

② ［瑞典］斯威德伯格. 经济学与社会学［M］. 北京：商务印书馆，2003：295.

析变化多端的经济行为，于是在讨论劳动力市场等问题时，习惯、制度、规范等术语从后门悄悄溜了进来。虽然这与马克思主义经济学的制度理论并不相同，同样有比狭隘的经济人假设进步之处。

第三，异端学派对于主流经济学经济人假设的批判具有局限性。

首先，从马克思主义经济学来看，德国历史学派的解释具有唯心主义色彩，其中具有用虚伪的文化、道德来掩盖德国资产阶级的怯懦与虚伪，屈从于德国封建国家的强大，最终否认客观社会经济规律存在的错误成分。其次，制度主义对人性的看法仍然没有摆脱资产阶级经济学的局限，而是先验地将人的本能看作无目的、无方向进化的并分为建设性本能和破坏性本能，由此把资本主义社会分为基于建设性本能的工业部门和基于破坏性本能的金钱部门（技术—制度或工具仪式体系），这样展开的理论框架并不具有科学性。

总之，马克思主义经济学主张人是建立在现实的生产实践基础上的历史的、社会的人，人性假设是在社会实践和社会关系的变化运动中历史地变化发展的，从而辩证地看待利己与利他的关系。这意味着，如果前资本主义社会是“依附的个人”，资本主义经济制度是与经济人假设相联系的，那么社会主义经济制度是利己与利他辩证地统一，未来共产主义社会则是“自由而全面发展的个人”!

三、当代中国马克思主义经济学的人性假设创新

在中国马克思主义经济学的发展中，程恩富教授、方兴起教授等提出“新经济人”假设颇有影响①。其中引出的一个重要结论是，如果说资本主义社会的私有制是支配性的，因而利他心态与行为主要是一种例外，那么

---

① 其要点是:经济活动中的人有利己和利他两种倾向;良好的制度不但会使人增进集体利益或社会利益最大化,而且能够实现合理的个人利益最大化。之所以坚持这种人性假设是因为:第一,人类具有非常丰富的情感,不同的历史环境、文明体系造就了不同的价值观和历史情感,除了完全的自私性,利己与利他都具备合理性。第二,社会制度等决定利己与利他行为的比重与地位。程恩富.马克思主义经济学的五大理论假设[M].北京:人民出版社,2012.

良好的社会主义制度会在增进社会利益最大化过程中实现合理的个人利益，实现二者的有机统一。笔者认为，需要补充的是，从经济伦理学与经济美学角度理解理性，而不仅仅是从功利主义、功能主义角度理解理性。不同的历史环境、文明体系造就了不同的价值观和历史情感，正义、合乎情理等作为判断是否美丑的标准，内化为约束人们行为的重要规范，具有效率标准不能替代的独特价值。在许多情况下，这与功利主义意义上的效率标准互相结合，构成了现实中的理性标准①

第三节　马克思主义经济学与西方经济学人性假设比较的结论

由于西方经济学人性假设或理性人假设具有目的论与工具论双重价值，但二者又是脱节的，结果造成了一系列问题。与西方经济学实证分析与规范分析不成功的隔离相联系，从理性的实体价值（合理）而不是工具价值来看，快乐与痛苦法也就缺乏社会性考量②！

实际上，各人的自利行为与他人的自利行为的一致性，进而言之，市场经济的秩序与效率必然依赖于社会经济制度以及由此决定的人之道德心及其契合。因此，只要看到自以为是现代经济制度典型代表的资本主义市场经济、发展中国家市场经济所存在的各种问题及其巨大差异，就必须从制度本身开始加以分析。如果仅从人性假设驱动着经济制度的变迁的形态

---

① 其实，西方一些学者分析了伦理标准对传统效率标准的修正，对于理解现实的人性假设不无启示。比如，罗尔斯强调公平或正义原则的作用，认为除了按照类似集体原则行事的效率未必低于按个人原则外，由于非自利的“无形的制度”等，人类的理性行为也包括基于慈善、公正等非自利行为。福山则试图阐明信任与大企业的竞争力、产业结构之间的关联。诺思依托“意识形态”概念来解释非正式制度对解决“搭便车”问题的重要性。阿马蒂亚·森认为有效应对贫困、不平等必须跨越经济人假设，顾及公正感、社会价值观等因素。这都是从经济伦理学角度理解利己与利他都具备合理性的有益探索。

② “这是一种把理性(合理)拒之门外的理性主义”“理性行为这一概念包含有合乎伦理的行为这个意思……应该立刻指出……经济分析中丝毫没有这样的意思”。[英]罗宾斯.经济学的性质和意义[M].北京:商务印书馆,2000.

来理解，显然是不够的。对此，只有马克思主义经济学深刻指出了制度如国家、权力等的本质，指出资产阶级总是在貌似自由公正的伪装下，以追求公共利益为幌子，不遗余力地在构建有利于自身利益的惯例和公共政策。不理解资本主义制度这一本质，就不能理解其中的个体行为及其结果，而不是相反。

按照西方主流经济学中的一贯逻辑，“理性”通常是指“工具理性”“实用理性”“功能理性”和“非价值理性”，从个人行动与欲图之结果的功能性联系来判断。由于坚持从“个人利益”或主体展开分析，社会关系屈从于主体利益，也就变成了主体利益的工具！从微观角度看，人的自利行为更容易导致自私甚至恶，过于强调经济人假设，容易从自私蜕化到贪念与拜物教，以至于有人说，“学习经济学会让人更自私”。从自利到自私再到损人利己，其间的界限实际上很难划分，而不是像西方经济学一厢情愿和一再论证的必然导致善。

总体而言，经济人假设虽然代表人们在资本主义特定历史条件下较为普遍的经济理性，但不能在更大的历史文化与民族范围内解释人的经济行为。即使在其适应于市场参数的范围内，以及部分适应于婚姻、犯罪、政治等资本主义社会关系的领域内，仍然要服从于资本主义经济范畴的人格化这一前提。

但是，也要看到，经济人假设的精髓在于理性人假设，以及由此引致的在研究方法上的不断突破（理性本身具有全整理解之意蕴），尤其是对市场经济运行层次的分析能够更好地与物理学、心理学等自然科学衔接带来的不断进化。“经济人是一个可有丰富解释的，在数学上容易处理的人的假定”。理性假说总是经常地和部分地与一些具有某种不同特征的假设（如经济行为人同质性假设、竞争假设等）加以补充。尽管当这些假设不成立时，理性的推论就难以验证。但正如主流经济学的领军人物阿罗所言，这实际上表明了理性假说需要与实证检验互动，竞争性假设、同质性假设等也就成为经济人假设的“保护带”，因而也并不意味着理性假说的失败。

实际上，马克思主义经济学既没有否认经济人假设的客观性，“个体的私利引导人们试图以对他们有利的方式来型塑世界”，也不绝对赞美道德人这一人类社会中人的片面发展的理论表达。辩证来看，人类行为在“从自己本身出发”的一致性和视角上是确定的，这种确定反映在观念形塑利益等方面。同时，马克思所说的追求利润最大化的资本家具有理性人色彩，那么，就不难理解，这一建立在斯密、李嘉图对于地主、资本家理性行为分析基础上的假说，对于马克思主义经济学在某种意义上具有补充和深化功能。例如，即使对于阶级性的利益和目标的分析，也要看到阶级内部的个人有减少自己的负担，期待别人的行为等不能否认的趋利避害心理，在这一点上，作为理性人假设延伸的西方经济学集体行动理论具有一定的启发性。因此，马克思主义经济学与西方经济学理性人对话的基础是存在的。比如，马克思主义经济学的回溯比较法实际上就是从结果角度看的理性方法，因为如果像西方经济学那样仅仅是从过程中是否显现理性看而又不能与结果相一致，则必然是包含谬误的虚假理性。

总之，我们认为，尽管也存在不容忽视的局限性，从工具性假设看，特别是经济研究的对象是典型“人”的抽象而非现实的个体时，经济人假设在一定条件下能够成为基本的度量，成为分析现实的方法，进而解释诸多问题，使以演绎法为基础的抽象经济分析，特别是模型化的数理方法不断增强其严格性，在市场经济运行层面建立更为确实和客观的命题。反之，认识不到经济人假设的合理性一面，是难以推动马克思主义政治经济学对当代社会具体经济问题的解释力提升的。因此，马克思主义经济学不应绝对排斥经济人假设，特别是理性人假设，应吸收经济人假设中理性主义维度关于过程理性的合理成分，对其过程理性、程序理性的方法进一步精练化，特别是在与历史唯物论整体分析方法和制度分析的结合中，充实与发展马克思主义经济学的方法论和工具箱。

第四章　马克思主义经济学与西方经济学制度范式比较

作为生产关系或经济基础之表现及其意识形态反映的制度（包括非正式制度）研究，在马克思主义经济理论中居于硬核地位。基于研究对象的深刻理解和科学方法导引，马克思主义政治经济学形成了博大精深的制度理论体系。西方经济学中的制度与非正式制度研究内容丰富，涉及面广，从非主流经济学（如各种制度学派）的基本内容到主流经济学的发展（如新制度经济学），不一而足，也具有较为丰富的内容。

第一节　马克思主义经济学与西方经济学制度范式的基本内容

一、西方经济学中的制度范式

古典经济学在一定程度上注重阶级关系和经济制度的研究，但在边际学派和马歇尔的综合中事实上被错误抛弃。西方主流经济学要么把资本主义社会制度鼓吹为超越人类历史的自然永恒制度，或者在与反对观点的争辩中，竭力把证明资本主义制度合理性作为根本任务和理论灵魂，要么把社会制度作为其理论分析体系中外在的基本公设（如所有权被认为是给定的而不是分析的目标）。

（一）关于制度的重要性

近年来，作为西方经济学中新自由主义思潮的反映，作为主流经济学的重要组成部分，新制度经济学在解释以往主流理论所忽视的制度因素时兴盛一时，产生了较大影响。由于强调制度乃人为的行为规则，一方面使用新古典理论去探索制度的组成和实施，另一方面又注重制度因素在经济系统运转中的地位和作用，于是，制度与劳动、土地、资本一起被看作影响生产与交易成本、增长与发展的要素，经济学被看作研究稀缺资源产权的学科①。

一般而言，西方经济学中的制度范式的最大特征是把产权制度这一所有制的具体形式作为核心要素，论证私有产权的资源配置效率优越性。这集中反映在去世不久的芝加哥学派经济学家科斯等代表的以产权定理为标签的这一主观臆断的“迷思”或“神话”上。科斯被称为更像律师的产权理论家，其所一再论证的就是清晰的私有产权（法律上的财产权）与资本主义市场经济的效率等价性。但是，科斯定理的表述众多、充满争议，并没有令人信服的理论逻辑证明，更存在方法论缺陷，其运用也明显缺乏有效的分配理论支持，但是“由于产权对财富和政治权威的分配同时进行了界定，产权结构的变化很可能不是单纯受到效率方面的考虑”②，因而在众多西方国家与转型国家的一些私有化案例中总是以失败而告终。

与主流经济学相反，发轫于历史学派，由凡勃伦、康芒斯等正式开创的老制度学派则把制度作为其经济学的基本范畴，着重分析资本主义制度对人和经济的阻碍作用。凡勃伦从人类本能特别是破坏性本能出发解释私有制，限定的经济学研究对象为制度或者仪式体系包括其起源与发展，往往与社会性精神观念相联系；康芒斯把制度界定为集体控制个人的一系列行为准则或标准，以交易为分析对象，这一点对于新制度主义经济学家威廉姆森的交易成本经济学具有重要影响。米切尔批评新古典经济学的享乐

---

① ［美］埃里克·弗鲁博顿，［德］鲁道夫·芮切特. 新制度经济学：一个交易费用分析范式［M］. 上海：上海人民出版社，2015：97.

② ［美］埃里克·弗鲁博顿，［德］鲁道夫·芮切特. 新制度经济学：一个交易费用分析范式［M］. 上海：上海人民出版社，2015：137.

主义心理学基础，接受行为主义心理学的假设，认为“行为主义观点使经济理论日益变成对经济制度的研究”①。二战后，制度经济学发展到一个新阶段，以加尔布雷斯、缪尔达尔等为代表的准制度主义者，企图通过刻画当代资本主义制度的图景，特别是演进的制度结构，更深入地批判社会现实和新古典方法，尤其更加强调资源配置积极地或消极地取决于社会组织、制度与权力结构。在其看来，尽管制度发挥着组织生产的作用，但基本上是保守的、滞后的，对社会经济发展特别是技术发展具有阻碍作用；社会进化的过程就是工具体系、工业化经济不断克服制度体系阻力的过程；等等。总体而言，这是把制度视为精神现象的一种唯心主义观点。

（二）关于制度变迁

制度一方面具有稳定性，但本身又在不断演化变迁中，对制度变迁的研究也就成为一个基本主题。早期的制度起源和变迁理论局限于新古典范式，如德姆塞茨的《关于产权的理论》、诺斯和托马斯（1977）等乐观地认为，技术进步、偏好演化、市场相对价格的变化等引起旧的机会消失、新的外在获利机会出现，行为人理性计算后架构设计节约交易费用的、激励合作、专业化生产行为和交换的产权等制度安排。这种分析强调市场本身在制度起源与变迁方面具有积极意义，但在实证研究上颇有争议，特别是由于个人主义方法论和成本收益分析的局限，仅在有限意义解释制度的起源与社会性（被称为幼稚的制度变迁理论）。

出于对近代经济史上经济绩效迥异国家（英国与西班牙等）的对比分析，诺斯提出关注制度变迁中存在的所谓路径依赖与锁定效应问题②，其中的内在机制可以称为寻租制度观③。因为，报酬递增导致虽然制度制定的沉没成本很高，但制度实施却能带来明显的协作效应、衍生效应等，但

---

① [美]布鲁斯·考德威尔. 哈耶克评传[M]. 北京:商务印书馆,2007:220.

② 林岗. 诺斯与马克思:关于制度变迁道路理论的阐释[J]. 中国社会科学,2001(1). 该文系统总结了马克思制度变迁理论的要点。

③ 董志强. 制度及其演化的一般理论[J]. 管理世界,2008(5). 因为产权主要是一种政府行为而非社会现象,诺思的国家悖论自然引出这一结论。

报酬递增以及高额的固定成本约束却成为制度框架变革的壁垒和阻力。同样，交易费用（以及米尔格罗姆所说的影响费用）巨大非竞争性的市场中，信息反馈不对称或者不完全难以达到对制度加以正确评估，因此，制度的路径依赖很难避免。虽然技术变迁、相对价格、外生的交易费用、制度选择集合、偏好等因素发生变化后，旧的制度需求消失，新的制度服务的需求就会产生，但是，制度的供给者要通过集体选择来确立一项新的制度，要面临信息、谈判和交易费用等问题，从而导致路径依赖，路径依赖的克服则要借助于意识形态、政府等实现。

至于旧制度学派，如二战后的主要人物艾尔斯从工具职能角度解释制度的产生。在对制度变迁的分析中，认为技术进步以及所谓可靠知识是社会进步的动力，制度变迁的实质是技术不断克服制度阻力。这一学派强调制度变迁的方式是渐进性的，对激进的变迁造成社会扰乱颇为恐惧；尽管技术进步以及所谓可靠知识能够推动制度变迁，但由于“仪式封闭”的因素，既可能出现人们主动选择未来的技术变革，也可能出现被动应对技术变革的“后向形式”“退步的制度变迁”。因此，制度变迁的方向不确定，而且根据所谓“积累因果原理”，特定的偶然变化可能是重要的，制度变迁可能是“盲目漂移”或形式性的①。

（三）关于制度的层次性

虽然西方经济学中制度、经济制度等词语使用频率颇高，但并没有统一定义、分类，其分析层次性不强，有关制度的分析总是陷入难以捉摸之境地。这种状况在新制度经济学范式中略有改善②。例如，新制度主义经济学的代表之一威廉姆森，从制度变迁的时间维度，从抽象到具体区分了

---

① 张林. 马克思主义经济学与制度经济学的制度理论比较研究[M]//吴易风. 马克思主义经济学与西方经济学比较研究：第1卷[M]. 北京：中国人民大学出版社，2007：332.

② 如区分绝对产权和相对产权。前者指针对所有其他人的所有权，后者指针对交易相关人的产权。[美]埃里克·弗鲁博顿，[德]鲁道夫·芮切特. 新制度经济学：一个交易费用分析范式[M]. 上海：上海人民出版社，2015：103.

几个基本层次①。至于其关于政治制度、经济制度、绝对产权、相对产权的划分也是仅就现象层次而言的。以上框架试图打通经济关系与经济行为的联系通道，对理解本质层次经济关系的实现等具有启示意义。

二、马克思主义经济学的制度范式

马克思主义经济学是制度研究最科学、最严谨的分析范式（主要总结在《资本论》《共产党宣言》《反杜林论》《历史学笔记》《人类学笔记》等著作中），这是由其与西方经济学研究角度、基本理论、逻辑体系以及方法论等方面的本质差异所决定的。历史唯物主义的统一制度范式，包含有制度分析的理论前提、制度的一般理论要素等。

（一）马克思主义经济学本身就是以制度为研究对象的，将制度明确界定为生产关系在法律上的反映以及经济基础与作为意识形态的上层建筑的辩证统一

与西方经济学不同，基于历史唯物主义的制度分析方法在性质上主要是整体主义的，不但具有理论构建的一致性，而且能够透过纷繁芜杂的社会现象发现历史发展的主线索。正是在这种方法论之指导下，马克思主义经济学制度分析并非单纯强调制度的决定作用，而是强调发现制度因素是社会经济发展中的内生变量，在确定和保障不同经济行为人的经济利益中反映生产关系的本质，而非西方主流经济学那样把制度看作独立于社会经济之外而不加分析。

---

① 卢现祥．马克思是制度经济学家吗[J]．经济学家，2006(3)．该文归纳了威廉姆森的制度层次框架的要点。这包括第一层次嵌入性制度或非正式制度基因。这是最为缓慢变化的制度深层次因素，包括习俗、传统、道德和伦理价值规范、宗教和认知方式等。威廉姆森尤其吸收了社会学家格兰诺维特的嵌入性观点，指出非正式制度对经济的长期特征有普遍影响。第二层次是基于比较分析的基本制度环境。主要是指正式制度，如宪法、政体、产权、金融制度、国际贸易制度与相关法律等。第三层次的制度是有独特生命的组织的运行及其治理机制。主要指人们进行商品、服务、劳动力市场交易的规章制度，如约束交易关系的技术结构变量、垂直、水平、混合一体化的非市场形态、内部治理机制、激励方案的选择等。第四层次是指短期、超短期的资源配置机制，即新古典经济学的日常经济运行。

马克思主义经济学认为，社会经济关系与经济制度作为基本研究前提，其他制度由此决定并展开，但经济制度内部各要素相互联系而不可分割，具有层次性与整体性。以产权范畴这一经济制度的核心为例①，产权是与财产有关的各种法定权利。其中，决定性的是所有权，其他权利由所有权派生出来。比如，索取权作为分配关系的法律表现，在资本主义经济中，表现为对剩余价值的无偿占有权。资本家正是依靠私有制在法律上都享有对剩余价值的索取权。马克思主义经济学认为，制度具有层次性，社会基本经济制度的影响要通过具体的经济体制来实现②，资源配置层次的制度既与基本经济制度密切联系，又具有相对独立性。因此，马克思主义经济学也不忽视资源配置方式这一经济运行层次的制度对生产力发展和经济效率提升的影响。正是看到经济体制机制这些具体层次的制度有着自身的相对独立性、各类具体的规章制度在微观层次直接作用于生产力发展，以及微观制度既以经济体制为条件，又具有多样性和灵活性，马克思主义经济学强调在微观经济主体的权利、义务、责任规范界定与实施中，才能推动经济活动有效运行。

马克思主义经济学强调研究生产关系，但又不忽视作为意识形态的法律等对财产关系的分析，强调作为意识形态的法学、政治学、社会学等与经济学的辩证统一。马克思主义经济学的理论本体强调生产关系或经济关系与法学中的财产关系的对立统一。一方面，马克思主义经济学的事实本体从历史比较分析中基于扎实的事实归纳在相当大程度上证明，法律中的

---

① 也有学者认为，产权制度是比所有制较为具体，但比资源配置机制抽象的层次。黄少安. 产权经济学导论［M］. 北京：经济科学出版社，2004.

② 程恩富. 程恩富选集［M］. 北京：中国社会科学出版社，2010. 这反映在马克思主义经济学对于制度的层次性丰富而精彩的论述中。主要体现为：首先，社会基本经济制度、生产资料所有制是社会经济制度的核心、中心内容和主线。其次，由社会基本经济制度决定，同时也有一定相对独立性的经济体制紧密依靠在基本经济制度周围。最后，依附于一定经济体制的各类规章制度必然被对应的经济体制所规定，由此构成一个层次分明而又密切联系的制度体系。在讨论不同层次制度之间的关系时，正是看到社会基本经济制度的根本性作用，马克思主义经济学富有洞察力地认为，现代财产公有制度比私有制更能够促进生产力的发展，这与新制度经济学仅仅关注治理机制与体制层面分析的做法恰恰相反。

产权作为“一定所有制关系所特有的法的观念”[①]，是反映经济关系的意志关系，是由生产关系尤其是所有制决定的。另一方面，又发现无论是商品市场还是劳动力市场的运行，交易必然是在有关个人交易意志一致的基础上进行的[②]。这样，马克思主义经济学的系统性制度分析，在对社会生产以及各个集团的相互关系加以辩证把握时，也有一些个人主义视角或方法的成分。正因如此，在改革开放初期，我国针对缺乏真正市场主体的状态，其理论依据就是以产权改革及其现实运作为主线，有利于把“现实”人的本质与法律上的财产关系相统一，从而克服西方经济学经济人假设的局限和单纯整体主义分析的不足。

（二）就制度变迁而言，制度不仅是得到社会认可的各种规则的演化，更是要由生产力和生产关系的矛盾运动决定其方式和方向

生产关系一定要适应生产力的规律，隐含着不同的制度，其效率是不同的。制度要由生产力和生产关系的矛盾运动决定其方式和方向，具有历史性、演进性和动态性特征，这对于理解制度变迁具有根本性意义。以所有权为例，所有权必然是历史的产物且一定要适应生产力的规律。制度变迁的主体是阶级。革命并不是制度变迁的唯一方式，从企业制度演变的阶段性等方面看，企业制度变迁服从于资本家成本—收益分析，也可能采取渐进方式。马克思关于人的“异化”问题的分析表明，一个基本但绝不应该忽视的事实是，资本主义制度即使在某种意义上是有效率的，但它更是

---

① 中共中央马克思恩格斯列宁斯大林著作编译局，编译. 马克思恩格斯全集：第30卷[M]. 北京：人民出版社，1974：608.

② 参见吴易风. 产权理论：马克思和科斯的比较[J]. 中国社会科学，2007(2). 该文系统比较了马克思与科斯产权理论的要点，并提供了一个富有启发意义的分析架构。

一个剥削、缺乏正义公平的历史性制度①。这同样是资本主义缺乏效率以及最终要被公有制替代的一个原因。在中国特色社会主义初级阶段，公有制与私有制并存，资本主义生产关系、财产关系在资本主义经济规律作用下，产生了经济失调、假冒伪劣、生态破坏的剩余价值规律和盲目竞争问题，以公有制为主体、国有经济为主导。社会主义经济规律的积极作用必须在公有制经济力量增长的基础上更好地发挥，反过来为社会主义制度的巩固和发展服务。

总之，按照马克思主义经济学的生产力与生产关系原理，由马克思主义经济学制度范式（制度理论体系以及研究实践）必然会发现，资本主义生产关系、财产关系和产权制度，以及由其决定的分配、交易、消费方式，并不能永远适应生产力发展，尤其是当其成为生产力发展的桎梏时，资本主义经济则缺乏效率，无论其采取革命还是其他方式，最终都要被社会主义和共产主义经济制度所替代。

第二节 马克思主义经济学与西方经济学制度范式的异同

一、马克思主义经济学与西方经济学制度范式的联系

马克思主义、制度学派及新制度经济学均从不同视角以制度现象为研究起点，构建了比较完整的制度与制度变迁理论，在论述制度变迁的动力与机制、制度变迁的形式等方面也都进行了相当分量的历史事实分析。由于研究主题和对象的交集，在制度变迁主体和变迁机制等方面两大理论具有相互融通之处，事实本体分析在一定意义上也可以有所启发。马克思主

① 马克思主义经济学的大量历史事实本体分析表明，所有权最初以自己的劳动为基础。但在私有制尤其是资本主义制度下，基于资本家一开始对他人劳动的无偿占有，为以后无偿和更多占有和剥削创造了条件。马克思在研究资本主义生产方式（包括资本主义生产关系、资本主义财产关系）中科学阐明，由于它必然具有内在的对抗性质，使“人权成为产权的牺牲品”。马克思主义经济学一再科学地证明，资本主义生产关系和财产关系必将被社会主义生产关系和财产关系所代替，为“生产资料的公有化创造条件”是资本主义生产方式的发展历史使命。于是，朝向有利于人的全面发展的制度转变是马克思主义经济学的追求。

义经济学把阶级作为制度变迁的主要推动者，老制度学派把“共同体”作为主体，而新制度经济学把个体人的理性行为理论扩展到了社会整体，提出所谓交易费用分析法来解释社会变革，虽然存在重要差异，但是马克思主义经济学也不忽视个人的主观能动性对制度变迁的推动作用，强调制度变迁中的辩证运动，新制度经济学也有对超越个人的组织、国家等行动团体在制度变迁中作用的研究，因而实际上一方面关注人的动机，另一方面也对决定人行为方式的客观力量，如技术进步、相对价格的变化等也有考虑。再如，就制度变迁动力和方向理论而言，新制度经济学认为制度发展的长期效率是积极肯定的，但与旧制度学派一样都承认无效率制度可能短期存在；马克思主义经济学强调制度变迁中必然有一定的自由结合度，并不是先验决定的，一方面承认在某些情况下历史可能倒退，但另一方面认为社会发展的根本大方向必定是进步的，因此二者有可融通之处。

西方现代产权经济学家错误地将生产资料公有看作免费享有的公共物品，这实际上是一种误解，是形而上学的认识论的结果。应该看到，一方面，从公有制的一般属性来看，生产资料属于全体劳动人民，也就是马克思主义经典作家所论证的社会占有生产资料，因此，国有企业的生产目的、组织管理、剩余分配，社会责任等必然存在，并不因为市场经济的发展而消失。当然，这只是问题的一个方面；还要看到，另一方面，从公有制的特殊属性来看，社会主义初级阶段的生产资料存在重要的排他性和利益差别，劳动者占有生产资料的条件是，他的劳动是符合社会主义社会需要的集体劳动，以及等量劳动交换或者按劳分配。正是建立于公有制一般属性与特殊属性相结合的基础上，不同企业或集体、个人的利益差别提供了社会主义市场经济的微观制度基础。

二、马克思主义经济学与西方经济学制度范式的差别

在马克思主义经济学对于生产方式变迁的论述中，尤其强调生产力包括技术变迁的重要性。而且，马克思反对西方非主流经济学的演化渐进观念，强调社会制度革命和突变之重要性。正是在生产力与生产关系相互冲

突的过程中，原有的制度与新技术的潜在生产力之间产生了不适应，阶级斗争和利益冲突正是经济制度的演进与技术进步之间的不断“冲突”的必然结果，又作为制度变革的直接动因，当不同阶级、阶层、身份地位者或利益集团之间的矛盾冲突达到一定程度时，就将爆发革命式的激进的制度变迁①，这与现代制度主义、新制度经济学的改良主义观点形成了鲜明对比。

产权的直接表现形式是人对物的关系，其背后的本质却是产权主体之间的经济利益与激励关系。由于受到西方主流经济学方法论的限制，西方现代产权经济学家的分析总是难以揭示本质。比如，西方经济学对制度的研究缺乏层次性，往往从社会经济运行和微观层次，尤其是仅从经济活动的效率方面入手，具有明显缺陷。“由于产权对财富和政治权威的分配同时进行了界定，产权结构的变化很可能不是单纯受到效率方面的考虑”。企业产权问题等研究并未涉及人与人之间的本质关系，尤其是没有包含产权公平正义维度的考量，更没有推广到以生产关系为基础对社会成员之间的各种权利关系状况的界定和发展加以分析。

总之，西方经济学有关产权及制度变迁等探索，一般从经济活动的现象着手，基于一系列假设和抽象来解释制度因素对经济活动的影响，在研究方法上提出所谓交易费用分析法确有一定的发展，但是，既未涉及或较少涉及现象背后的本质，也往往忽略了人的因素包括文化、历史等重要性，因而极易得出错误结论并产生不良影响②（如对私有产权的盲目无条件崇拜和对公有制的意识形态诋毁）。马克思主义经济学对产权和分配等问题的研究，具有层次性和系统性、动态性，不但包含对经济现象的描述，还强调在与上层建筑的联系中对经济现象背后的本质因素加以分析。

---

① 刘元春. 论马克思制度整体主义分析方法[J]. 当代经济研究,2001(6).

② 在国企改革和近年来农村土地确权中，产权界定、清晰与培育市场主体互相促进，中国特色社会主义政治经济学的产权理论日益成熟。这一理论建立在社会主义基本经济制度所确定的人与人之间本质关系上，以增进国有经济活力和激发非公有制创造力为发展目标，是当代中国马克思主义经济学的重要发展，并且与形而上学思维主导的西方经济学鼓吹私有化的产权理论有着本质区别。

因此，在社会主义初级阶段，生产资料公有制作为社会主义基本经济制度、作为制度基础必须坚持，同时，社会主义基本分配制度、社会主义有计划按比例发展的基本经济规律如何实现，需要而且只能在与市场经济相结合中、在体制机制层次加以探索和创新。我们相信，这种探索对于生产力更充分、更平衡发展，对于协调发展、共享发展、对于新时代社会基本矛盾的有效解决具有根本性意义。比如，公有制的制度优势不断拓宽，以人为本、整体设计、共享发展、共享共建，有利于克服社会主义初级阶段仍然长期存在的私有制内生的弊病，再如马克思早已揭示的盲目性、自发性、两极分化等，而从经济运行层面看，按劳分配、更好地发挥政府作用等，允许多种所有制并存、按要素分配、自由竞争等，都建立在对于不同产权制度本质的分析之上，都建立在社会主义市场经济坚持和发展马克思主义辩证法的基础之上。因此，一方面，要看到受到新自由主义经济学影响的观点，主张公有产权仅限于非营利性的领域，忽略了公有产权内在的优越性，只能得出私有化的错误结论；另一方面，公有产权制度与市场经济的结合，也有一些需要在经济运行层次克服的难点和困惑，并不是一帆风顺的。

此外，由于具有广阔的视野和科学思维方法，马克思主义经济学还突破了西方经济学仅就制度分析制度的缺陷，在对正式制度、制度实施和非正式制度相互联系的辩证统一中，形成了更具有科学性、系统性和深刻性的马克思主义经济学制度范式。

第三节　马克思主义经济学与西方经济学非正式制度理论的比较①

经济学自古就与伦理学等非正式制度研究存在联系。作为所谓经院哲学或道德哲学的一部分，古典经济学在很长一段时间从属于包含伦理学的

① 本节部分内容已发表，此处有扩展。

道德哲学，现代西方经济对制度范畴的宽泛理解中包含伦理，而马克思主义经济伦理学是社会科学不可或缺的部分。由于伦理道德等非正式制度难以与正式制度分开，同时，中国社会主义基本制度前提下非正式制度的作用近年来备受重视。因此，对两种理论加以比较，对于构建系统的制度理论具有重要意义。

一、马克思主义经济学的非正式制度理论

如前所述，以“社会人”为出发点，马克思主义经济理论从本质上可被看作一种制度理论。马克思主义经济学把制度看作一种内生变量，其制度概念主要是指生产关系及其法律表现。有些学者认为，马克思忽略了非正式制度，事实上这是一种误解。马克思主义经济学对市场经济的主体平等、等价交换、产权、竞争与反垄断的经济伦理、意识形态等领域的研究涉及非正式制度的多项内容，强调道德伦理这一社会形态与资本主义生产方式的对立统一，伦理道德与生产方式是否适应，同样也是社会经济发展的重要内容，在马克思主义经济学体系中事实上不可或缺。

从马克思主义经济学的历史比较分析中发现，非正式制度先于正式制度产生，习俗、道德、社会规范等起源或伴随着人类社会历史全过程。人类在能动地改造世界的社会劳动生产过程中，总是需要并经历矛盾冲突产生了具有集体规范性质的非正式约束，非正式制度不是心理性而是社会性约束，因为不同于单纯的内在的道德规范才可以成为经济学的研究对象，其目的在于协调个人利益与集体利益的关系，凝聚集体行为。

生产力的发展，同时决定正式制度和非正式制度变迁，但非正式制度与生产力的发展并非总是同步的，今天的非正式制度一般是以往正式制度的余留。因此，伦理规范并不是市场经济的奴仆，并非只是服从于财富增长的“经济人”追求。生产力对非正式制度同样具有决定作用，但非正式制度也有反作用。伦理等非正式约束的超越之处在于，人的非经济动机实际上也会影响其经济行为，自律、公平、责任、利他的社会考量绝非无足轻重。例如，意识形态这一与诸多非正式制度因素纠缠的概念，就考虑一

种社会文化对于经济生活真善美和人的全面发展的期盼，既是适应一定生产力、经济基础反映在政治文化和法律文化等方面“观念的上层建筑”，又调节着人们改造客观物质世界实践中的各种关系，反过来影响生产力的发展。

无论是表现生产关系并起决定作用的经济制度，还是表现上层建筑并起反作用的政治制度和文化制度，都有正式与非正式成分。二者互相影响、互相区别，构成生产关系、上层建筑相互联系的重要元素。由于非正式约束通过文化渗透而延续，当非正式制度与正式制度相融时，作为正式制度的合理延伸、阐释和改进，通过社会制裁与组织制裁的统一，能对经济生活起到减少交易费用的积极作用；否则，非正式制度与正式制度产生一定的冲突与隔离，经济制度、正式的政治制度、法律都将大打折扣。虽然非正式制度对制度变迁所起的作用不是根本性、直接性的，而且其变迁是自发的、随机的、缓慢的，但孕育着促使制度变迁的力量与契机，或者影响到不同利益群体成员的激励结构，起到某种缓冲生产方式与社会形态内在冲突矛盾的作用。

二、西方经济学的非正式制度理论

（一）古典经济学、新古典经济学的非正式制度理论

亚当·斯密从人的情感、同情心出发，在与自私、懒惰、虚荣、妒忌、仇恨、贪婪和背信弃义的对比中，将利他、大度、慷慨、正直、自我克制、节制、同情、良心、自尊等道德情操看作市场经济秩序的社会伦理基础，尤其重视其在把社会分工和财富增长中的地位和作用。约翰·穆勒阐述了习俗、惯例对市场竞争、产品分配、地租的重要影响。马克斯·韦伯阐述了习俗、语言等非正式制度与正式制度的不可分性，尤其强调社会性信仰（如新教伦理）作为人们的理性选择可以促进资本主义精神的产生与发展。尽管新古典经济学的经济人假设是一种脱离现实的人，在偏好、制度等既定的前提下研究经济问题，但也有一些关于偏好、习俗作用的个

别有价值分析。例如，马歇尔实际上关注了社会文化、信仰等非正式制度与经济发展的关系，尤其是分析日常生活中个人的合作关系。现代主流经济学家阿罗关于伦理道德对于实施的意义的事实观察也有一定的价值①。

（二）老制度学派的非正式制度理论

起源于对新古典经济学的批判，以及受到达尔文进化论思想、杜威的实用主义哲学和德国历史主义的影响，老制度学派主要分析技术变动与社会、心理、文化等的互动。凡勃伦认为法律和经济正式制度必定受到非正式制度的极大约束。表现为技术和仪式体系对抗等，尤其强调历史是进化或演进的，思想和习惯等非正式制度是其制度范畴的核心，关注资本主义文化体系的“流行的生活方式”“广泛存在的社会习惯”等，源于对人类习惯等非正式制度的事实考察，非正式制度一般总是滞后的②。艾尔斯采用制度和技术二分法，强调人的主动性和创造力。虽然由伦理道德构成的态度和信仰指引的人的行为是非理性的、有包容性的，但技术进步和源于文化、习俗的制度是社会中存在的两套不同的价值体系，尽管前者的影响较为明显。但关键是形成一种把技术发展看作经济发展核心的认知方式和相应的观念演进方式（非正式制度是人们同意而共享的期望）。

（三）新制度经济学派的非正式制度理论

新制度经济学派的制度变迁理论主要涉及经济政治领域的正式制度（其逻辑是“看不见的手”），但以存在交易费用时的非正式制度变迁理论为辅助，尤其是诺斯对非正式制度的研究颇多。由诺斯在1981年提出的非正式制度（或称非正式约束）概念，是指人们的行事准则、行为规范、惯

---

① ［美］埃里克·弗鲁博顿，［德］鲁道夫·芮切特. 新制度经济学：一个交易费用分析范式［M］. 上海：上海人民出版社，2015：26. “人们相信其他人所说的话是有益的。在没有诚信的情况下，各种制裁和保障的运行费用将会非常高，互利合作的许多机会将会消失……缺乏诚信事实上是经济落后的原因之一”。

② 另一位制度经济学家康芒斯把社会经济行为的基本分析单元看作交易（人与人之间对物的权利转让关系），社会经济运行包括自由、权力和强制三方面要素，虽然交易关系要通过变化中的合法结构（尤其是法律制度）得到协调。但他又认为强迫性的正式制度起源于一般社会关系和自我意识，因而认为诸多社会规范、习俗等也会制约集体行动。

例等，它来自社会传递的信息，作为文化基因的一部分。与老制度学派相类似，他认为非正式制度对正式制度一般是排斥的，因为非正式制度是人们选择时的来源和依据，所以只有二者相容时，制度才能发挥应有的作用。正式制度可以直接移植或快速变迁，而非正式制度变迁一般是缓慢渐进式的，也由此造成变迁节奏不一致的冲突。尤其值得一提的是，诺斯非正式制度理论强调观念对制度的形塑，作为信息处理模型①，以学习、信念、偏好等为桥梁，力图分析人在面对不确定时如何进行选择并形成信念。经济史学家格雷夫引入演化博弈框架，在对中东、意大利契约资料的历史比较分析中，探讨了文化传统、社会规范、家族关系等如何产生并维持自我实施的制度，他认为即使缺乏政府和法治，稠密的社会网络等非正式制度也可以使经济得以稳定发展，从而对诺斯的研究进行了拓展②。来自桑塔费研究所的一些演化博弈理论，如鲍尔斯等的研究，还从行为和演化视角提出了基因—文化演化过程和制度与偏好的共生演化，强调自我实施的秩序，区分制度漂移与制度创新，为更好地理解人为建构的正式制度的效率，以及作为其母体的非正式制度起源提供了线索。新政治经济学巴苏提出所谓“核心定理”，认为社会规范等非正式制度高于法律，因为任何法律能够做到的，规范这一非正式制度也能做到。

第四节　马克思主义经济学与西方经济学制度范式的比较综合③

尽管马克思主义经济学和西方经济学的制度范式存在根本差异，但研

---

① ［美］道格拉思·诺思. 制度、制度变迁与经济绩效［M］. 上海：格致出版社，2008：51.

② ［美］阿弗纳·格雷夫. 后中世纪热那亚自我强制的政治体制与经济增长［J］. 经济社会体制比较，2001（2）；［美］阿夫纳·格雷夫. 大裂变［M］. 北京：中信出版社，2008. 此外，基于博弈论视角，制度是由参与人集体对自身信念的修正决定的，从理论、实证及政策等层面看，文化、信仰等非正式制度与法律等正式制度之间联系密切，对于个人选择与经济运行具有重要作用 。［日］青木昌彦，周黎安. 为什么多样性制度继续在演进？［J］. 经济社会体制比较，2001（11）.

③ 本节部分内容已发表，这里有扩展。

究对象的交集等决定了两者之间具有一定的“互补性”。马克思主义经济学制度范式的创新发展，要在坚持经典作家核心假设的前提下，将西方经济学中的有益成分综合吸收，在增强对真实世界的把握能力中推进元理论的夯实。

社会主义市场经济本质上是现代法治经济①，需要和道德等非正式制度一起构成市场经济的完整制度支撑。下面以法治、非正式制度与市场经济秩序的关系为例，从法治与市场经济秩序的契合、法治与非正式制度的关联、制度实施与制度变迁等层面试加探讨。

一、法治与市场经济秩序的契合

法律作为一种上层建筑早已存在，但法治是在现代市场经济中真正形成和得以完善的。因为在自然经济形态下，对各种社会关系的约束主要是靠非正式制度是足够可行的，类似地，在计划经济形态下，尚未形成独立的市场主体，政府通过行政权力来配置资源和管理经济。随着市场经济的发展，急需有权威且具备效率之法律正式制度约束，法治日益成为现代市场经济的普遍形态。

法治观念起源于亚里士多德“矫正正义”、等级制秩序和优良之法等概念②。作为上层建筑的法治，决定于社会的经济关系，但又对经济基础有反作用。根据马克思主义经济学制度理论，法治就是因利益分歧而产生的“权利（力）界定”，就是对界限模糊的稀缺资源，以及相应的人与人之间的所有权给予清晰的、符合分配正义和效率增进的边界划分。从西方经济学角度来看，更多强调这种权利界定、保护与实施中的人与物关系，认为无论法治表现为绝对产权还是相对产权（合同），其边界由界权和执行的成本和收益的比较、法治与其他界权和执行方法的相对成本等决定。

---

① 卫兴华. 社会主义市场经济与法治 [J]. 经济研究，2015 (1).

② 即如果某人的行为扰乱了自己和他人之间预先存在的某种利益平衡，那么第三者有权利矫正不当行为造成的偏离。[美]理查德・波斯纳. 法律的经济分析：第 2 版[M]. 蒋兆康，译. 北京：法律出版社，2012：378.

法治对市场经济秩序的构建和演进起双重作用①。当法治体系完善且运行良好时，市场经济秩序井然且充满活力；当法治不完善、法律完善却并未有效执行等情况下，要么交易秩序混乱、有法不依，要么市场被压制、一潭死水。无法可依必然陷入弱肉强食的丛林法则混乱。法治不完善或恶法横行，政府干预太多、产权缺乏有效保障实施等，会导致权力寻租泛滥、诚信缺失、道德沦丧等，从而毁掉现代文明之市场经济的本源。除法治不完善或执行不力外，法自身也体现出一些局限性。第一，作为制约各类市场主体的普遍行为规范，法治作为具有普遍强制性而不能脱离非正式制度。法律的形成可能较快，但依赖于非正式制度的法治形成和改善缓慢而具有滞后性。第二，法治在以建构性方式推进时，较少关注个体和个别事件的特殊性，导致法可能陷入僵局，脱离其得以成长发育的社会经济土壤。源于非正式制度自发形成的被国家得以正式确认的法律实际上是滞后于已经存在的规范的。第三，由国家强制力推行实施的法，离不开由于表达和语言总是不完全的契约合同，法律本身的表述也是很难尽善尽美的，模糊不清甚至产生歧义的规则条款，引致法官自由裁量权的凸显，但又可能滥用自由裁量权而损害公平效率。第四，由于机会主义、时间不一致性、信息不对称和信息不完全等原因，不完备合同普遍存在，而且由于实施成本等限制执行，必然会使立法、执法有效性大打折扣②。总之，由

① 市场经济秩序的形成与发展之所以需要法治，主要体现在两个方面。第一，市场经济要求的契约、信用、平等、公平正义等属性，迫切需要良法善治。法治与市场经济实践在程序科学、实质正义的基础上远比非正式制度更有效率价值和伦理价值，因而互相促进、良性循环。第二，当市场自发的交易成本过高时，法治通过加快相关专门化信息的传递，协调预期和形成焦点博弈均衡，成为非正式制度的更好替代。因此，法治通过两个途径发挥作用。第一，制约市场经济的宏观主体政府或监管者，将其权力、权利、权能、治理的形态方式纳入法治轨道，从封建社会工具主义的法律、资本主义社会形式主义的法律升级到符合某一社会主流价值观的良法善治，防止监管者自由裁量权随意扩大和实施，确保市场经济的必要自由度。第二，在现代市场经济和主流价值观的引导下，改善交易过程和交易结果，在产权界定、合同执行、治理监管等方面确保规则性，减少市场失灵和市场摩擦。当然法治自身也有成本，如果界权和实施成本高于能够节约的交易成本，法治也就很难成为良法善治。所以，在生产力发展中，良好的法治与自发秩序的形成在循环互促式发展中造成交易关系不断扩大。

② ［德］卡塔琳娜·皮斯托，许成钢．不完备法律（上）［M］//比较（第3辑）．北京：中信出版社，2002：111－136.

于法治通常伴随着较高的成本，仅仅依靠法治也是难以想象的。实际上，法治天然需要有互补功能的非正式制度，以发挥其普遍存在且已经被认可、实施成本较低的优势。否则，可能出现的一种弊端情形是，法治与非正式制度完全脱节，这时，在一些条件下［如栗树和、Dixit（2004）等理论模型的刻画①］，法律保护对作为非正式制度母体的关系社会产生破坏作用，从而人们就既不重视声誉也不严格遵守法律，结果就更容易表现出不诚信行为。

二、法治与非正式制度的关联

法治对人们行为的约束，通过协调预期、提供激励和传递信号等实现，但要依据一定的意识形态和价值观念支撑，尤其是当法治得到非制式制度认可时，甚至强制力显得多余，否则，缺乏非正式制度支持的法治往往流于形式，根本不能发挥作用。正式的组织机构（政府）以有形条文的形式颁布法律，有时是把已有的非正式制度上升为法治，同时，有效的法治确立以后，在制约人们的行为中因其合理性又被人所内在接受，逐渐成为一种新的伦理观念和行为习惯，作为虽无强制力但却能够有效执行的社会约束而发挥积极作用。新政治经济学巴苏提出了所谓“核心定理”，认为社会规范等非正式制度高于法律。因此，如果缺乏相应的互补性非正式制度资源，法治的效力就非常有限，甚至形同虚设。

商品经济或市场经济的起源具有深刻的习俗等非正式制度背景。非正式制度作为上层建筑范畴的要素之一，起源悠久，而且伴随着人类社会历史的发展而发展。从简单的、有限地域内的、人格化交易起步，依赖于可自我实施的重复交易和互惠、信任的人际关系文化，习俗等非正式制度总是镶嵌于交易关系的深层角落，（如财产权是由传统产生的这一思想可以追索到休谟，但演化而来的并不一定有效率，即使有效率也只能是一种小

① ［印度］阿维纳什·迪克西特．法律缺失与经济学：可供选择的经济治理方式［M］．北京：中国人民大学出版社，2007．

概率事件）所表现的权利和义务在一定程度上深刻反映了市场经济秩序的内在要求（德姆赛茨的乐观的产权理论），并非都是落后与过时的糟粕。随着交易范围的扩展，地理空间域多样化、参与人数和产品种类不断增加，出于节约交易费用等考量，人格化交易让位于匿名化交易，政府介入保障契约的法治优势逐渐增强①。但即使这样，非正式制度在促进集体行动、缓解委托代理问题等方面仍是不可或缺的。非正式制度具有能内在约束人的行为、实施成本低，因而更有弹性、厚度和灵活性等特点，而成为法治的有益补充。但是，非正式制度本身也有一定的局限②，因此，非正式制度与法治的有效关联至关重要③。

三、制度实施与制度变迁

制度必须付诸有效实施才有价值和生命力，实施是正式制度的一个不可缺少的组成部分，需要单独探讨。

在现实经济生活中，人们是否愿意执行一项正式制度，经常是基于宽泛意义的收益与成本的计算，在认为有利可图时加以执行，否则将抵触、

---

① ［美］道格拉斯·诺思．理解经济变迁过程［M］．钟正生，等，译．北京：中国人民大学出版社，2013：105.

② 这主要有三点。第一，排外性。非正式制度是针对一定区域或者团体，约束团体或“圈子”内人们的行为，这就必然具有排外性。否则，要么在人们的理性筛选中上升为正式制度，要么走向解体。在涉及面广泛地表现为匿名交易的社会经济关系层面，因为非正式制度范围有限，其实施往往力不从心，或者鞭长莫及。第二，效力低。在一般情况下，非正式制度的实施，属于团体（基于血缘关系或者重复博弈关系的家族、村庄、熟人圈、社区等）“自律”的自我实施，主要依靠声誉约束、团体认同等途径实现，虽然也具有有限的强制性，但是有的成员为了表达叛逆或者利用自身掌握的特权资源等违反约束时，非正式制度就面临脆弱性困境（无法监督特权者）。第三，滞后性。不仅非正式制度的形成需要较长时间，一旦形成便较难改变，其演进一般是渐进性过程，经常具有滞后性。而法治建立和变迁有时可以较短，所以，旧的非正式制度与新的法治共存时总是产生冲突，进而造成市场经济秩序的规制混乱。

③ ［美］道格拉斯·诺思．制度、制度变迁与经济绩效［M］．杭行，译．上海：格致出版社，2008：17－20. 在看到法治对市场经济秩序的构建和演进的积极作用的同时，也要关注非正式制度的支撑作用。不应忽视的是，非正式制度虽然不能替代法治，但它往往是法治的基础。非正式制度又有自身产生、持续演进和强化的逻辑和发生机制，并不能轻易改变，在与法治互动的过程中，不合时宜的与落后生产力纠缠者将最终被废弃、淘汰或者演化，与生产力发展相适应者将提升确认和转变为法治的一部分，在与法的有效关联中提升整体制度的效率。

遮蔽甚至对抗。这对应于所谓自我实施的合同，进而包括绝对产权等。除自我实施外，面临有限第三方监督的关系型合同的实施，违约时面临自我道德不安、团体排斥、社会声誉负面压力、社会关系恶化等惩罚。而法治一般是强制执行，违约就面临高额的成本支出，如金钱惩罚、服刑等。这固然具有一定合理性，但出于降低较高实施成本的考量，又需要通过教育、舆论等途径加以引导，借助非正式制度更有效地实施正式制度。由此可见，制度实施更离不开非正式制度。

非正式制度及其变迁的特点就是渐进性、随机性和滞后性①，这些特点给制度变迁本身留出了较多的适应时间和回旋余地，但又增加了演变的难度，从而二者的演变很难同步。法律变迁的效率动力是将潜在利润显性化或者外部利润内在化。作为一种正式制度，经过理性计算的预期收益和成本分析，采取继承、移植（其好处是节约自身探索实验的成本）、创新等各种形式加以实现。在开放经济条件下，法治尤其是具有普遍性的国际惯例有时可以直接从别处移植，而需要与之配合的非正式制度则与本土氛围不可分割，这样，即使在别处有效的法治，如果缺乏与之类似的本土非正式制度和历史背景支持，将很难发挥作用②，最终形同虚设而无益于事，这一点不应忽视。

四、小　结

市场经济的本质是法治经济，这并不意味着法治可以脱离非正式制度而单独行进，在市场经济秩序的构建和演进中，法治、非正式制度之间以及二者与市场经济秩序是辩证统一的关系。这主要包括以下几点：第一，法治和市场经济秩序契合度更高，尽管二者存在共生和循环往复关系，但

---

① 一般而言，市场经济中相对价格的变化和人们偏好的改变是制度变迁的经常性原因，这可以通过多次具体、微小、渐进式的累积演进而进行。但是，由于认知特征、制度组合矩阵锁定、既得利益阻挠等因素，制度变迁过程中经常存在路径依赖现象，无效率或者低效率的制度不会随着时间和社会经济条件的改变而自动消失，有时也需要激进式制度变迁或者制度革命。

② ［美］罗德里克. 相同的经济学，不同的政策处方［M］. 北京：中信出版社，2009：5.

绝不能被短期的某些特殊经验所蒙蔽，忽视法治的必要性。第二，非正式制度是正式制度得以涌现的历史性的母体秩序。由于法治是内在不完备的，需要与之有互补功能的非正式制度，在非正式制度与法治的冲突和融合互动中，通过废弃、淘汰或者改造再创新，使法治得以完善。第三，制度实施不能脱离非正式制度。需要“自律”或低成本他律与强制性高实施成本的“他律”相结合，尤其是政府行为更需要扎根于非正式制度的法治约束。

第五章　马克思主义经济学与西方经济学生产理论比较

生产是人们获取生活资料的基本手段，是经济学研究的基本主题。尽管当代西方经济学主要是一种交易（换）理论①、泛费用论或泛价值论，把交易看作财富的原因，但对于“生产什么、如何生产、为谁生产”的问题也给予了很多关注，由此建立了一套貌似系统的技术方案和理论体系。在马克思主义经济学中，交易或交换也很重要，但生产作为财富、增长和发展的原因占首要地位，即生产决定交换，生产活动是最基本的实践活动。只有以生产为出发点来研究交换、分配和消费，才能揭示出人类经济活动的真正规律。

第一节　马克思主义经济学的生产理论

立足于资本主义大工业历史性发展的时代背景，马克思指出，现代经济学诞生的重要标志是，在研究领域上从流通领域转向生产领域。只有通过对生产过程的研究，才能真正认识一定生产关系下的经济运动规律，对于资本主义私有制下价值与剩余价值的生产的研究在马克思主义经济学中具有首要地位。

---

① 有些学者甚至建议把经济学改名为交易学 Catallactic Backhouse, Roger E. and S. G. Medema. Retrospectives: On the Definition of Economics[J]. *Fournal of Economic Perspectives*, 2009, 23(1):221 - 233.

一、马克思主义经济学生产理论的基本内容

（一）马克思主义经典作家的生产理论

生产理论是马克思主义经济学的整个理论体系的基石。只研究生产一般不能揭示现实资本主义本质。故而，马克思主义经济学认为要更多研究某一特定社会发展阶段（资本主义、社会主义等）的生产。经典作家尤其注重研究资本主义生产的具体社会形式。马克思主义经济学的生产理论揭示了资本主义生产的前提条件、本质和过程，这包括抽象的生产一般的资源配置和具体生产方式下的资源配置两个方面。

由于资本主义私有制的存在和发展，剩余价值的生产和追逐反映了资本主义生产关系的本质，因此，生产使用价值的一般劳动特征仅仅是资本主义生产过程的表象，价值增值过程或者说剩余价值生产过程才是其本质，或者说，生产使用价值仅仅是资本主义生产方式的工具与手段，获得剩余价值才是资本主义生产当事人的真正目的。在劳动价值论基础上，马克思主义经济学区分了劳动力与劳动（劳动不是商品而是价值实体）、活劳动与物化劳动（克服了李嘉图学派的缺陷），既研究财富，更是把价值范畴作为核心。

剩余价值的生产是不朽巨著《资本论》的核心内容之一，马克思从中揭示了剩余价值的真正来源。生产的社会形式即“价值”而不仅是“使用价值”范畴，财富的社会形式而不仅是物质形式，特别是剩余价值生产这一资本主义社会的绝对规律成为其理论核心，并决定资本主义生产方式发展及其历史趋势。劳动力成为商品、货币转化为资本、资本划分为可变资本和不变资本，是资本主义生产和剩余价值形成的基础。利润是剩余价值的转化形式，而不是西方经济学所说的来源于流通领域的“让渡利润”。

从方法论角度来看，马克思主义经济学的生产理论以取决于生产什么、如何生产、为谁生产的“历史的、现实的人”为出发点①，而且抽象

---

① 刘凤义．西方经济学与马克思主义经济学关于生产理论的比较[J]．经济经纬，2007(3)．该文从方法论角度系统比较了西方经济学与马克思主义经济学企业理论，本节对其相关要点加以转述。

为资本家和工人这些现实社会生产关系的人格化代表，或者说是“社会关系的总和”。马克思主义经济学采取科学抽象的整体主义方法，强调生产活动的分析单元和本质是劳动，具体劳动具体化为产品和服务，抽象劳动形成商品的价值。人的经济行为具有取决于生产关系的社会性和客观性，作为集体或社会行为的劳动也就会因社会生产关系不同而有不同占有形式[①]，尽管其要以支付工资的名义抹杀这种不平等。这样一种劳资关系的出现和发展，是因为具有人身自由的工人只能向依托于生产资料私有制的资本家出卖劳动力，除此别无选择。因而是不可能通过个人主义分析加以揭示的。马克思主义经济学的科学抽象发现，依托于雇佣劳动的狭义生产关系的性质最终决定产品的分配、消费、交换等环节。反过来，借助广义再生产各环节制度设定的资本主义性质，通过生产活动，资本发展了对劳动的指挥权和强制关系，榨取剩余价值，作为资本家的目的才得以实现。

马克思主义经济学的生产理论一贯重视人的主观能动性。劳动者不仅仅是无生命的简单生产要素，更为重要的是，能动的价值创造主体。在生产劳动过程中，与生产资料的性质完全不同，不应把人的脑力、体力与土地、资本等物质力量混为一谈[②]。资本家把生产资料支配工人看作自然现象的观点只看到体力劳动特性，更是肤浅的。实际上，劳动过程是人的主观能动性与物质生产过程客观实在性的统一。随着生产力的发展，劳动包含体力劳动、科技劳动、管理劳动等诸多形态，劳动的复杂度和强度也相应地发生变化。劳动不仅转移生产资料的价值，而且构成创造新价值的真正源泉。因此，资本家要千方百计地从已经购买的劳动力主体上榨取尽可

① 劳动既可能是在分工协作、地位平等、公平分配的公有制生产关系中进行，也可能是在一部分人占有生产资料，凭借经济与超经济权力(利)以及与此相适应的规范、习惯、规则约束与遵循，基于流通领域劳动力自由买卖的支撑，强迫另一部分人劳动，从而使产品归生产资料私有者所有这样一种不平等的生产关系中进行。这就使工人以及其主观能动性受到很大抑制，因此，新制度经济学认为，资本主义制度的本质是雇佣劳动，在名义平等实质不平等的治理劳资关系的不对称的雇佣劳动合约中，“雇主拥有权威或权力在要完成工作的内容细节上控制和指挥雇员一方……雇主有自由在一定限度内调整雇员的工作方式，以与变化的情况保持一致”。

② 熊彼特、西尼尔等指出，生产要素是指原料和自然力的使用，或者把货币与资本混为一谈，或者把资本与劳动混为一谈，指出资本品、资本财货或生产资料的类别不同难以加总等问题。

能多的劳动。劳动不仅创造产品，而且创造着人本身，在简单再生产和扩大再生产的无尽循环中，创造着人类自身不断发展和完善的社会主观条件和客观条件。通过进行资本积累和扩大再生产，如此循环往复，不仅获取剩余价值，而且再生产出资本主义生产关系。

正因如此，在劳动价值论和剩余价值理论基础上，马克思主义经济学分析了生产要素与资本主义生产方式的内在联系，开辟了深刻理解资本主义商品经济内部关系的科学途径。使企业内部人与人之间经济的关系也就得以科学深入地揭示。

（二）马克思主义经济学的生产劳动分工理论

分工与协作是资本主义社会化大生产与现代市场经济的显著特征，通过提高劳动的复杂程度、熟练程度，促进提高劳动生产率，增加社会总量劳动和财富创造的基本力量。由此可见，不理解分工及其发展，是难以理解劳动的本质及其内涵的发展变化的，也就不能理解资本主义的本质。马克思主义经济学对劳动分工与协作的研究是在资本主义生产方式历史与逻辑展开的过程中进行的，分工作为理解财富创造与生产力发展的重要视角，其独特意义也相应得以揭示。

马克思主义经济学把分工分为部门分工与企业内分工两个层次，前者通过交换市场得以协调，后者通过管理劳动得以协调。考虑到企业内部分工对社会分工的推动作用，以及理解生产理论的需要，我们在这里主要关注的是作为资本主义生产方式体现的企业内部分工及其协调。

尽管分工早在古希腊时期就已经被柏拉图、亚里士多德和色诺芬有所认识，中国传统经济思想中对此也有精彩论述①，但马克思尤其将分工强调为“政治经济学的一切范畴的范畴”，分析企业内部分工提升了劳动生产率，以及部门分工的发展。

首先，在分工的基础上出现日益复杂的、超越简单协作的劳动集成。

① 佚名.劳动分工[J].政治经济学评论,2003(3).

分工是生产力发展到一定阶段产生的。作为社会劳动的表现形态，它是在一定发展阶段下剩余劳动产品出现、生产工具进步、具体劳动种类扩展[体力劳动与脑力劳动、知识劳动（诀窍等无形技术的创造）与工具劳动（机器设备的创造）、产品劳动与服务劳动等]、劳动力增长与集中等因素作用下自然形成的[①]。资本主义企业内部分工晚于社会分工，其过程可以概括为工场手工业内部分工和资本主义机器大工业分工等基本的历史形态。资本主义企业内部的分工，表现为不同生产环节的划分、劳动者在生产过程不同职能环节的专门化，并由于团队协作性质的增强使协作劳动相对独立发展，进而形成水平型、垂直型、混合型、网络型等不同形态的劳动集体生产团队结构。

其次，分工具有二重性。一方面，分工促进社会生产力进步，从工场手工业条件下的分工到机器大工业为基础的分工，与生产资料方面的技术创新或劳动客观条件改进，以及劳动者自身技能的持续提高相结合，分工具有不断增强的目的性、可协调性和计划性。另一方面，分工受社会生产关系的制约。虽然分工对劳动的社会化水平和建立科学劳动组织不断提出更高要求，但是资本主义分工的发展所固有的劳动个别性与社会性的矛盾，分工与社会组织的客观离散与缺乏有机统一，特别是分工对人的发展，市场交换、社会关系的影响制约所具有的正反两方面内涵都在积累叠加。于是，这导致资本家所获取的价值与财富尽管总是在增加，但资本主义并不会以减轻劳动强度为目的，反倒是伴随着劳动的种种形态的异化，以及资本家榨取的劳动量的不会停止地增加。

最后，从生产方式视角来看，企业内分工是生产力和生产关系的微观联结的纽带和重要形态，并以推动宏观生产方式和社会形态的发展为指归。一方面，企业内分工意味着生产资料和生产劳动在组织内部结合的客体性与主体性统一，表现为生产工具、劳动对象和劳动产品的多样性、进步性，技术形式的复杂化，使与生产的物质技术手段相适应的人的劳动专

---

① 任保平. 马克思经济学与西方经济学分工理论比较研究[J]. 经济纵横,2008(3).

门化得以发展。相应地，分工把包含有大量信息的复杂劳动操作分解为较简单的、包含少量信息的可重复操作，在此基础上的重新排列组合，以及由上述二者导致的社会劳动时间的节约，为财富创造和新需求的满足不断开辟了广阔空间。另一方面，生产力的发展又以生产分工为中介影响生产关系的发展。科技发展伴随着分工深化所带来的劳动碎片化与劳动活动的单调化，在资本主义市场经济下首先造成经常被忽视的劳动者个人能力和素质的不协调和畸形；更普遍的是，由于分工造成和强化个人劳动的个别性与社会性两种属性，导致个人利益与社会利益的脱节、矛盾与冲突的可能性和现实性不断增大，这决定了资本主义生产关系及其与分工相结合的内在缺陷。

二、马克思主义经济学的生产或劳动过程理论

资本主义生产方式的内在矛盾运动是复杂而深刻的，这种矛盾运动具体体现在作为生产商品和服务中介的资本与劳动结合的种种复杂而变化的方式上①，尤其是资本主义劳动或生产过程以及资本主义科层组织的矛盾运动中，资本家榨取剩余价值取决于所获得工人劳动服务量的多寡，在表现为技术组合关系形成社会生产力之外，又表现为历史发展中的生产劳动组织形态变迁过程。

如果说一般劳动过程是制造使用价值的过程，资本主义劳动过程或生产过程则历史地发展出一些不同特征。在资本主义劳动过程的转变中，劳动看起来仅在形式上属于资本，但这种形式隶属实际上是一种经济强制（劳动者没有任何生存资料，不得不出卖自己的劳动力），形式隶属下的资本主义劳动过程依托某种“公平性”，减少了工作中的间隙或无效率，减少了生产商品的社会必要劳动时间，使对资本家而言的价值增殖过程变得更有效率。因为剩余价值多少取决于资本家从所购买的劳动力身上榨取的活劳动的大小，资本家利用这种强制形式即使在技术基础没有改变的条件

① 谢富胜，宋宪萍. 资本主义劳动过程研究：从缺失到复兴[J]. 马克思主义研究，2011(10).

下，通过监督和纪律迫使雇佣工人以一定的强度、时间和持续性付出来生产剩余价值。

在资本主义生产过程中，资本家获得价值增值的能力和方式依赖于活劳动的创造物与工资的差距，这种差距既具有外在不确定性（资本家被动地接受市场价格、市场需求出乎意料地变动等），也受到工人主观情况、劳动的客观特殊条件等多方面因素限制。扩大活劳动的创造物与工资的差距要求在资本主义生产过程中对劳动进行规制，建立在工人人性异化基础上的压迫、适应、同化与合作的各种混合，由于以获取绝对或相对的剩余价值为手段，资本主义劳动过程及其规制反映就是对抗性的劳资关系。如果说资本主义竞争导致工资、价格和利润所产生的外在压力，迫使资本主义生产当事人必须进行技术创新，那么这些创新和压力又要与生产的组织形式和技术安排相结合，出现管理创新、制度创新、机制创新等，产生出普遍始终嵌入竞争的整个经济社会的组织结构。于是，劳动过程内部分工的复杂度、熟练度增加和作为其推动力量的技术变化成为资本家维持价值增值的基本手段，组织协调、技术创新能力的提升也就决定着团队生产的协调度、熟练度进而劳动量的增加以及资本主义经济活动当事人价值增值的可能性与效率。

从事实本体角度来看，马克思主义经济学认为，古典经济学未能分析资本主义制度是如何作为特定历史过程导致的特殊生产方式出现的[①]。事实上，西方经济学对此一直加以忽视或避而不谈。从深入阐释资本的本性以及资本积累的实质出发，马克思分析了英国工业革命的历史经验（这包括纺纱业虽然严重依赖女工、童工，却使后者只能从事艰辛的工作），说明资本主义劳动过程如何在特定的资本主义生产关系下历史地、逻辑地展开的，如何从手工工场内部的协作和分工转变为以机器大工业为基础的工厂内部的机器劳动分工，特别是生产资料私有制使得资本家可以控制生产过程本身，构成资本家榨取利润的基础。

① 谢富胜.资本主义劳动过程与马克思主义经济学[J].教学与研究,2007(5).

令人欣慰的是，近年来，西方马克思主义经济学特别是激进经济学者（如布雷德曼等）的分析使得生产或劳动过程作为一个研究领域的生产关系属性进一步得以彰显。例如，著名激进经济学家斯蒂夫·马格林运用翔实的经济史资料证明①，劳动分工的进一步发展和集中化组织的出现，并不是因为技术上的优越性，而是为了确保资本家在生产过程中的核心角色。随着资本主义生产或劳动过程的动态变迁，技能劳动的重要性增加与机器等客观劳动条件的改善矛盾冲突，个人试图通过外部劳动市场流动性改善自己命运的努力总是被挫败，何况这种改善即使存在也仅仅是个别意义和非整体性的。从计件工资到泰勒制，从福特主义到后福特主义、日本式管理中的精益生产方式、弹性专业化等新的生产方式出现，劳动生产控制权的配置虽有漂移换位，劳资关系的改善总体上是局部的、暂时的，资本主义生产方式宏观上必然存在的两大阶级利益冲突绝不可能消除，在经受萧条和国际竞争冲击时更是昭然若揭。例如，科学管理的技术性改善并不意味着利益冲突的协调有什么改善，而是相对剩余价值攫取形态的不断翻新和进化。激进经济学者对于阶级和阶级矛盾在资本主义生产或劳动过程中的表现形式的认识不断得以深化和拓宽。

第二节　西方经济学的生产理论

一、西方经济学的生产理论

早在古希腊时期，对于如何获取财富，亚里士多德指出存在畜牧、农耕、捕鱼、狩猎、抢劫五种方式，其中前四种就是具体地获取产品的生产方式。重农学派把农业说成是生产性的，并不强调物质特性而是强调农业带来的净收益（地租），古典经济学有关直接生产过程，特别是生产商品的论述，

---

① 马格林，柯唱，李安. 老板们在做什么？——资本主义生产中等级制度的起源和功能[J]. 政治经济学评论，2009(1)；[美]拉佐尼克. 新帕尔格雷夫经济学大辞典[M]. 北京：经济科学出版社，1987：3，97.

可以追索到威廉・配第；尤其是经过斯密的论述，得到不断发展和完善。例如，资本被看作所谓辅助劳动，预付的流动资本可以缩短劳动时间，固定资本如机器、厂房设备等可以提高劳动效率且必定是异质的。自约翰・穆勒开始，则认为“生产的规律和条件具有自然科学所说的真理性质”①。

西方主流经济学从“经济人”出发，把各种生产要素的所有者作为经济参与人，把商品生产简化为体现一定社会经济背景的技术条件，以及迂回生产过程的周转时间，把资本品看作同质的可以通过指数化方式加总等，以生产函数形式描绘生产者面临的技术约束和构建生产者决策模型，同时考虑市场交易结构。在技术性投入产出关系中揭示利润最大化的实现。

这主要包含以下两个层面：

第一，生产的行为主体和行为目标。生产者被看作能作出统一决策的经济主体单位，其目标就是实现利润最大化或其某种变形。资本被看作所有满足生产需要的商品，生产过程就是生产要素的合理组合，资本主义生产过程就是这些不断扩大、可区分且加总的要素共同生产商品或劳务的物质变换关系。

第二，生产过程的技术分析框架。生产过程抽象化为生产函数，就是以投入与产出技术关系为基础的物质变换关系（自然界本来就有的各种物质变换与满足人们需要的商品或劳务获取等价②）。其中，作为理性人假设体现的最大化思想以及生产要素理论历史久远，（另外，基于成本的观察，把生产理论具体化，这同样以理性人的最大化行为为依据，但更是一种事实本体分析）。

总体来看，西方主流经济学尤其是新古典生产理论的分析焦点是效用或使用价值的生产，每一个生产活动的各种参与者（资本家、工人等）都按照利润或效用最大化原则行事，在报酬递减或不变等辅助假设和生产函数的边际与均衡分析的基础上，用抽象的一般生产代替资本主义生产，从

① ［俄］车尔尼雪夫斯基. 穆勒政治经济学概述［M］. 北京：商务印书馆，1997：3.

② 魏旭，张春舒. 西方主流经济学生产理论批判［J］. 当代经济研究，2011（6）.

而用效率最大化为资本主义生产和积累等辩护。

二、西方经济学的生产分工理论

早在古典政治经济学时期，亚当·斯密就认为，增进国民财富的主要原因，除了资本积累之外还在于分工：一是生产性劳动者的人数，以及“有用性劳动与不用于劳动的人数之间的比例”（生产性劳动与非生产性劳动的比例）；二是劳动生产力的改进①。但分工理论却长时期被西方主流经济学所忽视。

在20世纪初期美国制度经济学的迅猛发展影响下，阿伦·杨格在《报酬递增和经济进步》一文中通过印刷业等例子，对马歇尔报酬递增的思想作了更生动和富有创造力的解释，继承历史主义与制度主义传统，解释了分工对经济增长和经济发展的促进作用。在巴比奇发现通过重复活动和大量生产实现成本节约的基础上，他既认为报酬递增是分工的结果，进而又指出报酬递增将成为工业的驱动力。这主要是指，分工是一种间接的、迂回生产方式，分工和市场规模互为限制，“间接的迂回的生产方法的增长与各行业中的分工”相互依赖。与奥地利学派的有关概念不同（迂回程度并非决定于利率而是决定于生产规模经济），杨格认为现代劳动分工不仅是奥地利学派所谓的迂回生产方式，不仅体现于企业内部，而且来源于诸如马歇尔地方化外部经济的企业间分工与协作上，即所谓“依靠产业总体发展”，如共享通信服务等基础设施。规模扩大不是复制，而是伴随所谓地方化原因（物质条件、区域市场等）和技术、知识的聚集等。分工是一个自我扩张的累积过程。此后，在卡尔多等对于制造业增长的强调中，从分工中得出的收益增长概念与劳动生产率的增长更得以直接联系。20世纪后半期，随着发达资本主义时代国际分工的深化与拓展，分工重新成为西方经济学的焦点。例如，新增长理论的奠基人之一的罗默考察了社

① ［英］亚当·斯密. 国民财富的性质和原因的研究：上卷［M］. 北京：商务印书馆，1972：5.

会分工深化、厂商的分化、中间产品增加对增长的作用①，这就使分工—知识在经济增长中的作用得以更好地理解。此外，以科斯、诺斯、阿尔钦等为代表的新制度经济学，突破了新古典经济学就分工讨论分工的狭隘视野，从交易费用和生产费用比较的视角讨论分工决定的制度结构，一方面，强调制度变迁可降低交易费用、减少不确定性而促进厂商之间的专业化分工；另一方面，如诺斯指出，制度通过明晰规则、界定各种产权关系，把外部性内部化和减少不确定性，激励经济行为人生产性活动的发展，减少非生产性寻租活动以及协调成本，进而促进了企业内部分工和经济的持续增长。

第三节　马克思主义经济学与西方经济学生产理论比较的结论

一、马克思主义经济学与西方经济学的生产理论在指导思想、方法论等方面不同，内容体系的逻辑不同，形成了不同的理论特质

马克思主义经济学是理解资本主义生产过程、生产方式之颠扑不破的真理！从指导思想上看，马克思主义经济学考察了资本主义生产形成的制度条件，旨在揭破资本主义生产的剥削实质和其中深藏的内在对抗性矛盾。基于对资本主义生产过程内部运行规定性的深入分析，马克思主义经济学发现了剩余价值生产的秘密，并进一步研究了利润、竞争、价格等通俗概念的本质，形成其最基本的理论硬核。反之，西方经济学把利润最大化作为基本命题，主要是一种表象化的市场经济理论探讨，是在资本主义制度永恒不变的假定下进行的，回避或不愿涉及资本主义生产制度的历史走向。

从理论特征来看，马克思主义经济学从现象到本质的研究路径一以贯

① 周绍东. 分工与专业化[J]. 经济评论,2009(1).

之。以资本作用的观点为例，马克思主义经济学认为，生产资料或不变资本在价值增值过程中不发生价值增值，这正是市场经济条件下看似复杂多样的各种生产过程的共同内在属性。马克思主义经济学更强调劳动者具有创造财富的主体力量而更具科学性，西方经济学生产理论则以萨伊三要素原理为出发点，劳动者仅仅作为生产要素之一，忽视了劳动与物不同的一面，从成本、产量、收益等商品经济运行层次范畴来分析资本的作用和利润最大化，是较为浅薄和庸俗的。由于把使用价值或效用看作其核心，或者局限于交换价值，尽管所谓生产要素的分析也有一定的适用性，但仅仅强调投入产出关系而抹杀了生产过程的资本主义属性。这样，尽管西方经济学生产理论在生产的量的方面和技术方面分析较多，在投入与产出的关系上强调企业家才能等重要性，这具有一定的积极意义。但在试图考察抽象掉生产关系后所剩下的生产的一般时，总是把使用价值的生产与价值创造相混淆，所依据的假设具有明显的历史和国别局限性。如技术不变假设、边际报酬递减规律等主要与英国资本主义发展初期土地的可获得性有限相联系，远不具有普遍性。另外，从生产劳动分工的内涵上讲，马克思主义经济学的劳动分工理论，从分工与所有制、分工与阶级关系、分工与上层建筑等角度理解其影响因素，强调资本主义劳动分工对财富创造具有积极影响，但对工人生产劳动形态有诸多异化消极影响；西方经济学的分工局限于技术分工，忽略了分工的社会属性而使其理论支离破碎。

总之，马克思主义经济学对于生产问题的研究，更重视研究人与人之间的社会关系与矛盾，因此，一方面深刻揭示资本主义生产过程的基本关系，解释资本主义劳动过程的各种发展形态之剥削本质，尤其是把资本看作一种资本主义社会关系；另一方面基于劳动创造价值，基于劳动分工的异质性和互补性，从劳动过程中主观条件与客观条件的质和量的结合中分析价值创造，分析劳动生产率、科学技术进步与价值规律的辩证关系①，真正为从更广阔的理论框架中揭示市场经济条件下价值创造、创新、消费、财富增长以及发展的源泉作了准备。

二、马克思主义经济学与西方经济学的生产理论也有相通之处

市场经济条件下的生产具有跨越若干时代的共同规定性，这是马克思主义经济学与西方经济学的生产理论的共同前提。正是由于这一点，即使在对于资本主义生产的分析中，二者也有重要的共同之处。

作为对生产一般的分析中，马克思主义经济学和西方经济学都在对生产过程加以抽象的基础上提出了不同于工程技术学科所描述的生产技术关系，二者都认为生产是物质资料或服务的生产，必须要有物质资料（作为资本，其发展标志着生产的迂回过程，又对生产具有促进作用）和劳动力、资本、土地等生产要素的投入，都强调成本与产出价值的比较而不是技术类型的比较，在劳动内涵或内容的解读上②，在关于土地作为劳动对象、资本生产力属性的具体表述，关于福特制、后福特制等资本主义劳动过程的效率属性上，虽然关注焦点不同，但内容也有交集。例如，在劳动分工的作用上，二者都强调生产过程的迂回型以及相伴随的分工对企业效率的促进作用，都认识到分工能促进市场规模。由于都承认劳动与物在使用价值生产中的作用，因而在促进财富积累上有可沟通之处。在对资本主义生产的分析中，强调技术进步、劳动生产率改进是财富增长的核心，强调利润、成本对市场经济竞争的作用等方面也可以沟通。同时，在生产一般理论与规模经济理论上，除早期的李嘉图等之外，后来的许多西方经济

---

①　例如，马艳，程恩富. 马克思商品价值量与劳动生产率变动规律[J]. 财经研究，2002(10). 将科技进步客观条件、劳动的主观条件相结合，对劳动价值论作了有益的逻辑展开和丰富发展，进一步的讨论参见孟捷. 劳动生产率与单位时间创造的价值量成正比的理论：一个简史[J]. 经济学动态，2011(6)；张衔. 劳动生产率与商品价值量关系的思考[J]. 教学与研究，2011(7).

②　吴易风. 马克思主义经济学与西方经济学比较研究：第 1 卷[M]. 北京：中国人民大学出版社，2009：468.

学和马克思主义经济学都认为递增的规模报酬来源于技术与积累过程，进而与市场扩大和产业演化的劳动分工相联系①。

由此可见，马克思主义经济学与西方经济学的生产理论各自揭示了市场经济中生产过程的一般规律和特有规律，从经济学知识的进步来看，应基于互补性，通过综合创新而实现累积性。因此，结合西方经济学揭示的影响资源配置的竞争与供需矛盾，结合市场经济条件下分工发展的规律，结合资本主义劳动过程的嬗变与本质，可大胆探索马克思主义经济学生产理论的综合创新（如新的活劳动创造价值理论等）。

总之，马克思主义经济学的生产理论，立足于“历史的、现实的人”这一起点，运用唯物辩证法，建立了在微观与宏观的有机关联中考察资本主义生产的内在本质和规律的分析路径，体现出科学性和历史性的辩证统一。西方经济学的生产理论存在一些有实际意义的因素，但也有许多错误的理论成分（如把生产过程的技术关系与社会关系混为一谈），要对其进行批判式吸收。因此，我们认为，首先，在比较—综合—创新中，应坚持和强化生产理论在马克思主义经济学中的首要地位，重视分工、劳动工具发展、技术进步、创新等范畴的相互关联性，重视对企业内部分工作为生产力与生产关系辩证统一微观环节的深入解剖，推进和夯实马克思主义经济学的生产理论。其次，从生产关系层面，结合时代变迁，强化对资本主义市场经济中生产劳动过程的批判性分析，从事实层面答疑解惑，不断深化人们对于资本主义市场经济剥削关系的认识。

---

① 再如，在人口与劳动力问题上也可沟通。马克思主义经济学与西方经济学都认为，人口是社会生产的主体，是决定社会经济发展的重要条件，但一般并不是人口增长得越多越好，虽然在重商主义时期就存在人口不足的可能性，以及把人口与财富和商品混为一谈的主张，但这些需要在劳动力与物质资料的数量、结构等保持平衡的前提下才具有意义，把人口直接等同于社会财富的观点缺乏依据，在西方经济学中也非主流。

第六章　马克思主义经济学与西方经济学厂商理论比较

厂商是资源配置的基本微观主体，也是生产活动得以进行的组织载体。西方经济学的厂商理论通过理性人等分析方法，构建了系统性和动态性的理论体系。虽然没有使用现代语汇，马克思主义经济学在资本主义经济的运行的分析中贯穿了许多厂商分析的要素。二者虽然在分析视野、分析方法、体系结构、理论表述等方面有重大区别，但在关注焦点、基本因素、作用机制等方面又有相通之处，对其进行比较，有助于借鉴和吸收西方经济学厂商理论中的分析方法和研究成果，构建和发展符合时代特点和国情的马克思主义经济学厂商理论。

第一节　马克思主义经济学的厂商理论

马克思主义经济学的厂商理论以价值和剩余价值为核心概念，说明厂商起源于企业制度形态的基本原理，这是一种基于具体社会历史结构的理性分析方法，体现了科学抽象法特别是逻辑分析与历史分析的统一。

一、对资本主义厂商的起源、条件、规模和制度变迁等问题的历史唯物论分析

马克思强调生产力发展对厂商制度演变的作用，在对资本主义生产方式产生和发展的历史回顾中，分析了资本主义厂商起源和相关制度演变，叙述了“简单协作—工场手工业—工厂制度—股份公司”的厂商制度发展

轨迹。马克思认为，厂商是社会经济发展到一定阶段的产物，需要从技术关系和经济关系两方面加以把握。一方面，发达的社会分工体系、劳动组织内对工序和操作的细分及在此基础上的劳动协作是厂商产生的技术因素。分工分为工场手工业分工和社会分工，厂商起源与产品特性密切相关①。另一方面，相对于独立手工业劳动而言，厂商提升了同等私人劳动的技术水平，使产品更适合市场需求，有助于提高私人劳动的社会特征，更符合价值创造与实现的本质要求。从历史视角的事实分析看，资本主义厂商的演进过程，贯穿着以下因素的相互作用或协同效应：协作提高了劳动生产力而成为厂商的起点之一、劳动力成为商品构成资本主义厂商产生的制度条件、货币转化为资本作为资本主义厂商产生的关节点、追求利润是资本主义厂商产生和发展的内在动力、最低资本限制则是资本主义厂商产生的经济门槛。

马克思认为，在资本主义生产方式下，厂商规模的扩大是一个动态过程，这主要有三种基本途径：资本的内部积累、横向集中和社会化控制。技术、协作、劳动力、资本、竞争和利润等因素的变迁导致厂商规模和制度的变迁，而深层次的因素是生产力和生产关系的不断发展与相互作用。社会生产力水平的提高使生产资料的集中成为厂商规模扩大的基本条件。技术分工带来生产效率提高，特别是赚取更多利润的本性是厂商规模扩大的动力。从当时厂商的发展实际出发，马克思科学地预见了大型化发展这一历史规律。但马克思也认为，厂商规模的扩大受到一些条件的限制，包括资本集中程度、管理监督费用、流通费用等②。获取剩余价值无限需求与这些限制条件之间的成本形态权衡决定了厂商规模。马克思还指出了厂商形态及其制度的演变过程和规律。在生产力变化与制度变化的辩证统一中，研究了独资企业、合作制企业和股份公司等形式，强调技术革命的威

① “产品或者是由各个独立的局部产品纯粹机械地组合而成，或者是依次经过一系列互相关联的过程和操作而取得完成的形态”，刘元春. 企业的起源——两种理论解说的比较分析[J]. 当代经济研究，1995(4).

② 许光伟，张威. 国内学者的马克思企业理论研究[J]. 经济学家，2007(1).

力不可阻挡，特别是机器应用于大工业，最终确立了工厂制度形态，并以大生产为基本特征，带动整个社会生产方式发生革命[①]。

二、对资本主义厂商的本质、职能、费用等问题的科学论述

马克思从所有制理论、产权理论中引申出对厂商本质的分析，指出作为特定生产关系承担者的厂商，只有在相应的生产关系得到阐明之后才能被规定。一方面，资本主义厂商存在的目的是获取剩余价值，虽然经理人员的劳动也可能创造价值，但资本主义厂商的管理劳动整体上具有剥削工人社会劳动过程的职能。另一方面，从交换领域看，资本主义厂商是以契约为基础的。通过对资本主义劳动力契约的深刻分析，马克思指出，这种契约在形式上具有平等性和自由性，但又具有表面性和虚假性。资本对劳动的支配，特别是企业生产行为表现为资本对剩余劳动的支配行为、企业对高额利润率的追逐行为，以及企业的积累行为。“资本家对剩余劳动的贪欲表现为渴望无限地延长工作日”，绝对地或者相对地。

马克思把资本主义工厂制度或厂商理解为一种生产方式，具有二重性。一方面，资本主义厂商是一个技术分析范式，是从生产力和技术关系看待的内部具有分工协作关系的团队生产，因而以所创造的价值作为对厂商绩效的评价准则；另一方面，厂商又是一个经济分析范式，是从生产关系和经济关系看待的在历史中逐渐形成的、以不对称所有制关系为基础的进行商品生产和交换的经济组织[②]。因此，马克思首先把生产界定为“包括商品从首要生产者到消费者所必须经过的一切行为”，把使用价值的产

---

① 例如，关于资本家管理的具体形式发生。特别是企业内部所有权和经营权出现一定程度的分离，“现在他把直接和经营监督单个工人和工人小组的职能交给了特种的雇佣工人，……在同一资本指挥下共同工作的大量工人也需要工业上的军管（经理）和军士（监工），在劳动过程中以资本的名义进行指挥，监督工作固定为他们的专职”。工厂制度具有“兵营式的纪律”“这种纪律……使前面已提到的监督劳动得到了充分发展，同时使那种把工人划分为劳工和监工……得到了充分发展”，进而言之，“实际执行职能的资本家转化为单纯的经理，即别人的资本的管理人，而资本所有者则转化为单纯的所有者，即单纯的货币资本家”。需要说明的是，在从工场手工业、工厂制度到股份公司制度的历史演变发展中，马克思还分析了企业内部资本产权结构的变化。

② 许光伟. 马克思企业理论的现代范式[J]. 当代经济研究，2007(9).

生和增值过程概括为“生产”，同时，马克思虽然把客观经济过程中人与人之间的利益关系，以及所生产的使用价值或财富在不同人之间的调节过程当作“非生产”，但并不忽视交换过程，特别是商品交换的重要地位，生产与交换由此构成所研究的两大客观环节，厂商也就出现两种性质不同的成本支出（生产费用和交易费用），把二者结合加以分析，为解释企业与市场的替代作了准备。在这里，马克思主要运用历史分析与逻辑分析相结合的方法，说明生产性厂商、商业性厂商、金融性厂商在生产、实现和分割剩余价值上各自的特殊职能；通过系统考察产业资本的循环和周转，阐明资本主义厂商的职能和以生产费用与流通费用为代表的各种费用，从而显示了政治经济学研究的深邃洞察力和所构筑理论体系的广泛适用空间。

三、对资本主义厂商的动机、内部结构的权利关系等现实形态的辩证唯物主义分析

在对作为资本主义生产当事人或人格化代表的厂商的动机和行为模式进行分析后，马克思强调竞争可以理解为“许多资本的相互关系”，对资本主义经济当事人的动机和行为模式具有重要影响，由此决定资本主义厂商的动机是尽可能多地占有剩余价值。从这一点出发，马克思主义经济学认为，积累是资本家特有的行为，其源泉来自剩余价值，并分析了资本家的消费，如奢侈作为资本的交际费用对榨取利润的作用问题。但马克思认为，人并不限于是其阶级的代表，并讨论了制度多样性给资本家的动机和行为模式带来的变化①。

马克思主要采取整体主义研究方法研究厂商内部的控制和分配问题。一方面，资本与劳动间的关系取决于社会生产力的发展，并不存在固定的、一成不变的雇佣与被雇佣关系；另一方面，马克思指出，生产概念的本质体现于所有制关系之中，是一个客观的经济过程。因此，虽然“资本

---

① 孟捷. 经济人假设与马克思主义经济学[J]. 中国社会科学,2007(1).

雇佣劳动”这种生产关系早已有之，但社会生产力的发展使之成为资本主义社会主导的生产模式。马克思明确区分了社会分工和厂商内部分工，对二者的关系作了科学阐述。社会分工是内部分工的前提，内部分工的发展反过来使社会分工扩大。同时，马克思又指出，在一定历史阶段，这两种分工同时存在和发展，而且相互间能够转换，但这种转换有一定的条件，绝不是主观和任意的。

马克思还指出了股份公司内部所有权与经营权相分离的早期特征和意义。如由于资本家和雇佣工人之间的利益是根本对立的，二者力量的不平等导致工人丧失其独立地位；雇佣契约的基础是劳动力的买卖，是劳动力形式上的等价交换，由此资本所有者的“剩余支配权”和“剩余索取权”实际上归因于购买劳动力商品的等价交换。

综上所述，马克思主要从生产力与生产关系、经济基础与上层建筑的矛盾运动中，从历史与逻辑统一的角度建构厂商理论，提出一种长期的、历史的、动态的分析框架，这一理论科学地阐述了厂商制度的演进规律，视角独特、论述深刻，有利于揭示厂商的真正起源和历史演变。不过，马克思并没有把更多的注意力放在基本经济制度不变前提下有关厂商行为及制度调整等问题上，没有从资源配置效率角度直接研究厂商运营行为，因而没能形成一个对厂商组织形式和产权结构变动进行中短期分析的子范式。

第二节　西方经济学的厂商理论

西方经济学的厂商理论经历了从新古典厂商理论到现代厂商理论的发展阶段，已形成一个庞大的理论体系。近年来，该理论体系主要运用个人主义与契约方法作为研究工具，呈现出以机制制度内化分析为代表的研究对象扩展化趋势，出现了基于不对称信息的机制设计分析等一些有价值的分析方法和研究成果。

一、对资本主义厂商的起源、制度变迁等问题的历史分析

西方经济学总体上缺乏对厂商起源、制度变迁等问题的历史分析，但近年来也有少数比较重要的研究成果。以科思、诺斯、德姆赛茨为代表的产权与交易费用学派深入分析了诱发厂商制度变迁的四种因素（规模经济、外部性、风险和交易费用），潜在的盈利机会变化若无法在现有的“厂商”内实现，新的厂商制度安排将诱致性产生，并将其内部化。熊彼特把经济组织的创新看作创新的五种基本形式之一，把创新的动力归于所谓非凡的企业家人格特质，在人类学的意义上划分两类人（具有静态性格的人和类似英雄的领导者），显然，厂商家属于后者。英国经济学家彭罗斯通过对大力神电器公司的案例研究，基于事实本体认为企业的成长是企业家渴望利用现有生产性资源而创造消费需求的附带性结果，成长趋势是企业本质，是由人类动机产生的，通过厂商追求利润实现。纳尔逊和温特等演化经济学家从历史依赖角度，应用学习、路径依赖、技术机会、选择和互补性资产概念，指出生产方式变革为进一步的变革创造了新的机会。因此，厂商制度变迁是进化的、动态的、非唯一均衡的历史过程，导致变迁最根本的原因是个人和组织所进行的学习，这一过程存在规模报酬递增和路径依赖现象，即厂商由一种制度变化为另一种制度时，存在利益不断增加和路径自我强化现象。这些研究成果都扩展了人们对厂商的“生长—衰亡”机制的认识。但是，由于阶级立场和观察视角的不同，西方经济学的厂商理论忽视了研究厂商内部的权力和利益格局，始终把厂商内部的权力和利益看作和谐一致的，对资本家与劳动者之间的雇佣劳动关系经常有意地加以回避，甚至有意进行歪曲。

二、对厂商的本质、边界等问题的逻辑说明

厂商的本质、边界问题是现代微观经济学研究的基本问题之一，如斯密、施蒂格勒、约翰·穆勒等早已分别从劳动分工、生命周期、股份公司

的优势等各方面加以论述。新古典经济学把厂商与市场的边界（厂商规模）区分为横向和纵向两方面。横向边界是指单一产品厂商的生产规模或多产品厂商的生产范围；纵向边界是指厂商是否生产那些可从外部购买的商品和服务。但新古典理论只是把厂商看作一种生产函数，“黑箱”成为厂商的代名词①。

现代企业理论认为厂商是一种团队生产，团队成员合作剩余的创造和分配是其本质所在和根本原因。同时，厂商本质上是一个契约，是一种长期合约集合，由于这种合约包括人力资本的参与、环境的复杂性和不确定性、交易主体的有限理性以及机会主义等假设，本质上是一个不完全契约。按照阿尔钦和德姆赛茨的观点，由于团队生产可能提高生产率，以及观察、确定和监督投入行为来估计边际生产率具有经济的可行性，总之，厂商作为一种平行于市场的资源配置机制，其规模的扩大是科层组织对市场交易的取代，通过内部调节资源的方式能节约交易费用，但厂商内部也有诸如监督成本、创新的激励减少、代理成本、官僚主义成本等形式的交易费用。因此，企业规模取决于组织成本与交易成本的权衡，在关于企业内部权力本质的分析中，新古典经济学认为，不同生产要素所有者按照其边际生产率获取报酬，因而利益分配公平而有效率②。尽管新制度经济学对新古典理论的局限作了有力批评③，但仍认为厂商内部的权威和命令不

① 新剑桥学派的罗宾逊的《不完全竞争经济学》一书中认为，最优企业规模的限制在于对较大单位的管理所需的协调成本的上升。这实际上是对马歇尔分析的一种完善。

② 对于资本与劳动之间的权力关系，萨缪尔森坚持新古典经济学假设，得出“资本雇佣劳动或劳动雇佣资本并无差别，劳动与资本在本质上是平等的”这一荒谬结论。受新制度经济学影响，费茨罗和穆勒运用威廉姆逊资产专用性概念得出，资本相对于劳动力流动性较差，因此，资本应当雇用劳动，拥有企业的剩余控制权和剩余索取权，这样一种分析也难认为其把握了问题的本质。

③ 如科斯在批判新古典经济学的方法论时指出，应该从观察开始，“现实主义的假设是迫使我们去分析存在的世界，而不是一些想象的不真实世界”。所以“任何人生产在市场出售的东西时，经营单位就存在了。这里含有交换和专业化的含义，但是这种专业化是一种经营单位的专业化——它意味着在经营单位内部没有专业化”。威廉姆森也认为，“如果市场和等级组织，用信息经济学的语言符号，转化为博弈论语言，它可能是一个非常拙劣的转化……尤其是在交易成本和契约形式为核心内容的经济理论中，用数学理论模型，就会缺乏捕捉关于有限理性本质思想的语言。任何一个依靠数学模型的人，都会丢掉交易成本经济学大部分有价值的思想起源”。

是权利关系，而是市场关系，否认代理关系与雇佣关系的区别，其中的庸俗辩护成分随处可见。

总体而言，西方经济学的厂商理论在本质上是一个缺乏生产关系要素分析的体系。新古典经济学基于完全信息和完全理性注定无法处理权利安排问题，各种要素的无差别性和厂商权利的和谐性也就是必然的理论结论。即使加入信息不完全假定的新古典厂商理论体系在本质上仍是如此，其关于信息显示和剩余分配的谈判力等方面所作出的一些假设往往缺乏稳定性①。近年来，西方经济学基于信息不对称问题开始对企业规模和治理问题进行深入分析。由于现代企业内部存在严密的社会分工，这些新成果对于理解厂商运作层面的新动态、新特征具有重要启示。比如，把信息不对称作为基本的假设和前提，进而深入分析厂商内部广泛存在的委托—代理问题，提出了激励和约束的相关安排，这就超越了新古典企业理论，进一步进入厂商内部相关的机制设计层面。

三、对厂商的市场行为等现实问题的局部技术分析

西方经济学中的厂商行为理论主要涉及四个方面：成本理论、市场结构、厂商均衡和非利润最大化的目标函数，其中，市场结构是指影响厂商行为的市场组成特点，可以分为完全竞争、完全垄断、垄断竞争、寡头垄断四种类型，而存在垄断的市场结构会导致企业经营中许多危害社会福利最大化的非效率行为（产业经济学对此有着极其丰富的描述）。由于厂商在很大程度上指的是资本家，其最大化目标是包括利润、闲暇、声誉、流动性、控制等在内的多重效用函数。因此，考虑到不确定性和交易成本等因素，西方经济学厂商理论对最大化假设在技术层面作了修正和丰富。但是，由于坚持“经济人”假设的核心思想，正如程恩富教授所言，这些修订（如各种非利润最大化假说）并没有摆脱新古典经济学的约束，其实质仍是强调利益相对最大化，而不是否认“经济人”假设。

---

① 刘元春. 交易费用分析框架的政治经济学批判[M]. 北京：经济科学出版社，2001：170－179.

总体而言，从经济组织形式的角度来看，西方经济学在统一的分析框架内，从效率角度提出标准，对市场与科层这两种现代经济的基本组织形式作分析比较，基于信息不对称提出了企业治理问题和科层结构问题，特别是从微观层面和短期视角、具体机制、厂商市场行为、成本收益关系等层面分析厂商运营，进而提出相关的机制设计，因此，在内容上、方法上都更具体化、微观化和定量化。但西方经济学强调厂商形态变迁是改进资源配置效率的根本手段，并试图说明资本主义社会能有效地促进企业制度变迁，这本质上是在为所谓资本主义制度的动态调整能力给予的新解释和新辩护。

第三节　马克思主义经济学与西方经济学厂商理论的比较及启示①

由于时代背景、分析方法不同，马克思经济学厂商理论与西方经济学厂商理论的内容、结论也不同，但这两种理论体系中影响厂商行为的基本因子和机理有相通之处。因此，二者既相互区别对立，又相互联系沟通。应继承和坚持马克思经济学厂商理论的精髓，借鉴和吸收西方经济学厂商理论中的分析方法和科学成果，构建符合时代特点和中国国情的马克思主义经济学厂商理论。

一、厂商理论体系的构建需要实现长期制度分析与短期运行分析范式的统一

马克思主义经济学对厂商问题的研究在出发点和重点上都不同于西方经济学。不是将重点放在外部流通领域或价格机制上，而是侧重于厂商组织内部分析。基于对资本主义分工的深入研究、对资本主义经济制度本质和产权结构与组织特征的全面系统分析，马克思建立了一个基于劳动价值

① 本节内容部分已发表，这里重新作了梳理。

论的、历史范式与逻辑范式统一的厂商理论。西方经济学的厂商理论最初只是把厂商看作生产函数，没有给厂商下一个科学定义，对厂商利润最大化行为的制度原因没有科学说明。新制度经济学厂商理论把制度、契约和环境因素纳入理论体系，分析信息不对称、机制设计、厂商制度变迁等问题，形成了一个运用现代经济分析工具和经济思想的理论体系，但缺乏对厂商深层本质关系的分析（如忽视厂商内部雇佣劳动关系与外部市场关系的本质区别）。马克思主义经济学厂商理论的生命力和意义在于不断以开阔的视野、更全面的论证、更大的开放性来分析厂商长期发展和演化中的本质问题。因此，要以马克思经济学的厂商理论为主体，以西方经济学的厂商理论为借鉴，从生产力的发展和生产关系双重因素相互作用的角度，对厂商内部的分工、厂商行为及规模展开分析，既说明厂商制度长期演变的方向和基本规律，又要加强和深化对市场经济条件下企业运作规律的系统把握，建立长期制度分析与短期运行分析有机统一的新范式。

二、厂商作为社会生产的组织形式和社会经济的产权结构具有辩证统一的关系

西方经济学对厂商进行了许多表象分析和描述，马克思在对厂商行为的各种表象完整把握的基础上进行了本质分析，明确阐述了厂商性质研究的两个层面（社会生产的组织形式和社会经济的产权结构）的辩证关系，指出两者具有内在的统一性。例如，在厂商效率的认识上，马克思所讲的厂商效率是从历史角度看待的组织效率，特别是从生产关系角度强调资本主义企业雇佣劳动的本质特征及其制度效率（财富创造效率和剩余价值效率的矛盾）局限。以股份公司为例，马克思关注的不仅是所有权与经营权的分离这一现象，更关注其所引致的企业内部关系的变化，尤其是资本主义私有制被社会主义替代的必然趋势。正因如此，中国改革本质上是社会主义公有制的自我完善，而绝不是公有制的废除。当然，这并不排斥我们在实现形式层面对公有制的创新，尤其是把股份公司作为一种更为有效的

治理机制加以利用，推动社会主义市场经济下混合所有制发展①。西方经济学是在基本经济制度确定前提下对厂商内部控制及分配问题进行研究。在其看来，厂商内部的权威和命令主要不是权力关系，而是委托—代理关系的体现。这仅仅是从组织形式角度强调资源配置效率，忽视了厂商产权制度不同的重大影响。但也应该看到二者统一的一面，如资本主义企业的委托—代理机制设计包含了对雇佣劳动关系有效调整的成分，在一定程度上不仅能提高资源配置效率，而且能提高创新性企业制度（如混合所有制）的生存效率。再如，借助于资本是"运动中的价值"的概念，基于追求剩余价值的行为和不确定性的联系，马克思实际上把不确定性及有限理性引入了对资本主义厂商行为模式的分析，提出了相对效率等重要概念。这些分析具有超越西方经济学厂商理论的独特价值。

三、要根据实践发展的要求，对马克思经济学厂商理论的核心要素如劳动、资本等进行夯实、完善和创新

马克思将劳动生产率的提高和社会生产力的发展看作厂商产生的根本原因，指出"厂商是追求效率的产物，而又在本质上追求效率"。马克思认为，商品的价值产生于生产商品所耗费的劳动，并由生产同种商品的社会必要劳动时间来决定。价值规律本身就是效率规律，厂商生产商品价值的高低决定着厂商效率的状况。但马克思界定的劳动主要是活劳动。从当今现实来看，由于"管理革命"和"资本革命"的出现，创造价值的劳动不再是马克思理解的简单活劳动，而是包括管理劳动、科技劳动等在内的集成组合劳动，这就要求拓宽传统的劳动概念②。同时，资本概念的内涵需要科学把握，外延可以拓宽。从唯物辩证法对内容与形式关系的论述来看，资本不仅具有生产关系含义，而且具有生产力方面的内容，特别是货

---

① "很大一部分社会资本为社会资本的非所有者所使用。这种人办起事来和那种亲自执行职能、小心谨慎地权衡其私人资本的界限的所有者完全不同。"[德]马克思. 资本论：第 3 卷[M]. 北京：人民出版社 2004：500.

② 史正富. 劳动、价值和企业所有权[J]. 经济研究，2001(2).

币资本、物质资本、人力资本、组织资本、社会资本概念的提出和变迁说明了资本概念革命的基本内容。按照这一思路，可以尝试用管理和技术的资本化来解释科技创新企业的诞生、企业家的作用、资本有机构成的改进、厂商组织创新等问题。

四、结合基本经济制度约束，正确认识基于具体人性假设的企业制度安排

马克思的厂商理论没有停留在对资本主义经济当事人动机的抽象理解上，而是从生产关系的角度规定了厂商行为的客观意义。由于现实中的厂商是一个虚拟的法人组织，股份公司并不是简单等同于未来社会的公有制，如果只是从西方经济学的利润最大化假设出发，容易导向企业主私有制崇拜和股东利益至上等错误。不同厂商在行为、动机和信念上体现出来的差异是与特定的资本积累体制和厂商制度，特别是与特定的生产关系和经济基础相适应的。因此，在社会主义市场经济中，澄清组成厂商的要素所有者不仅具有利己而且具有利他动机，不是追求纯粹的利润最大化，这有助于树立社会责任，在坚持以公有制为主体的市场经济发展中规范企业行为，在增进社会利益最大化的过程中实现合理的厂商利益最大化。同时，公司制创造了一种超越借贷关系的资本运动，从而形成了动态产权制度。社会主义市场经济中的产权运动形式虽然以收入的资本化和个人利益存在为前提，但并不改变公有制性质和生产关系，而是通过企业组织形式和资本运动方式的创新，不断探索公有制的创新实现形式。

五、对厂商内部结构性质的分析、对厂商市场行为的分析和对厂商规模的分析都要与当今经济社会发展的现实变化相适应

马克思关于厂商规模扩张的根本原因在于资本增值的利益冲动和技术手段革新的观点抓住了问题的实质，强调改进技术提高供给质量和劳动生产率，同时降低包括生产成本和交易成本在内的供给成本，在分析市场供

给和总供给中都具有重要意义。为在现代市场经济中对厂商规模和国际的扩张进行更具时代特征的解释，应借鉴西方经济学的相关分析，对厂商规模变化的认识应考虑降低产品成本的机动灵活性、速度经济、厂商边界的虚拟性特征等方面。从基本内容上看，马克思的厂商理论涉及面很广，但西方经济学的厂商理论在讨论资本结构、内部等级制、所有权与控制权的分离等当代问题中出现了丰富的研究成果。虽然从理论上说，资本主义企业的私有制是“资本雇佣劳动关系”的源头，社会主义公有制消除了这种冲突，但只要承认个人利益的不同或差异，就不难发现现阶段厂商内部结构中企业与员工之间利益冲突的现实可能性；只要承认集体利益的不同或差异，就不难发现现阶段厂商与外部利益相关者之间冲突的现实可能性。因此，面对市场经济的竞争规律，基于私有制的委托—代理理论和机制设计对我国企业健全管理体制和完善公司治理也具有一定的借鉴意义。此外，西方经济学提出的由于市场机制不完善所造成的企业垄断问题，即这些厂商虽然有“生存”效率但缺乏资源配置效率，结果造成产能过剩，在当前我国调结构、推进供给侧改革中的实践中也需要重视，并加以规制和坚决矫正。

第七章　马克思主义经济学与西方经济学分配理论比较

分配是生产与消费的中间环节，一方面，生产决定着分配，人们在生产过程中的地位决定分配中的地位，但是，分配也对生产具有重要影响，如分配方式、分配伦理与效率既会影响劳动效率，也会影响资源配置的效率和财富创造。分配还影响交换、消费等再生产环节。西方经济学的分配理论与马克思主义经济学虽然在阶级立场、分析方法、体系结构、理论表述等方面有重大区别，但在关注焦点、作用机制等方面又有相通之处，对其进行比较，有助于构建和发展符合时代特点和国情的中国特色社会主义经济学分配理论。

第一节　西方经济学的分配理论

一、西方经济学按要素分配的理论渊源

西方经济学分配理论可以分为实证性分配理论和规范性分配理论（这包括与交换、生产联系在一起的分配制度，在资本主义经济运行的现象层面是否公正，因而实际上主要关注的是减贫等问题），这里主要讨论前者，其主要包括两个层次的内容：一是根源于理论本体的要素分配理论，讨论资本家、工人、地主等生产要素所有者基于生产要素共享形式上的分配原则；二是根源于事实本体的具体要素的收入决定（我们仅以工资这一劳动力要素的收入为例）。

按要素分配的思想最早可追溯到古典经济学时代，斯密认为商品价值量最终表现为工资、利润和地租三种形态。商品的价值由购买劳动决定，购买劳动也可以进一步分解为上述三部分（“斯密教条”）。这一点在庸俗经济学者萨伊那里得到发扬，即资本家得到利润、土地所有者得到地租、劳动者得到工资来补偿的所谓“三位一体”公式，并长期被西方经济学家所推崇。

在资本主义经济从农业向制造业的转变，尤其是工厂制度的发展中，地主与资本家、劳动的分配矛盾日益凸显，因此，与斯密强调生产理论、古代经院学者强调消费理论不同，李嘉图强调分配问题至高无上的重要性，“决定调节这种分配的法则是政治经济学的主要问题”，从而把西方经济学引到更加关注分配的方向上。李嘉图的分配理论也被称为剩余理论，因为在扣除维持最低生活水平的生存工资、地租之后，利润成为一种剩余份额作为分配对象而得名。

马歇尔在继承“三位一体”公式的基础上，改进了边际分析方法，提出了准租金理论，并且首次将企业家才能视作生产要素，认为要以正常利润对其经营管理劳动、监督团队生产和承担市场风险给予报酬和补偿，这类似于一种准租金。马歇尔对当时各种分配理论加以综合，在各种生产要素价格形成过程的分析中加以具体应用。马歇尔认为，国民收入一方面由各要素共同创造，这些要素以团队生产方式合作依赖性地从事生产。国民收入同样按照各种生产要素的贡献确定其收入，或者说，国民收入分配规则取决于对各要素的需求，确切地说，是按照边际需要或边际生产力而定。再考虑要素供给的成本等因素，马歇尔阐明了工资、利息、地租和利润量的决定问题。

美国经济学家克拉克是对亨利·乔治单一税主张的回应者，进一步继承萨伊的三要素学说，形成了辩护性色彩更为浓厚的要素边际生产力分配理论。在综合性的静态分析框架内，克拉克强调边际生产力在分配中的唯一重要性，强调分配受自然规律支配，试图完成从萨伊和西尼尔开始就想完成的任务，即证明资本家和工人所获的回报皆基于同一原理（进而被其后的新古典经济学家发展为产品耗尽的欧拉定理)，没有剩余也不存在剥削，正如工资和地租等一样，试图论证完全竞争的市场产生的收入分配也是公平正义的[①]。克拉克的边际生产力分配理论虽然比小穆勒还要倒退，但至今在西方仍广泛流行，构成主流经济学实证分配理论的基础。

总体而言，古典学派主要是从社会关系的角度，尤其是基于资本与劳动对立关系的剩余分析来研究分配问题。新古典经济学则在理论上后退一步，仅仅关注分配现象，错误地使用静态均衡分析来剖析资本主义的分配问题，虽然试图以虚假的精确性和科学性增强其说服力，本质上只是一种为资本主义的不合理分配狡辩的肤浅学说。

20 世纪 30 年代，资本主义世界爆发了空前的经济危机，极大地震撼了整个经济学界，迫使其对资本主义市场经济进行反思，分配理论也出现了新的发展，不仅强调从哲学层次或经济伦理学立场上进行探讨（规范性分配理论)，受到马克思主义经济学的影响，更是从经济系统本身各要素相互矛盾、相互作用的角度来研究。

凯恩斯经济学并没有提出明确的收入分配理论，但包含着收入分配的相关思想。凯恩斯经济学的核心在于说明国民收入和就业的决定问题，认为产出和就业是由货币形式表示的总供给和总需求的均衡决定，但是，由于要素禀赋的不平衡分布，导致在市场经济条件下收入分配失衡，在边际消费倾向、资本边际效率递减和流动性偏好三大心理规律的影响下，有效需求不足导致资本主义的经济危机。收入的不平衡分布于是成为有效需求不足的根源。

作为后凯恩斯主义的主要代表之一，英国新剑桥学派的斯拉法等在卡莱斯基分析的基础上认为，收入分配失调作为资本主义社会症结，并不是由边际生产力决定的，收入划分为工资和利润两个部分，利润取决于投资率的高低、资本家的储蓄倾向、经济周期因素等，由于技术进步的倾向性和机械化程度的提高等，工资和利润的相对份额总是朝不利于工人的方向

① ［美］兰德雷斯，柯南德尔. 经济思想史［M］. 北京：人民邮电出版社，2014：269.

发生变动。这一分析在一定程度上回归到李嘉图的观点，资本主义经济条件下不可避免地出现收入分配差距问题与资本主义社会的制度或权力结构密不可分，尽管也受其他外生条件的影响。

二、西方经济学的工资理论

工资作为一国经济中大多数人的劳动报酬，是最基本的分配形式之一，其本质、决定与生成、工资差异等自然是收入分配理论的要素。

（一）古典经济学、新古典学派的工资决定理论

生存工资论是资本主义社会早期就由斯密和李嘉图提出的工资理论，认为工资应等同或略高于能维持工人生存以及繁衍和提供满足资本主义社会需要的劳动力供给的水平。19 世纪中叶，生存工资理论逐渐被穆勒提出的工资基金理论所替代，后者又被杰文斯和庞巴维克等坚持，至今仍有影响。该理论认为，任何一个国家资本中用于工资（基金）的数额有限，而且要在所有工人中进行分配，因而工资取决于人口与资本比例，工资总额受工资基金的限制。由于工资基金是预先确定而不可变动的，从而与预付资本的观念相通，所以工人人数与平均工资自然成反比，只有减少人口才是提高最低工资水平的有效方法。这样，工资基金论实际上就与马尔萨斯的人口论相呼应。

随着资本主义的进一步发展，边际生产率工资论逐渐占据统治地位。克拉克在《财富的分配》一书中提出了边际生产力分配论。该理论从劳动力市场需求的角度加以阐释，认为工资决定于作为派生需求的劳动边际生产力，根据边际生产力递减规律，工人工资是由最后追加的工人产量，按照边际成本与边际收益相等的原则来决定。与此同时，马歇尔综合了古典经济学派有关成本的思想和边际学派的理论成果，从生产要素的需求和供给两方面来说明工资决定机制，考虑劳动力的生产成本和劳动的闲暇效用得出劳动供给曲线，指出工资由劳动力供求均衡决定。

英国费边社会主义理论家及历史学派经济学者韦伯夫妇，在《英国工

会运动史》《产业民主》等著作中，首次将谈判同工资决定挂钩，尤其是提供了许多关于工人阶级状况的事实本体材料，受历史主义经济学的影响，西方马克思主义经济学家的重要代表莫里斯·多布认为，工资取决于劳资双方的力量对比，而不是别的什么因素，工会组织代表劳动者和资本家通过集体协议的方式确定工资水平，但这一理论带有太多经验主义色彩而忽视了基本经济因素。而后，英国经济学家庇古、希克斯作了进一步的研究。例如，庇古强调，工资率通过集体交涉决定时要考虑双方的谈判技巧和谈判力量，工资率不再是由劳动供求双方决定的单一点，而存在一个取决于劳动需求弹性、工作需求弹性等的“不确定性范围”。此后，新古典主义经济学采取折中主义的观点，虽然承认工会垄断力量的作用，但仍然坚持劳动生产率决定长期的工资水平变动。

（二）制度经济学的工资决定理论

与新古典学派相反，顾名思义，制度学派的分析，特别强调劳动力市场的基础性制度特征，以及其对供求力量的弱化、限制。他们认为，现实中的劳动力并不是可充分自由流动的同质要素，劳动力市场与商品市场存在巨大差别，工资受很多因素影响，如劳动者所在的产业或部门、信息的不完全、歧视、人力资本等。劳动力市场分割对工资决定的影响使制度学派的分析与现实生活更加接近①。因此，工资水平取决于各种在深层次规制市场力量作用的制度因素。这样一种分析起源于20世纪60年代西方国家人力资源政策的失败，以及异端学派经济学者的贡献，主要是描述性的和类型学的，缺乏系统性。

（三）现代的工资决定论

随着生产力和资本主义经济的进一步发展，以及人力资本概念的出现和流行，效率工资理论、分享工资论等新型的工资决定理论不断涌现。

---

① 依照工作的性质和劳动者的特征，可分为主要市场和次要市场，或者说内部市场和外部市场。前者的收入、职位保障、就业条件、晋升条件和职业生涯前景乐观，与此相反，后者则普遍较差。

20 世纪 80 年代，以夏皮罗和斯蒂格利茨等凯恩斯主义者为代表，从避免偷懒、减少工人转职比例、缓解逆向选择，以及社会学和健康营养视角建立了效率工资模型，认为企业从激励角度支付高工资是有效率的，但整体上造成和加剧了部分工人非自愿性失业。这里所谓效率工资，反映为工人生产力与其报酬正相关，因可以提高工人的工作效率而得名，这在发展经济学家的一些实证研究中有所验证，在有些发达国家实践中也有所存在。

分享经济理论是美国哈佛大学的马丁·魏茨曼在 20 世纪 70 年代提出的一种颇具影响的新思想。该理论以提高生产率进而战胜滞胀为目的，通过分享经济的历史比较和跨国研究，魏茨曼继承了小穆勒的两分法和李嘉图的思想，试图矫正财政货币政策等宏观调节手段失灵。该理论认为，资本主义经济的根本弊病一直在于分配，特别是工资制度，西方国家滞胀时期采取的工资与通胀指数挂钩的做法使工资同厂商的经济活动无关，厂商在数量而不是在价格方面加以调整是其个体理性选择的结果，但缺乏社会效率。因此，在市场不利冲击时出现工人失业状况。针对西方国家所出现的长期经济滞胀难题，以及凯恩斯主义经济学和新古典经济学的无能为力，魏茨曼提出对现行工资制度进行改革，推行分享经济①。

三、西方经济学分配问题的经验研究

1955 年，美国经验主义经济学的重要代表人物、米切尔的学术传人库兹涅茨，运用 1854—1913 年一些资本主义国家（尤其是普鲁士和美国）的数据进行实证，发现所谓“倒 U”形曲线，即随着经济的发展，收入分配差距会出现先恶化后改进的趋势，这既出于缓解人们对美国自身收入分配不平等的强烈不满，又试图对后发国家在向发达国家转变的过程中收入分配差距的变化过程传达了某种乐观信息。但是，法国学者托马斯·皮凯

① 其特点是，厂商对雇员的报酬不再是与某种同厂商经营无关的外在的核算单位相联系（如生活费用指数），而分享制度是“与某种能够恰当反映厂商经营的指数（如利润）相联系”。[美] 马丁·L. 魏茨曼. 分享经济——用分享制代替工资制[M]. 北京：中国经济出版社，1986.

蒂的研究则大为不同。在《21 世纪资本论》（2014）这一轰动一时的著作中，他运用300年左右的大数据分析，发现投资回报平均维持在每年4%～5%，而GDP平均每年增长1%～2%，这意味着贫富差距一直是资本主义的固有现象。因为通过劳动所获得财富相较于财富的继承来说作用有所下降，出身以及以财富本身获得财富更重要，这引起了关于收入分配问题的再思考和热议。

《21 世纪资本论》一书中认为，由于收入分配不平等现象从整体上看长期存在且根深蒂固，这说明资本主义市场经济本身一直存在系统性问题，且没有得到真正解决。基于资本收益率（*r*）与经济增长率（*g*）比较的事实本体分析，自资本主义市场经济诞生以来，劳动和资本的收入差距从总体上一直在扩大，几乎全部资本主义历史中的要素分配收入差距曲线呈现出“U”形状态。虽然二战的政治影响使劳动和资本的收入差距得到改善，但是由于极端的新保守主义经济思想的死灰复燃，劳动和资本的收入差距二战后一般总是恶化的。该书认为，在完善市场机制的名义下，实际上的结果是资本的收益率大于经济增长率①。因而对那些原本的高收入群体更容易使其资本收益高于经济增长率，同时，由于财富继承者的储蓄和资本收益增长快于经济增长，就出现了继承财富增长对劳动财富增长的主宰格局，资本占国民收入比率将从目前的500%持续上升到21 世纪末的700%，财富差距将会越来越大。该书认为，尽管在两次世界大战期间，由于战争和稳定国内社会的需要，政府不得不出台一些客观上有利于缩小分配差距的政策措施，但并不能认为，不同阶层的博弈与争斗决定收入分配不平等演变的历史进程。因为，从根本上说，资本主义市场经济的内在缺陷一直并没有克服②。

---

① 武晓光．按要素分配理论的演变[D]．石家庄：河北师范大学，2016，5．

② [法]托马斯·皮凯蒂．21 世纪资本论[M]．北京：中信出版社，2014：22．“有一个强大的机制在交替性地推动着收入与财富的趋同与分化。此外，那些长期存在的促进不稳定和不平等的力量并不会自动减弱或消失。”尤其是，尽管劳动者“知识和技能的扩散对于整体生产率的增长和一国内与各国间不平等的削减起着关键性的作用”，但是，“无论传播知识和技能的力量有多么强大……它都可能被强大的敌对力量阻挠和击溃，从而导致更大的不平等”。

总之，《21 世纪资本论》一书，以超出库兹涅茨分析的方法和数据，进一步揭示出要素报酬不平等的更广阔图景。尤其是与劳动分配相较而言，资本分配是极端不平等的。因此，即使市场本身具有制约资本机制的作用（如风险、经济危机、回报率递减、人力资本的地位上升等），但考虑到它需要的漫长周期和巨大代价，很难说市场经济能够有效调节收入不平等。

第二节　马克思主义经济学的分配理论

马克思主义经济学的分配理论博大精深，包括利润、工资、利息、地租理论等在内，深刻研究了资本家这一集团内部相互之间、资本家与工人之间的分配关系，其中，利润、工资理论成为剩余价值理论的补充和完成，尤其值得重视。

一、收入的源泉与分配原则

马克思主义经济学把收入划分为利息、地租和工资三个部分，这取决于生产过程的要素结合，其源泉分别是资本、土地和劳动。劳动力（不是劳动）价值转化为工资，资本家与工人之间的分配关系得以界定；剩余价值转化为利润、利润转化为平均利润之后，产业资本家、商业资本家、借贷资本家、地主以产业利润、商业利润、利息和地租形式参与资本主义分配。收入源泉的不同，进而导致收入性质、份额的不同，阶级的形成是资本主义社会条件下经济规律发展的必然结果。

收入分配的方式及其所反映的分配关系，是和特定的历史条件相联系的资本主义生产关系的组成部分。由于所有制以及生产对分配的决定作用，资本家凭借对资本的占有在收入分配中具有主导地位，劳动对资本具有依附关系。在资本主义生产关系中，资本家是资本职能的物质承担者，而资本的职能是榨取剩余价值，资本主义制度下虚伪的人际关系的本质就是由资本决定的赤裸裸的物化关系①。就基本趋势而言，资本主义分配关系内部存在不可调和的矛盾和对立。

二、马克思主义经济学的工资理论

马克思主义经典作家在《资本论》《哥达纲领批判》《共产党宣言》中阐明了其工资理论。尤其是，虽然资本主义社会总是把工资当作劳动的价格，这种“直接地自发地作为流行的思维形式”是靠不住的，因为工资的本质即劳动力价值“只有通过科学才能揭示出来”。在资本家同工人的买卖关系中，工人出卖的是劳动力而不是劳动，劳动力成为商品，工人创造的补偿自身劳动力价值耗费的部分，表现为工资。

从“资本是一种生产关系”的角度看，同任何其他商品一样，劳动力的价值也是由生产和再生产这种特殊物品所必需的劳动时间决定的。在这方面，工资的形成与决定受市场规律如供求规律和竞争规律共同制约和影响。更重要的是，工资水平的决定基础是劳动力价值。尽管劳动力供求关系引起工资水平的波动，但存在一定界限②，同时，相对过剩人口与工资决定密切相关。资本主义生产方式的发展中所必然存在的相对过剩人口规律③，造成可供支配的或失业的雇佣工人薪水低廉、数量众多，以及低于平均工资的生产部门持续存在。

---

① “分配关系，从而与之相适应的生产关系的一定的历史形式，同生产力，即生产能力及其要素的发展这两个方面之间的矛盾和对立一旦有了广度和深度，就表明这样的危机时刻已经到来，这时，在生产的物质发展和它的社会形势之间发生冲突。”［德］马克思. 资本论：第3卷［M］. 北京：人民出版社，1975：999.

② 中共中央马克思恩格斯列宁斯大林著作编译局，编译. 马克思恩格斯选集：第1卷［M］. 北京：人民出版社，1995：356.“劳动的价格是由生产费用即为创造这一商品所需要的劳动时间来决定的”，生产劳动力所需要的劳动时间，“是由生产、发展、维持和延续劳动力所必需的生活资料的价值决定的”，不过，“劳动力的价值规定包含着一个历史的和道德的因素”，可能使工资变化具有较大的伸缩性。但是，随着资本主义市场经济过程的发展，“资本增长得越迅速，工人阶级的就业手段即生活资料就相对地缩减得越厉害”。

③ 在资本主义社会，过剩人口与生存资料绝对量没有关系，而是和相对过剩人口的再生产条件有关。相对过剩人口成为资本主义生产方式存在的一个条件，这就是资本主义生产方式所特有的人口规律。

第三节　马克思主义经济学与西方经济学分配理论的异同

一、马克思主义经济学与西方经济学分配理论的区别

首先，马克思主义经济学与西方经济学分配理论的立场与分析角度存在差别。

从一般分配关系来看，西方经济学的按要素分配理论的前提是私有制的合理性、必然性，特别是认为资本主义制度是永恒的，该制度内的经济关系是公平的，从而滥用市场竞争的逻辑和数理分析的方法讨论分配问题。由于在西方经济学中的生产要素不仅是劳动，还包括资本、土地、企业家才能等其实并不同质的一些经济要素，所有经济要素参与分配的合理性正在于私有制，而要素之间的分配关系之效率是出于市场有效竞争而实现的。例如，在与工资基金理论的争辩中，克拉克说，“劳动者和资本都能自由地在各个团体间转移，从而使任何一个团体的劳动者都可以分享任何其他团体劳动者的所应该享有的特殊报酬。在不同的行业之间，利息和工资都趋于一致”，仅仅从工业化和市场经济一般讨论分配问题，其背后的分配伦理具有极大的缺陷。但这种公平与效率只是表面的公平与效率，因为资本主义条件下要素占有不平衡、加之资本所具有的强势地位渗透到社会再生产的几乎所有环节，就会导致不公平的长期累积，收入差距必然存在并持续拉大，并造成各种危机。再如，凯恩斯经济学研究的是收入分配、货币供给和经济增长以及就业之间的相互作用及影响，库兹涅茨曲线研究的是收入分配差距和经济增长的相互作用，理论基础与方法不同，但都试图从要素占有和分配角度出发，把收入差距过大当作在短期内出现的由于经济发展不充分、市场竞争不均衡导致的暂时问题，幻想其必然会在发展中自发解决。从基于事实的研究范式看，尽管库兹涅茨通过采用发达国家发展的数据似乎证明了这一点，但被皮凯蒂的研究所证伪。由此可见，尽管西方国家逐渐建立了二次分配机制如社会保障制度等，通过政府

宏观干预在解决收入分配问题上也取得了一定的成效，但是只要资本主义制度不变，这些矛盾就将长期存在并不断恶化。

马克思主义经济学的收入分配理论是从本质层次，动态与静态分析结合、辩证分析与实证分析相结合来展开的。收入划分为两部分：工资和剩余价值，但二者并不是独立的、对称的和同时决定的。由于通过劳动的二重性等，工人阶级创造了价值和剩余价值，但由于资本主义私有制下价值规律的作用，仅能够获得自身维持生计和繁衍后代的基本补偿，其中被资本家无偿占有的剩余价值，就是资本家阶级对工人阶级的剥削，它并不受资本家之间可能存在的竞争的影响。微观层面的资本劳动关系不合理，意味着资本主义初次分配的巨大不公平。总之，在资本主义市场经济条件下必然存在工人阶级和资产阶级的对立。随着资本有机构成的提高，加之资本主义基本矛盾积累和经济危机的周期性爆发，工资收入难以适当增长造成（正常工资是由工人劳动力价值或最低限度生活资料决定的，技术进步等生产力发展的成果都以利润的形式作为剩余归资本家阶级）缺乏分配公平正义既是资本主义经济发展的必然结果，又反过来推动资本主义内在矛盾的进一步发展。

其次，工资这一具体分配形式的理论阐述具有本质差别。

西方经济学工资理论对相关经济现象进行表层描述和分析，缺乏科学的理论基础。比如，西方主流经济学边际生产力工资理论认为工资决定于工人的边际劳动生产率，谈判工资理论则从流通领域入手，分享工资理论认为工资决定于臆想抽象的分享基金，效率工资模型更是荒谬地把就业工人工资提高与社会性的非自愿失业对立起来。这些分析的基本视角是错误的。从其源流来看，在古典经济学中，作为对穷人现有状况的观察，工资被认为决定于维持生计的水平（重农学派的杜尔阁等认为，工资之所以处于维持生计的水平上，是因为工资升降会影响人口和劳动力供给）。马尔萨斯提出了虚妄的“人口规律”，荒谬地臆测工资与人口增长和失业的所谓“规律”。当代西方主流经济学则立足于边际和均衡分析，继续歪曲掩盖价值创造的真正源泉，从根本上否定了工资作为工人劳动力商品价值的本质属性。这些理论试图以人口增长、失业周期性变化来解释工资运动规律，其分析思路与方法更是存在严重缺陷。

马克思主义经济学认为工资的本质即劳动力的价值，劳动力价值的转化形式工资虽然可能表现为给定的“生存工资”，但揭示了工资变动的真正规律。在资本积累理论中，资本有机构成不断提高作为规律是极其重要的，由于可变资本相对减少甚至更快下降，工人被迫成为失业人口，且工资面临下降压力，进而导致工人阶级至少持续性相对贫困，这构成了解释资本主义工资变动的长期基本因素。

二、马克思主义经济学与西方经济学分配理论的联系

马克思主义经济学与西方经济学分配理论在分配对象、影响与变动规律等方面有一些可沟通之处。比如，两种分配体系均强调对社会新增价值的分配；西方经济学除了按要素分配新增加价值之外，还需要使用税费、转移支付等实施社会财富的再分配，马克思主义经济学也强调基于新价值（$V+M$）的社会分配；二者都承认生存工资的存在，都对人口规律与工资变动趋势的关系作了大量探讨。但是，西方经济学更多地强调劳动力要素市场的局部均衡分析或引入派生需求概念的一般均衡分析，局限于交换领域。马克思主义经济学一方面通过劳动价值论解释工资，但也认为工资受市场竞争和供求关系的影响，围绕劳动力商品的价值上下波动。这些分析路径有一定的互补性。

从分配的影响上看，这两种分配理论也有相通之处。例如，两种分配理论都强调促进社会扩大再生产的进行。西方经济学强调私有制特别是要素所有权的充分激励，通过市场协调以追加的要素投入促进生产扩大。马克思主义经济学则认为，在社会再生产和分配中，以公有制为基础的按劳分配，可以以必要扣除等方式，根据扩大再生产需要追加投入要素，生产可以在有计划、按比例的基础上，在扩大的规模上更有效率地进行。需要探索的是社会主义市场经济条件下以上两者的结合方式。

从价值创造与价值分配的关系看，两种分配理论以价值创造的源泉为

根据，说明一种分配方式是否具有公平正义性。西方经济学背后之私有财产神圣不可侵犯的意识形态是其规范基础，以及各种生产要素都参与价值创造的观点固然是错误的，但正是在对其批判中，马克思主义经济学科学论证了劳动的价值创造，以及与私有制、资本主义生产关系的背离，揭示了资本主义制度的历史局限性。另外，随着生产力的发展，市场经济条件下各要素的作用需要辩证看待和动态调整，特别是在社会主义市场经济阶段，“知识、技术、管理和企业家越来越成为经济增长的决定性因素……资本收入与其他要素收入一样，仅仅是要素所有权收入而已，不存在谁剥削谁的问题”①，以公有制为主体、多种所有制经济共同发展的经济制度与现代市场经济的不断兼容，使得各生产要素共同作用并经过市场检验和实现的分配关系具有合理合法性，这为探讨两种分配理论的可能联系提供了现实背景。在这方面，西方经济学对于供求关系及工资等的理论与实证分析，有助于社会主义市场经济条件下分配问题的解决。

第四节　马克思主义经济学与西方经济学分配理论比较的结论

一、既要研究按劳分配方式的市场实现，更要根据生产资料公有制的决定作用，研究社会主义市场经济下按要素分配中如何更好地发挥政府作用，以达成公平正义的分配格局

收入分配问题是市场经济条件下长期普遍存在的基本问题，因为“分配规定了所有的经济过程”②，对于一国长期经济发展来说具有极其重要的意义。从事实本体的角度分析，在市场经济的历史演进中，生产要素的配置采取了市场配置方式，人们之间的物质利益关系转化成了商品价值联系

---

① 洪银兴.用科学的改革观指导国有企业改革[J].求是学刊,2004(11).

② [英]伊特韦尔,等.新帕尔格雷夫经济学大辞典:第1卷[M].北京:经济科学出版社,1987:939.

方式，社会财富的分配也采取了市场的价值分配方式，各要素通过市场交换的转换关系，逻辑地占有价值，参与财富分配成为一个不得不面对的客观事实。尽管这种转化是成为资本主义的必要条件，而且其本身有保留的但毕竟具有极大副作用（波兰尼《大转型》，2007），近年来西方经济学关于收入不平等动态关系的历史事实与大数据分析也证明了这一点。

马克思主义经济学和西方经济学根据不同假设从不同角度论述了收入分配问题，应在充分认识其根本差异的基础上关注其具有的一些互补性意义。首先，按劳分配的实现事实上要借助于市场机制。比如，按照社会必要劳动时间决定的价值量、按照市场评价折算不同类型的个别劳动或特殊劳动，决定企业之间的分配，而不是直接进行只有未来共产主义条件下才能进行的直接分配。其次，从生产资料所有权决定分配看，国家作为公有权的代表获得资本收益，直接决定企业的积累和消费比例，规范企业的奖金、福利等，就像企业主在报酬补偿中进行主观评价、战略评价一样，也是实现按劳分配的必要组成部分。但是，在社会主义市场经济条件下，公有制决定了劳动力不是商品，虽然劳动要素的配置需要采取市场形式，而且从现象上看，受到市场供求关系的调节。最后，即使在现代市场经济条件下，物质资本虽然只转移价值，但它毕竟是构成价值创造的必要前提。尤其是从激励角度来看，如果物质资本投入者得不到相应的报酬，他们将缺乏投入积极性，同样，生产力发展中其他各种推动要素及其相应主体不能得到相应回报也将缺乏积极性。那么，劳动者创造价值的能力无法由可能性转化为现实性。因此，按要素分配作为要素产权的经济实现，由于使用价值的团队联合生产性质，既具有激励要素使用效率的一面①，又具有社会历史文化方面的长期根源，正是现代市场经济的基本特征。

马克思主义经济学分配理论是与公平正义分配这个目标内在联系在一起的，但是，公平分配的实现形式不是永恒不变的，它是随着社会基本经

① 何雄浪，李国平. 论劳动价值论、按劳分配与按要素分配三者之间的逻辑关系[J]. 经济评论，2004(3).

济制度与经济运行制度所决定的生产形式和交换形式变化而变化的，才能实现收入分配的机会公平、分配过程公平、分配机制的透明高效等。因此，如果说按劳分配原则在社会主义市场经济中更主要是作为激发劳动者积极性而提出的，而不是追求脱离社会发展阶段的绝对收入平等①，因而需要借助市场机制实现，那么，按要素分配的实现绝不是自由放任，同样需要借助政府作用的更好发挥，以形成效率与公平正义并重的分配格局。

目前较大的收入差距问题，严重影响了我国社会主义的公平性，与市场在运行中的必然缺陷难脱干系。实际上，马克思早已指出，资本主义市场经济中生产要素按贡献参与分配只是形式上平等而内容上不平等。尤其是引起劳动者与资本家之间收入和消费水平形成了明显差距②，对此，一方面，要看到那些占人口极少数的富豪正是以社会主义初级阶段仍然存在的资本主义私有制为基础的，而不要被“垄断行业的暴利”等新自由主义观点混淆视听。另一方面，提高劳动报酬比重，改善收入分配秩序，缩小收入分配差距，尤其是深化初次分配领域的改革和更好地发挥政府、社会力量在再分配领域的作用，也与分配公平正义的实现密切相关。那些主张初次分配领域归市场、再分配领域才有政府介入的观点同样是错误的。

此外，围绕分配的种种制度与机制安排，还应从分配伦理角度综合考虑评价分配的标准公平、相关经济行为人贡献的社会认可甚至机会成本等因素。分配公平不应追求绝对公平，而是多维度比较的相对公平③。这包括：一个人将现在的利益与过去相比并展望未来时的公平感改善，即公平期待的乐观；在自身利益与他人利益变动对比中的自我平衡，即心理账户公平；个人劳动、创业、创新等动能的发挥得以实现与依靠他人、社会帮助的福利性分配的协调平衡等。

由于马克思主义经济学的分析远比西方经济学深刻，如马克思主义经济学生产理论强调利润是工资之外的一种剩余，强调使用价值生产中合作

---

① 魏众，王琼. 按劳分配原则中国化的探索历程[J]. 经济研究，2016(11).

② 于金富，李影. 生产要素按贡献参与分配与按劳分配的一致性[J]. 教学与研究，2004(9).

③ 魏杰，叶榕. 建立科学的经济利益和谐观[J]. 理论前沿，2007(9).

的重要性，强调劳动、创业、创新等动能的发挥，有助于劳动者获益和优化当前的分配格局。同时，马克思主义经济学事实与历史本体分析的结合，以及对西方经济学数量分析的有益吸收，自然使我们的理论建立在事实本体的收入分配实证结果之上，正是由于对于基尼系数等的深入分析，人们对收入分配恶化的忧虑被进一步体认，克服那些具有明显意识形态的辩护性讨论的局限性，对于收入分配改善的描述，使人们对共同富裕、共享发展的理念自然极为拥护与赞赏。

总之，在我国当前市场经济条件下，基于马克思主义经济学对于分配重要性的科学认识，重视分配公平正义难题的解决，也可以吸收西方经济学中关于收入分配差距与市场经济条件下经济要素占有不均衡或禀赋差异关系的观点（斯密就认为土地要素的分配是天意），加强中国特色社会主义政治经济学分配伦理建设。另外，发展马克思经济学的按劳分配观点，以及生产对分配决定作用分析，结合中国国情，探讨分配伦理的文化基础。首先，分配公平不能损害效率，因为“产业的繁荣决定了分配公平正义的空间”，回到平均主义时代既无必要也不可能；在激励劳动力这一生产活动根本动能的充分发挥时，探讨按劳分配市场实现形式的创新。例如，效率工资具有的信号传递和激励功能，又要探讨收入分配公平的各种实现形式。再如，最低工资和工资支付弱势群体保障制度、国企经理薪水封顶制度。以优化收入分配格局和宏观分配结构为目标，不断扩大中等收入阶层比例，改善收入分配秩序，在改革中实现初次分配领域的合理有序，在再分配领域既注重发挥政府作用，也注重发挥社会组织功能，实现共同富裕和共享发展。

二、马克思主义经济学基于人的全面发展，强调劳动的主动性、创造性和社会性，根本上远比西方主流分配理论把握了问题本质

马克思主义经济学拓展了斯密、李嘉图等的劳动价值论，尤其是阐明了劳动与物的要素的区别。相反，萨伊等资产阶级庸俗经济学家基于维系

和扩大资本家利益的视角，抹杀人的劳动和其他生产要素差别，不可能说明劳动者在财富生产中的根本作用与其在分配中的正确地位。这种片面性至今仍保留在西方主流收入分配理论之中。例如，虽然西方经济学也承认资本主义社会个人收入和生活水平所形成的明显差距，但主要将其作为规范经济学内容排除在实证分配理论之外，这种分配理论上见物不见人的错误所产生的有害影响，甚至超过了其生产理论的危害。因此，其贫困问题的解决也就缺乏相应的理论指导。

马克思主义经济学的分配理论的深刻之处，尤其是注重劳动在价值与财富创造中作用的劳动价值理论，更重视从制度层面保障人在经济发展中的作用。资本主义经济制度的特殊性决定了分享经济等美好理念缺乏制度基础，因此，构建既能体现社会主义公平正义理念，又能发挥分配激励功能的新型劳动与资本关系，是解决分配问题的重要途径。由于强调劳动的主动性和创造性，强调生产资料所有制对分配的决定作用，马克思主义经济学分配理论能够更好地与公平正义、更好地与效率提升辩证统一在一起。马克思首先说明了公平与平等的区别。所谓平等的分配，是根据人的自然需要、完全排除人们能力和活动的差别而进行的分配，即共产主义社会的“按需分配”，而按照个人能力计酬仍是以资本主义制度为基础的，即具有内容上的不平等和形式上的公平。但是，由于公有制企业中不存在资本主义社会那样的雇佣关系，劳动者的收入分配也取决于企业经济效益以及企业评价的劳动贡献，企业承担的社会责任也可以延伸到劳动者个人对于保障全体人民共同利益的共同责任，有效进行扶贫脱贫以解决弱势群体和贫困问题，也就成为公有制下分配理论的重要延伸。而且，从更好发挥政府作用角度看，借助于市场机制实现按劳分配需要政府支持，规范收入分配秩序，并实现合理的收入分配格局。这说明按劳分配的实现中更好发挥政府作用具有与公平正义契合的制度基础。此外，还有重视社会组织在公平正义分配中的重要作用。

作为市场经济发展在一定历史阶段的必然产物，按劳分配采取市场化实现方式。在社会化大生产和技术进步条件下，劳动力的流动、劳动力的全面发展、企业与劳动者的经济利益相对独立性，提供了个人层次按劳分配借助于市场机制实现的制度基础和技术条件。市场运作中分散决策、信息灵敏、激励有效、治理灵活的优势，恰恰与强调劳动的主动性、创造性和社会性的论述相契合。比如，建立和完善工资的正常增长机制，扩大中等收入者比重，其中按劳分配采取市场化实现方式具有广阔的探索空间。此外，即使对于非公有制经济而言，也要明确劳动者必要劳动范围的扩大，以随着社会经济发展水平而不断提升工资水平。

总之，在发展为第一要务的前提下，把共享共建相结合、构建真正符合广大劳动人民根本利益的收入分配理论，马克思主义经济学奠定了坚实的理论基础①。

三、对西方经济学分配理论的批判

马克思主义经济学的一个重要任务是对西方经济学分配理论加以批判。这里主要指出两点。

首先，西方经济学的要素分配理论一直缺乏坚实的理论基础。从理论分析角度看，在新古典理论中，资本是一种普遍性生产要素，但是，作为一种有形抑或无形的投入要素，资本具有不可忽视的异质性。因此，如果把用于投资的各种具体物品看作一种同质的生产要素，或者独立的边际生产力范畴来决定分配数量，将存在严重缺陷。类似地，劳动等生产要素也是不同质的。

其次，西方经济学实证分配理论从事实分析角度看，虽然揭示了收入分配问题是普遍性、长期性的，但不能正确分析其根源。库兹涅茨的“倒U形曲线假说”一度成了现代主流经济学支持资本主义市场经济分配效率的证明，但却日益受到怀疑。尤其是2013年，皮凯蒂对资本主义经济近三百年的收入分配数据的分析指出，收入差距缩小（对应于库兹涅茨分析的时段）相对于几百年的分配演变的趋势来说只是一种特例，同时广大发展

① 王璐，杨庆丰. 论价值与分配理论的争论：古典和新古典[J]. 经济评论，2005(3).

中国家的分配不平等程度状况一般更差。由此可见，资本主义经济的收入分配问题是普遍性、长期性的。需要说明的是，导致这种现象出现的根本原因，既不是库兹涅兹局限于事实的有限归纳，也不仅仅是皮凯蒂所列举的现象层次的其他因素，而是马克思主义经济学所揭示的资本积累过程中，资本有机构成的提高导致活劳动的异化、产业后备军的成长等深层次因素，对工资变动造成的向下压力才是资本主义分配长期恶化的真相。

总之，在分配理论中坚持马克思主义经济学传统，在与其他社会科学加以沟通的基础上，从分配与政治、规范和道德的关联性中进行创新综合，从社会立场和人类发展的立场，才能够对新古典经济学的庸俗观点加以深刻批判。

四、从不同时期不同学派的西方经济学工资理论中获得启示

作为一个基本的分配变量，随着现代市场经济的发展，工资的决定过程愈加繁杂，工资决定理论本身需要从抽象和具体两方面不断发展。在这方面，西方主流经济学更多解释的是微观层面生产要素市场运行，马克思主义经济学的分析更为本质、历史和深刻，但也可以适当吸取西方经济学所长，以发展中国特色社会主义政治经济学的工资理论。

第一，现代市场经济的发展出现了一些重要制度变化和资本主义生产关系的“异质性因素”，客观上有利于改善工人的地位和工资变动。以“经理革命”为标志的企业制度的调整、深化和发展，人力资本理论的出现，工会组织力量的在波动中有所加强等，导致工资决定中维护劳动者的利益变为时代潮流。因此，基于公平和发展维度的考量，工资分配必须不断确保劳动者生存和发展的需要，通过实现按劳分配与发挥劳动力要素作用的制度创新，如分享经济等，对于中国实现包容性增长和中国梦也有一定的启示。

第二，从企业、社会组织和政府三个层次，完善社会主义政治经济学的分配理论。

比如，工资决定必须有助于实现其激励约束作用，而不仅仅是要素贡

献的补偿。因为激励已经作为现代微观经济学的焦点，甚至与资源配置效率相并列和融合。比如，西方经济学的效率工资理论把高于均衡水平的效率工资看作基于生产效率提高的制度安排，把失业看作实现效率的必要条件，这既有分化工人阶级、美化和歪曲资本主义生产关系的庸俗成分，也有反映市场经济条件下针对不完全信息经济行为人合理调整的一面，不应全盘否定。

第八章　马克思主义经济学与西方经济学消费理论比较

消费在经济运作中的终端地位以及人们的社会经济关系，决定了它在经济学研究中的重要地位。对马克思主义经济学与西方经济学有消费理论加以比较研究，有助于我们对马克思主义经济学与西方经济学有更深刻的了解，这不但有丰富马克思主义经济学理论的意义（消费是广义生产的组成部分），而且对思考当代市场经济发展中各种消费问题的新动向具有一定的借鉴价值。

第一节　马克思主义经济学的消费理论

在马克思主义经济学中，曾经一度有人认为，对生产、分配和交换的分析研究，也就同时包含着消费关系的问题，消费关系可以不作为一个问题加以研究。但是，正如恩格斯所言，市场经济中“竞争的实质就是消费力对生产力的关系”①，而在社会主义市场经济的发展中，除了投资、积累与消费的关系重要性不断增加外，消费本身更受人民群众关心，在发展理念等方面的重要性也不断凸显。事实上，探讨消费问题涉及自然的、物质的、社会的、文化的等不同方面，是理解社会主义基本经济规律的需要。在《资本论》《哥达纲领批判》《政治经济学批判》等经典著作中出现了

① 中共中央马克思恩格斯列宁斯大林著作编译局，编译. 马克思恩格斯全集：第 1 卷[M]. 北京：人民出版社，1966：645.

不少有关消费的宝贵思想，对消费的论述许多时候穿插在对生产、分配、交换的论述中，具有重要价值。

马克思主义经济学对消费的研究主要结合生产、交换、分配等环节，在社会再生产的运动过程或经济基础中，在与生产力的矛盾运动中一起来说明①。生产、交换、分配决定和影响消费，但反过来消费对它们有反作用。“消费的需要决定着生产，同要素之间存在着相互作用。”② 消费的发展状况对于生产力、流通方式、分配方式具有不证自明的内在联系。因此，社会再生产各环节是相互联系的，其他三个环节都与消费密切相关。

一、关于消费的内涵、影响因素、消费观

第一，按照马克思主义经济学，消费可以分为与生产劳动和非生产劳动相关的生产消费与个人消费（有些古典经济学西方学者进一步区分了满足劳动力生存的生产性消费及超出其上的非生产性消费③），对于这种对消费的科学分类的理由，可以看到，生产消费是理解污染等发展方式的一个重要视角，而生活消费并非仅仅是满足个人生存或发展的物质产品需要，它在整个社会再生产环节中更是具有推动力和目的意义。从生产消费的社会属性看，生产性消费与资本增值过程是同一硬币之两面，作为生活消费的个人消费是社会再生产的终点或最终目的。因此，不同于资本主义经济以交换为中心，随着社会主义市场经济的发展，消费不仅是为了满足人的需要或欲望的享乐，而且是人的道德意志或智慧得以发展的必要条件。

第二，马克思主义经济学认为，影响消费的主要因素是多种多样的。

---

① 在生产的决定作用上，“生产媒介着消费，它创造出消费的材料”，消费受分配、交换的影响，“分配借社会规律决定生产者在产品世界中的份额”。分配（可分配物品的数量质量、分配方式以及分配关系）对消费具有直接影响，因为决定消费的最直接因素如收入，是生产关系在分配关系上的必然延伸，受到工资规律、剩余价值规律的直接支配。再次，“交换只是生产和由生产决定的分配同消费之间的媒介要素”。交换方式的效率及其背后的交换关系，对消费具有深刻影响。中共中央马克思恩格斯列宁斯大林著作编译局，编译. 马克思恩格斯全集：第46卷（上册）[M]. 北京：人民出版社，1979：28.

② 中共中央马克思恩格斯列宁斯大林著作编译局，编译. 马克思恩格斯全集：第46卷（上册）[M]. 北京：人民出版社，1979：37.

③ 丁培荣. 马克思消费理论研究及其启示[J]. 福建论坛 · 社科教育版，2008（S1）.

这包括分配制度（不合理的分配制度导致分配结构失衡、社会消费力不足）、生产结构、收入水平与消费预期、价格、自然、历史、人口、文化等因素，由消费主体、消费客体和消费环境等要素的辩证关系所决定①，这些要素的相互关系及其运动规律服从于社会经济发展的一般规律，又具有相对独立性，对生产力发展具有重要影响。资本主义市场经济中远不能实现消费主体、消费客体、消费环境的有效结合。例如，由于工人阶级雇佣劳动的本质没有随着资本主义生产劳动过程的变化而改变，资本主义国家获得合法性的竞选需要迫切，以及广告和媒体史无前例的刺激、引导和哄骗，总是出现各种各样的消费异化（如消费者权益不足，过度追求奢侈品，被住房、医疗等主宰的消费信贷膨胀等）问题。

第三，在资本主义社会中，存在服从于其生产关系的各种消费观念。以所谓为消费而消费的消费主义观念为例，资本家想尽一切方法激发工人的消费（例如，人力资本概念由于其工具性在一定程度上就具有类似成分），促使工人产生新的需求并形成一种非理性的消费方式。与此相反，马克思主义经济学则主张适度消费，既明确反对禁欲，又反对奢侈浪费。作为绿色消费观念的理论先导与基础，主张把生态环境需要作为最重要的需要，倡导免除环境污染，又反对唯生态论的空想的自然中心主义，主张适度消费和绿色消费是其现代意义的重要体现。科学技术迅速发展，智能化、网络化趋势中人的消费力空前提升，科技发展在消费中的资本主义运用方式不仅意味着其生产消费中化石能源的过度利用，全球气候变暖等资源环境风险和危害增加，而且意味着生活消费中工人阶级被更有效地剥削，资本家消费前所未有之穷奢极欲，破坏生态平衡而不仅恶化消费环境甚至使生存环境酿成生态危机，成为当代世界资本主义总危机的一个组成部分。

二、关于消费在社会再生产过程中作用的辩证论述

马克思主义经济学提出了“消费生产着生产”和“消费的需要决定着

---

① 尹世杰.“消费力经济学”大纲(初稿)[J].消费经济,1994(1).

生产”的理论，还着重说明了消费拉动经济增长的路径。在马克思主义经济学中，不仅有关于生产力而且有消费力概念的精辟论述①，如果把广义的生产力分为生产力（狭义的）、交换力、分配力和消费力，（狭义的）生产力是决定性的。另外，消费力又具有相对独立成分和异质性，与生产力辩证统一，因提高和萎缩反过来影响生产力，消费力的发展是生产力发展的重要组成部分和途径。同时，消费力也与交换力、分配力（交换和分配的物质条件及其运作等）具有密切联系。

马克思主义经济学重点分析了资本主义社会制度下生产与消费的矛盾，并在一定程度上与危机理论等相融合，因为资本主义方式必然加剧生产过剩与消费不足的矛盾，虽然在资本主义以前的社会形态下也存在消费不足的问题，可是，“只有资本主义的生产形式才使群众的消费不足达到危机的地步”。此外，马克思主义经济学对社会主义制度下生产与消费的关系等重要问题作了精彩阐述②。

第二节　西方经济学的消费理论

西方消费理论涵盖了经济学、社会学等学科的相关论述，包括不同理论派系的不同观点。从历史来看，古典经济学、新古典经济学、当代西方主流经济学等都对消费理论作了重要论述。

古典经济学消费理论具有一些有价值的消费思想，如斯密曾经抨击奢侈消费，指出“有钱的人沉湎于所有各种卑鄙无耻、肮脏的肉欲，花的是批发商和零售商的钱”。萨伊通过分析生产与消费的关系，将消费分为生

---

①　洪银兴. 马克思的消费力理论和扩大消费需求［J］. 经济学动态，2010（3）.

②　中共中央马克思恩格斯列宁斯大林著作编译局，编译. 列宁全集：第 4 卷［M］. 北京：人民出版社，1963：44.“一定的消费状况乃是比例的要素之一”。

产性消费、非生产性消费、个人和公共消费几种类型①。作为庸俗经济学家的萨伊提出的这些认识尽管有局限性，但其揭露资产阶级奢侈腐败的论述，也具有某种积极意义。

新古典微观经济学消费理论是指“边际革命”之后出现的基数效用论和序数效用论，新古典经济学对个人的消费行为进行了全面的探究，提出了系统的消费理论。早期的基数效用消费理论强调效用概念的重要性，以推导获得最大享乐的条件。但是，始终面对消费者心理感受难以计量的现实。20 世纪初期，新古典经济学家提出的无差异曲线重新阐述了序数效用最大化问题。由于放弃了对经济行为的动机的考察，试图缓解效用测量难题②，并且摆脱社会人特性而无须考虑与消费相关的市场伦理和道德问题。从实证方面看，则发现了所谓恩格尔定律，其被称为“在研究经济资料所得出的所有规律中，恩格尔定律也许是最可靠的”。继承这一传统，现代主流消费理论中随着计量模型、数据收集和实证检验不断改进③，许多经验研究在对消费经验事实尤其是可量化方面的研究，丰富了对预期收入变动、利率、财富等因素影响消费之类型和机制的理解。

在新古典主流经济学的经济人假说遭到猛烈批评之际，出现了所谓较有弹性解释的新消费理论，贝克尔对“利己的经济人”进行了修正。这包括无须假定个人偏好随时间推移而变化，而是引入时间价值；“效用函数”拓展为涵盖人们可能追求的多种目标或利益。抽象的经济人变为生活于现实社会中的人。但这种修补的作用极其有限。

近年来，行为经济学的消费理论提出了说明自私人假设无效的实验证

---

① 其中，非生产性消费又分为：满足实际生活所需的消费（关系到人类生存、健康与满意的需要……从整个社会来看，实际需要的满足对社会的重要性大于虚假需要的满足）、对质优商品的消费、集体消费（针对工厂、学校等人口众多单位的消费）、符合道德标准的消费（不道德的消费是“个人的浪费与放纵，以及国家完全为报仇所进行的战争”）。

② 参见蔡彤，颜鹏飞. 消费理论中人本传统的回归：从古典、新古典到行为经济学[J]. 消费经济，2009(2).

③ 例如，迪顿根据消费者选择公理提出了几近理想的需求系统（AIDS），更好地分析了消费数据加总问题，并以基于事实的数据分析对生命周期假说和持久收入假说加以质疑。沈毓赟，刘子兰. 安格斯·迪顿对消费经济学的贡献［J］. 经济学动态，2015（12）.

据，依靠这种方法突破，进而强调互惠、社会的利他偏好、跨期消费选择、参照依赖偏好等因素，从而对消费行为作了更全面的描述（或者说使其更符合人的真实消费行为模式）。在心理账户等概念的基础上，重点研究影响消费的路径、历史和轨道，揭示了新古典经济学中的预期效用理论、沉没成本等概念难以解释的诸多消费问题。比如，从认知心理学和前景理论的角度，论证了消费者偏好不一致问题或偏好逆转现象，表明新古典的期望效用理论和理性预期理论只具有抽象意义上的价值。因此，利益这一抽象术语在描述人们的行为时具有局限性，需要考虑多种心理因素，如公平、认知偏见、决策情景等。行为经济学的消费理论在每个消费者的偏好、推理和计算能力不再相同这一更现实假定下推进了消费理论的研究。在此基础上，阿克洛夫则认为行为经济学所说的心理账户与社会规范是一致的，在效用函数中应该包含规范（人们的地位及其对自己的认知）①，这就使消费理论具有一定的社会学成分。

西方社会学中的消费理论，认为消费在很大程度上由人们头脑中的规范决定，将消费行为放在社会分层和社会结构的大背景下进行研究。例如，马克斯·韦伯在《政治社会中的权力分化：阶级、身份群体与政党》一文中提出的阶层地位消费假说，强调经济、声望、权力的“三位一体”综合标准，区分不同的阶级、地位群体、政党等社会“地质”分层。其中，韦伯尤其强调市场地位的重要性，尤其是消费方式导致阶级差别显性化，形成了不同的地位群体。经济条件，尤其是生活方式、消费模式、消费偏好，从而使社会声望不同的人属于不同的阶层。其中，生活方式是区别个人阶层地位的主要标志，但又非常看重经济地位的影响②。与韦伯相类似，制度主义者凡勃伦的炫耀性消费理论认为，现代社会中存在不从事生产劳动的所谓“有闲阶级”，与历史上享受闲暇作为炫耀不同，炫耀财

① ［美］阿克洛夫. 宏观经济学中遗漏的动机［J］. 比较，2014（2）.

② “财产的标准并不总是作为取得地位的资格，但是从长期来看财产却总是取得地位的资格……废除了明确规定的等级特权，即所谓纯粹现代民主制中，可能只有来自相近的纳税等级的家庭才在一起跳舞”。

富的最好方式是依托财富并交换荣誉，就是消费。从佳肴美酒、良马轻裘到购买爵位等不一而足，其特点是“浪费”“显眼”“装门面”“摆阔气”“买贵即买对”等，获得与自己的财富相当的社会地位，这样，个人消费实际上取决于所隶属的那个阶层的、公认的、合乎礼仪的标准，炫耀性消费是社会成员显示和维持其社会地位的必要手段。

当代西方宏观经济学主流消费理论出现于“凯恩斯革命”之后，包括基于相互依赖效用函数的杜森贝里相对收入假说，基于预期的费里德曼持久收入假说、基于费雪跨期选择分析的生命周期假说，以及霍尔的随机游走假说等①。一般认为，宏观经济学中早期消费的研究在凯恩斯之后主要是确定性分析，虽有发展但其缺少微观基础。杜森贝里的相对收入假说、弗里德曼的持久收入假说以及莫迪利阿尼等的生命周期假说，在合理的微观基础方面有一定的改善。后来，出现了更多考虑风险、理性预期概念等的随机游走假说、缓冲存货假说等。以内省、心理实验为基础的行为经济学不完全理性消费理论提出了个人控制弱化、延迟拖沓、心理账户、框架效应、评估偏差等假设，得到一些新的有价值结论，近年的研究如阿克洛夫等认为这些分析中漏掉了动机这一重要因素。在《新教伦理与资本主义精神》一书中，韦伯认为加尔文教徒是世界上最节俭的人，对他们来说，储蓄是生活的目标之一。这与生命周期理论的假设大不相同，津加莱斯等则用统计方法证明了韦伯的假说，宗教与储蓄的态度以及实际储蓄都相关，文化对于储蓄和消费的影响在统计上是显著的。这些分析朝向更广阔视野的消费研究推进一步，具有一定的启示意义。

---

① 方福前，俞剑. 居民消费理论的演进与经验事实[J]. 经济学动态，2014(3)；朱国林. 消费理论最新发展动态[J]. 经济学动态，2002(4).

第三节　马克思主义经济学与西方经济学消费理论比较

一、马克思主义经济学与西方经济学消费理论的差别

马克思主义经济学消费理论的立足点是唯物史观。首先，从“历史的现实的人”出发，从动态演进角度对资本主义社会产生与发展中的生产和消费关系进行了事实本体分析，尤其是重点对资本主义社会中生产和消费的矛盾关系进行专门研究，对私有制条件下消费的本质和必然缺陷加以批判，对其在社会再生产中的地位和作用有了更深刻的认识。在马克思所处的时代，古典经济学忽视消费理论的弊端开始暴露。马克思主义经济学立足于对生产、分配、交换和消费关系的辩证统一，以整个社会的消费为研究对象，对消费力、消费信贷、消费观等进行分析，彰显了其研究的科学性。从研究结论和立场看，马克思联系资本主义分配制度作为视角，对生产和消费矛盾对立的制度性成因进行剖析，全面表明资本主义社会本身所固有的无法根除的内在缺陷。

西方消费理论是以“经济人假设”为前提的。古典经济学一方面认为市场能有效配置资源，但更强调生产而忽视消费的引导作用。新古典经济学消费理论则依托“经济人假设”，着重论证消费者个人效用最大化。当代西方宏观经济学的主流消费理论，如生命周期假说进一步强调消费者追求一生或长期的效用最大化。但是，西方经济学中消费主体的差异性总是被忽视而消失，尤其没有分析工人与资本家阶级的根本不同。另一些非主流经济学则把消费看作表现性行为，与经济理性不存在一致性，但研究视角也具有明显的微观性。杜森贝里较为宏观的相对收入假说虽然以认同消费方式的社会属性为基础（示范效应），但与制度分析方法具有明显差异。虽然宏观经济学的主流消费理论必须研究总消费，但仍然以个体理性分析为基础推导加总的消费函数。但这种加总存在方法论上的困难，其研究视角具有明显局限性。从当代西方主流消费理论的发展脉络来看，其主线是

在研究各种收入对消费的影响，特别是仅就消费而谈消费具有一定的狭隘性，总是要在资本主义制度框架内寻求解决办法的尝试也一再失败。古典经济学消费理论妄称生产和消费会自动平衡但缺乏客观分析，新古典经济学试图通过研究消费者的效用最大化行为代替整体分析。凯恩斯的绝对收入假说已经注意到了消费不足的矛盾，但仍缺乏制度层面的科学分析。因此，西方消费理论抽象地、形式化地讨论偏好等，其解决宏观消费不足问题的药方难以成功①。

二、马克思主义经济学与西方消费理论的联系

马克思主义经济学和西方经济学的消费理论虽然在以上方面有重大不同，但在内容上也有相互补充的成分。

从方法论角度来看，因为方法论预设不同，两者在制度分析与个体分析方法上存在较大差异，但西方经济学消费理论与马克思主义消费理论都采用了理论本体和事实本体方法，尤其是以“历史的现实的人”为前提，马克思主义经济学的消费理论主要采用制度分析方法，对资本主义社会消费及消费结构等进行了科学深入的研究。相反，由于以“经济人假设”为前提，西方主流消费理论基本采取了非制度分析方法。虽然制度只是外生变量，但是应用经济计量学模型、心理学实验等方法对消费者行为进行有一定价值的定量描述，当代西方消费理论的研究视角非常强调微观性而缺乏宏观探讨。新古典经济学消费理论最为典型，虽然强调消费的理性化因素的确具有一定意义；以贝克尔为代表的消费经济学保留了新古典经济学的个人主义方法，从人力资本、社会资本相结合中分析消费偏好的变化，当代行为经济学以心理学实验为基础，引入心理账户等概念，以此归纳所谓决策原则来代替新古典经济学的消费最大化解释，经济社会学等尝试把资本主义制度作为嵌入背景，从文化、社会地位、规范等因素对消费问题

---

① 徐敏，张桂文，张大为. 马克思消费理论与西方消费理论的比较分析[J]. 海派经济学，2016(9).

进行新的研究，这包括在凡勃伦基础上分析消费的阶级差别，而西方宏观经济学家如阿克洛夫等不再把消费行为当作纯粹的个人决策，主张从动机等角度对个人消费进行引导和规范。这也标志着关注社会制度因素的理论进步，虽然远未达到马克思主义经济学制度分析的深度，但对理解资本主义消费类型的多样性也具有一定启发意义。

三、马克思主义经济学与西方经济学消费理论比较的启示

首先，挖掘马克思主义经济学的消费理论所具有的重要历史贡献与当代价值。

消费是生产关系和收入分配关系的反映，因此，马克思主义经济学的创新以市场经济中“历史的现实的人”为基础，从历史唯物主义的角度来研究消费。一方面，从历史演进的角度对资本主义社会以前、资本主义社会、社会主义初级阶段消费及其与生产、交换、分配的关系进行事实性研究，坚持和强化制度分析方法，从社会生产关系的辩证运动中，联系消费文化、消费伦理学等上层建筑因素的影响，宏观视角着眼，强化总量分析、结构分析方法，不断发展和丰富马克思主义经济学的消费理论。另一方面，马克思主义经济学并不排斥对个人消费行为的研究，在个人与社会的辩证统一关系中，强调以人为本，吸收西方经济学所采用的个量分析与定量分析方法的合理成分，加强对消费行为的技术分析和行为经济学分析（人的消费不应像新古典经济学那样被简化为狭隘的快乐，尤其是过度强调满足快乐的手段而忽视目的本身，因而是一种无论证的论证），与时俱进，推动消费理论创新。

比如，从消费力概念中不难衍生出共享发展成果的理念和范畴、条件，资本主义社会生产力与消费力的根本冲突在社会主义公有制条件下可以解决，因为社会主义经济发展目的是满足人民群众日益增长的美好生活需要，要求以公平与效率并重的分配制度为条件，克服把消费作为手段的生产理念，把消费的内涵从个人消费拓宽到公共物品消费、绿色消费观念的强化等，为绿色发展理念赋予更丰富的内容。把消费加总为需求，在经

济发展的动能转换中，重视消费需求的拉动。从马克思主义经济学看，消费需求是最终需求，也是对经济增长最可靠的带动。反之，在我国生产力发展已经进入中等收入阶段的新时代，消费数量和质量都发生了根本变化，且不断分化，尤其是中高收入人群的消费需求在国内无法得到满足，反过来加剧了国内中低端消费领域产能过剩。必须采取正确的消费政策，引导消费潜力的流向，才能更好地发挥消费升级对我国经济发展的基础作用。

在消费理论发展中要处理好剥离与融合的关系。一方面，消费理论应与马克思主义经济学再生产理论和经济危机理论适当剥离开来，但并不是像西方经济学那样发展为一个独立的理论领域，而是要与发展理论相融合。比如，消费是贫困这一发展失灵的度量，可以与脱贫扶贫的政治经济学分析相结合；绿色消费作为绿色发展的一个要素，可以与发展理念政治经济学解读相沟通。另一方面，要吸收生态马克思主义消费理论、西方马克思主义消费理论、新马克思主义消费理论的有益成分，在吸收融合中实现创新。比如，重视用生态理性来超越经济人理性，从社会整体角度强调以尽可能少的要素投入，取得尽可能优越的技术效益外，还要考虑环境效益有社会公共产品和服务的性质，既是人的需要的一部分，也同经济发展有着密切关系，从而树立“绿水青山就是金山银山”的生态理性标准，通过绿色发展尽可能好地满足人们的物质和文化需要①；考虑到消费需求的不断扩大、人口的增长以及某些非理性消费行为对环境的代际不良影响等，通过伦理与科技的双重进步来制约人的欲望，建立一种人、社会与自然的和谐关系。同时，在消费观的构建创新中，也可以吸收西方经济学对环境效益有社会公共产品和服务性质有用成分。充分认识社会产品的物质性消耗、社会生产的价值评价、人本质的确证、实现及升华三个层次的马克思主义经济学消费观，在其辩证统一中，从工具层次、价值层次、本质层次的逻辑层次升华中实现辩证统一。

---

① 蒋南平，谭琼.生态马克思主义消费思想对我国低碳消费的借鉴[J].当代经济研究，2016(6).

其次，辩证认识西方经济学消费理论的局限性与贡献。

一方面，要看到虽然消费作为资本实现价值增殖的当代形式在不断变化，但其从属于资本主义经济剩余价值规律的属性并没有变化。因此，资本主义经济中个人的消费偏好、内在需求和价值取向不断被市场与制度的各种技术手段（媒体、广告、时尚）所重新塑造和培植，只有服从于资本主义生产性逻辑的消费才是符合资本主义"进步"精神的[①]。在进步、发展、享乐等现代意识形态规定下，生产性仍然是现代资本主义消费文化精神下之大写的主体性，而表现为"生产"与"消费"矛盾冲突，资本主义扩大再生产的实现形式的本质属性总是在不断历史强化中，尽管其形式有各种变化。

另一方面，应重视消费对生产发展积极影响的当代分析，资本主义市场经济的消费面相也具有一些不断突破的因素，展示了消费创新推动生产发展的某些乐观前景。就静态而言，消费行为是极其复杂的，行为经济学等对于心理账户等分析，对于理解美好生活与消费行为关系的生理与心理维度具有重要启示，并不能简单从社会关系中导出。就动态而言，社会经济发展呈现出一种"消费—生产—消费"螺旋上升的发展循环，虽然企业生产的发展与创新的内在动机是企业所追求的利润最大化，但决定其成败的直接基本因素是消费者需求及其变化。西方经济学的消费理论在此具有片面的深刻性。例如，麻省理工学院管理学者冯·希普尔在《技术创新的源泉》一书中对若干产品创新案例的分析发现，在一些领域，创新的创新源是产品用户本身，这与熊彼特理论强调制造商的观点明显不同。同时，从宏观上考察消费能力、特征和状况对生产与创新的影响，使个性得到充分体现的绿色消费、"风格消费"等消费创新对生产创新具有重要影响。例如，迈克尔·波特出版的《国家竞争优势》（1990）一书，归纳出某个国家或产业要取得竞争优势的生产要素条件、需求条件等。这里的需求条

---

① 户晓坤. 当代"消费文化"转向研究——基于马克思政治经济学视角的分析[J]. 当代经济研究,2014(6).

件中包括规模和挑剔的客户等是基础，国际需求主要作为补充。这实际上是对消费影响生产发展的当代再发现。而中国由于消费需求结构长期升级滞后，实际上使落后产能过度发展已成为制约结构优化的重要问题，有一段时间我们曾经对消费的总量增长不足而忧虑，但事实上总量消费已经有很大改观，人民群众对美好生活的向往是生产力发展的必然表现，表现为个性化、多样化的消费需求，与生活质量提升相联系的现代服务经济、网络经济等的发展，为经济发展的新动能培育提供了广阔空间。如何实现消费需求的结构性优化，释放新需求，如何更好地把握个性化需求的规律，都可以在对西方消费理论（尤其是行为经济学消费理论）辩证分析的基础上加以吸收。

第九章　马克思主义经济学与西方经济学创新理论比较

马克思经济学的创新理论和西方经济学的创新理论在分析视野、分析方法、观察立场等方面有重大区别，但分析框架中的基本因子、作用机制有相通与互补之处。因此，对马克思经济学与西方经济学创新理论进行比较，归纳二者之间的区别与联系，有助于借鉴和吸收西方经济学创新理论中的分析方法及研究成果，澄清和排除其中的错误观点，构建符合时代特点和我国国情的发展中的马克思主义创新理论，进一步推进我国创新驱动发展战略。

第一节　马克思主义经济学的创新理论

马克思主义经济学的创新理论主要是以生产方式范畴为核心概念，得出技术创新基本原理和具体结论。其方法论是逻辑分析与历史分析统一的科学抽象法。

一、揭示了创新的内涵、主体、动力和条件

马克思把创新界定为：个别资本通过采用更好的工作方法、新发明、改良的机器、制造秘方等，以提高其生产力并得以在某一特殊生产部门内实现超额利润。创新是在通过专业化发展生产力的同时，把各要素有机地组织成生产力并获得超额剩余价值的过程，创新的实质是采用新的生产方式，是劳动资料和劳动条件的革命。创新有产品创新和工艺创新、既定生

产过程的技术合理化与一种技术向另外一种技术的转移①、劳动节约型创新与资本节约型创新，以及根据创新的环节将之分成类似于现代技术经济学所提到的产品创新与过程创新等区分。马克思认为，创新主体是多元的，包括工人、企业家（资本家）、职业创新者或科技人员（创新的驱动力是新奇性）、国家在创新实现中具有重要作用。虽然当时现代企业家在创新中的作用还没有充分表现，但马克思已经看到其在形成这一历史趋势中的重要作用②；由于采取历史分析方法，在论述分工、协作和机器时，马克思发现生产资料的集中及生产中的共同消费使工人的经验观察成为技术创新的原因；在企业主体与创新关系的论述中，马克思肯定了垄断厂商技术创新的必然性和小企业技术创新的灵活性；在资本主义发展过程中，科学因素被有意识和广泛地加以应用，职业创新者为探索科学的实际应用而互相竞争，发明和技术创新成为一种独立的职业；国家通过法律、法规、政策等对技术创新进行调节，以提高创新对市场和环境的适应性。

马克思认为，创新的内在压力和动力是资本家追求剩余价值的内在动机；资本主义竞争是创新的外在压力，以新技术为手段的竞争是市场竞争的重要内容，进而使市场需求成为创新的外在牵引力；劳资对立的阶级关系则从生产关系和基本制度层面提供了创新的制度压力。马克思还从消费者与生产者的对立统一关系中，进一步说明创新的外在压力，认为消费既是社会再生产的目的，又是社会再生产的起点。因而消费同样既是创新的目的，又是其源泉。马克思从历史角度进行长期分析和宏观分析认为，对以机器使用为代表的创新而言，社会消费需求的变化、消费结构的升级、消费模式的演变有助于提升技术创新的层次，是推动创新的基本力量。因此，消费需求是创新的直接契机和社会条件。

对创新所需要的条件，马克思强调经济制度、政治制度、文化制度的

---

① 任力. 马克思对技术创新理论的贡献[J]. 当代经济研究，2007(7).

② 在评价尤尔的《工厂哲学》一书时，马克思对“经理”和“工厂主”，即对企业家和资本家作出了明确的区分，指出经理阶层，即企业家是“工厂制度的灵魂”。任力. 马克思对技术创新理论的贡献[J]. 当代经济研究，2007(7).

制约与决定作用，而且关注国家创新政策和创新战略的重要作用。马克思分析了金融与信用制度对创新的支持作用，认为金融与信用制度促进股份公司形成，使技术创新的规模条件得以满足；金融机构对技术项目的筛选和风险管理，降低了技术创新的不确定性；证券市场克服资本积聚的有限性，便于企业筹集长期资金，增强技术创新能力。

二、关于创新过程的丰富论述

马克思认为，创新虽然“有利于整个资本主义生产”，但这是一个极为复杂的社会过程。创新不是随意发生的，具有明显的演进轨道特征，比如时间继起性和空间并存性等。一方面，创新的演进以技术、知识、人才的以往积累为前提；另一方面，创新的方向选择又具有环境适应性（适应人的偏好和市场需求）。在企业层面的创新过程中，生产资料的集中和共同的“生产性消费”使工人的经验观察成为技术改进的原因，形成基于集体学习机制的创新。新工具要经历一个适应工人使用要求的演变过程[①]，这说明和反映了创新社会属性的重要性，进而获得更多的利润，以及创新的扩散。

由于以唯物史观与辩证唯物主义为哲学基础，马克思主义经济学的基本特征是把创新看作一个自然历史过程，这一过程表现为一个上升曲线的社会进步过程。创新的内容涉及科学创新、技术创新、制度创新等方面，其中科技创新是创新的主要组成部分。科技积累为机器的发明、使用、改进提供前提和基础；反过来，直接生产上的科技应用又对科技具有决定和推动作用。创新不是随意发生的，而是具有明显的演进轨道特征或时间继起性。以技术、知识、人才的积累为前提，创新的方向选择又具有环境适应性。

---

① 机器结构也需要改进以与工人和资本家之间的阶级冲突相适应；反过来，工人对机器的改造与适应又要与机器结构、工人的身体要求相适应。与此同时，使用新机器的资本家改善了其相对剩余价值的生产，因而能够占有更多的剩余劳动，但是，由于率先创新的资本家要加快创新价值“再现于商品价值”的周期，因而“使用新的改良的机器，并廉价出售旧机器”，创新便开始扩散。同时，那些创新的模仿者并不会仅仅满足于模仿，而是必然会不断进行改良，这将使竞争变得更加激烈。这样，由个别创新而导致创新浪潮，使创新扩散，刺激创新不断出现，构成持续的创新过程。任力. 马克思对技术创新理论的贡献[J]. 当代经济研究，2007(7).

三、分析了创新对资本主义经济运行的影响

马克思对超额剩余价值、相对剩余价值生产进行了分析，指出采用改良的生产方式的资本家比同行业的其余资本家占有更多的剩余劳动（超额剩余价值），而且个别资本所做的就是全体资本在生产相对剩余价值时所做的。马克思指出了产品创新对于资本积累的重要性①：讨论了创新与经济发展的关系，认为制度创新与技术创新对经济发展都是重要的，尤其强调重大产品创新的作用②。因此，创新的技术一旦适应环境，就会对旧技术产生革命性替代，甚至摧毁世界范围内以旧技术为基础的产业与就业结构。

马克思还分析了创新与就业的关系，他从资本主义社会中劳资对立的制度特点出发分析了节约劳动型创新对就业的影响，尽管他也提出了资本节约型创新的概念。由于资本主义生产的普遍趋势是在所有生产部门中用机器代替人的劳动，劳动节约型创新导致资本有机构成不断提高，并伴随着无产阶级的再生产与失业大军的持续存在。马克思尤其认为，技术创新会推动制度创新，创新则是把技术与组织、生产力与生产关系之变迁联系在一起的中间变量。此外，马克思关于经济过程的研究也涉及制度变迁问题③，具有独特价值。

总之，马克思主要从生产力与生产关系、经济基础与上层建筑的矛盾

---

① 孟捷. 产品创新：一个马克思主义经济学的解释[J]. 当代经济研究，2001(3). “生产相对剩余价值，即以提高和发展生产力为基础来生产剩余价值，要求生产出新的消费；要求在流通内部扩大消费范围，就像以前（在生产绝对剩余价值时）扩大生产范围一样。第一，要求扩大现有的消费量；第二，要求把现有的消费推广到更大的范围，以便造成新的需要；第三，要求生产出新的需要，发现和创造出新的使用价值。”

② 比如，将带来分工和交换价值体系的内生性扩张，产品创新与新兴产业部门的建立，从质上扩大了劳动的社会分工体系，由此扩大了既有的交换价值体系，为资本创造价值提供了新的源泉；反过来，这种内生的市场创造与扩张又促进资本积累，使相应的资本与劳动游离出来，从而创造新的工艺过程或者生产部门。

③ 正如诺斯所言，“在详细描述长期变迁的各种现存理论中，马克思的分析框架是最有说服力的，这恰恰是因为它包括了新古典分析框架所遗漏的所有因素：制度、产权、国家和意识形态”。

运动中分析创新问题，这是一种长期的、历史的、动态的创新分析框架，有利于揭示创新的真正起源和历史过程。但他并没有把更多的注意力放在基本经济制度不变的前提下有关创新及创新制度的调整这类问题上，对短期的具体创新过程没有直接研究，也不可能运用现代分析技术对创新理论进行精细化处理和数理分析。

第二节　西方经济学的创新理论

西方经济学的创新理论以企业家创新理论、新增长理论、演进经济学和新制度经济学等为代表，提出了一些有价值的分析方法和研究成果。

一、对创新内涵、主体、动力和条件的分析

熊彼特认为，创新主要取决于企业家的天赋、动机、才干，创新行为就是以机会为中心的识别、探索、利用、决策、实施过程。创新具有间断性，是一个由新组合取代旧组合的变化过程，创新可以分为企业家间断创新与大企业持续创新。从生产函数和均衡分析方法出发，把创新界定为生产要素的新组合或生产条件的新变化，认为创新包括产品创新、工艺创新、市场创新、要素创新、组织和管理创新等。产业层面的变革常表现为突变式创新，主要通过引入新产品或新服务、开辟新市场而实现。而大企业往往具有竞争优势和市场地位，有条件按消费者的价值观念改进现有产品或服务，因而沿既定技术轨道进行渐进式创新。

创新的主体是企业家（德鲁克则把创新主体拓展到企业内部多个个体，技术创新理论则强调从个体到法人，以及法人之间的创新主体整合），创新是企业家概念的行为内涵，企业家是创新职能的人格化。创新的发生是因为经济中存在某种潜在利益，企业家创新的目的是获得这种潜在利益，企业家精神是企业家创新的主动力（但在主流经济学中，如边沁却把好奇心看作一个与享乐无关的肮脏的习惯）。熊彼特具体分析了创新的动力和阻力，指出由于在常规循环阶段，经济处于低水平的静态均衡或循环

流转中，创新不可能经过无数次的小步骤产生，必然经过积聚力量、摸索经验的准备阶段然后爆发。按照这种分析，作为一种变革的创新必然涉及利益的重新分配，在前一轮创新中的成功者本应利用其有利地位拓展创新，但由于既得利益和组织惯性，往往阻止下一轮创新，结果患上“成功的失败”综合征。而企业家型中小企业反而更可能抓住机遇。以柯茨纳为代表的新奥地利学派和以舒尔茨为代表的人力资本学派认为，创新主体可进一步拓展到家庭、农民、科技工作者，甚至消费者等，创新是具有多样性的行为概念，功能不仅在于打破旧均衡，而且包括通过自身积累的人力资本等对付不确定性而恢复均衡。现代创新理论认为，创新竞争主要是一种技术现象，并进一步识别出用户创新、制造商创新和供应商创新等类型，把创新区分为渐进式创新和根本性创新，技术系统变革和技术经济范式变革，结构性创新、空缺创造式创新等方面，这些不同部分都有重要作用。

新古典经济学从外部性概念出发，认为技术创新活动存在个人收益与社会收益的偏差，使个人创新的积极性大大降低。但是，鲍默尔在《资本主义的增长奇迹》一书中，运用产业组织理论的可竞争市场假说，结合长期宏观经济学范式中强调制度的传统方式和熊彼特的寡头垄断创新理论，强调资本主义或许不是最优的但却是现实的最优的技术进步体制。新制度经济学认为，虽然创新具有不确定性、高投入性和高风险性，但资本主义制度能提供承担风险与不确定性的有效制度安排，通过规范人们的行为空间，缩小模仿、“搭便车”行为的选择空间，为创新提供必要的社会秩序；通过降低创新过程的交易费用，巩固与扩大基于合作的创新基础①，使创新者的个人收益率、局部收益率接近社会收益率和整体收益率。任何国家在进行技术创新时都离不开有效的制度安排，改进技术的持续努力只有通过建立一套能持续、有效激励创新的制度才能实现。同时，创新与创业精神是基于一定文化价值观体系（非正式制度）而形成的，是文化等非正式制度与经济增长的中间变量。创新是“一种交互式的社会过程，体现为企

① 李玉虹，马勇．互动：技术创新与制度创新关系的理论比较[J]．经济学家，2001(1)．

业与其所在外部环境之间复杂的相互作用过程”。

二、对创新过程和具体机制的说明

以伦德维尔（Lundvall）和纳尔森（Nelson）的国家创新系统理论为基础，技术经济学范式认为，作为知识传播者的大学，作为组织者、引导者以克服市场失灵的政府，将商业活动和科技活动结合来满足顾客高级需求的企业，分别作为创新的主体、发动机和协调人，互相促进，既各具独特的作用，又处于广泛的合作伙伴关系之中，构成一种以沟通为核心的螺旋式上升的进化网络持续创新图景。其中，创新行为提供可供选择的对象，市场用货币投票进行选择者，政府维系和发展制度结构提供创新的动态治理机制①，这提供了一种理解政府在创新中作用的有效分析框架。新增长理论认为，创新过程和具体机制突出表现为技术进步的内生化这一核心命题，通过把资本积累与创新统一于内生增长模型之中，强调“干中学”、溢出效应、人力资本、收益递增等机制，对创新的影响因素进行了较深入的分析。阿罗把技术进步看作资本积累以及“干中学”的副产品，罗默则强调企业 R&D 投资的作用，宇泽弘文加入了人力资本因素，卢卡斯则提出以人力资本外部性为核心的增长模式。由于根源于厂商利润极大化决策行为而内生的不确定性、技术创新的规模报酬递增等因素，可以使技术创新被内生化。

演化经济学认为，技术创新的路径依赖具有一贯性和累积性。技术范例与基础性技术、技术诸变异体（不同发明和设计）、技术的不同发展方向和可能存在类似于生物物种间的竞争，与生存竞争相类似的市场选择机制使新技术得以产生和实现。纳尔森（1997）认为，技术进步是一个非均衡过程，存在较大的不确定性、路径依赖和调整时滞。创新是一种具有不确定性的个体现象，多种多样而千差万别，表现为一个“跳跃不定”的曲线，任一微小因素的变化都可能导致结果难以预测，形成所谓的“蝴蝶效

① 方卫华. 创新研究的三螺旋模型：概念、结构和公共政策含义[J]. 自然辩证法研究，2003(11).

应”，其中，渐进式创新主要基于以前技术的继承，通过现有技术的改进进行，是遗传意义上的创新（涌现）；突变式创新往往经过重大技术变革或根本性突破，是对以前技术的非线性继承（突变）。在这一过程中，技术演进会出现自我强化现象，使环境成为适合自身生存而不利于其他技术生存的生态场。首先出现的技术通常可以凭借先动优势，利用规模经济效应降低成本；技术的普遍流行导致的学习效率提高，导致人们采取相同技术产生的网络外部性；加之技术在市场上越是流行，越会使人们相信它进一步流行的预期自我循环效应，最终形成自我增强的循环积累效应。但创新又是系统的，企业决策、社会文化背景、制度和组织框架、监管体系、基础设施、创造和传播科学知识的过程等共同显示出不同国家创新的不同发生方式。因此，并不局限于科技、经济单维度或这两者的相互作用，创新从动态看是技术进步与应用创新纠缠的“双螺旋结构”。前者创造新的技术，而后者往往很快就会发现技术的极限，反过来促进技术的进一步演进。

三、关于创新绩效的描述

熊彼特认为，在创新的最初阶段不会有大量的创新竞争者，企业家在短期内可通过创新实现垄断，获得创新初期的垄断利润。但随着创新利润的不断增加，创新利润率会逐渐下降，以致消失。经济增长是量变，经济发展是质变，创新就是经济发展。由于创新是经济内部自行发生变化的结果，技术创新的创造性破坏带来经济发展。创新“不断地从内部使这个经济结构革命化，不断地破坏旧结构，不断地创造新结构。这个创造性破坏的过程，就是资本主义的本质性的事实”。实际上，有价值的竞争不是价格竞争，“而是新商品、新技术、新供应来源、新组织形式的竞争，也就是占有成本上或质量上决定性优势的竞争，这种竞争打击的不是现有企业的利润边际和产量，而是它们的基础和它们的生命”。因此，“持续创新—创造性破坏—结构优化—可持续发展”，实际上就是“创新”推动经济发展的基本逻辑。进而言之，“大量的创新不仅会对生产领域造成重大冲击，同时也会对更广泛的社会、体制和管理领域造成冲击……管理策略和体制环境上的变化，影响企业的成功和国家的发展”。同时，资本主义经济周期的形成是与创新直接相关的。创新或者“新组合不是人们依据一般的概率原理所期望的那样，在时间上均匀分布的”，而是“如果一旦出现，那就会成组或成群地不连续出现”，创新活动时而高涨，时而停滞，甚至倒退，决定了经济发展具有非均匀性或周期性。由于创新是经济内部自行发生变化的结果，技术创新的创造性破坏导致经济发展。熊彼特从经济史上农场生产设备、钢铁工业、电力工业的演变，说明新技术对旧技术产生的创造性破坏作用。

在关于创新与制度变迁的关系这一问题上，新古典增长理论和新增长理论虽然都认为（私有产权）制度是重要的，但制度与制度创新被视为外生变量，没有考虑技术创新、经济增长对制度变迁的影响。演进经济学认为，技术进步和组织变迁存在相互作用，正如纳尔森和温特所言，技术进步固然重要，但他们尤其强调，新的生产方式在向社会各部门扩散的过程中，会与社会制度框架发生不可避免的冲突①。按照新制度经济学和演进经济学的分析，在企业生命周期的不同阶段，创新对企业绩效的影响机制是不同的。例如，在企业成长阶段，技术创新形成的规模经济效应和成本优势促进企业规模扩大；在企业转型阶段，创新有助于扩大企业经营方向和规模调整的机会集，构成竞争优势的重要来源。此外，创新通过网络外部性、集体学习等机制形成行业层面的集聚效应和乘数效应②。新制度经济学家，如诺斯在考察西方经济发展时指出，生产力增长在很大程度上取决于制度的发展。另外，特别运用“成本—收益”和“供给—需求”框架，认为只有在创新预期收益大于预期成本时，创新才有可能，但主要分析技术创新对诱致性制度变迁的影响。

西方经济学中的创新理论是以资本主义市场经济制度为前提背景的，

---

① 孟捷，杨志. 技术创新与政治经济学研究对象的拓展[J]. 当代经济研究，2003(12).

② 纪玉山，吴勇民. 科技创新促进经济增长的微观机理与政策选择［J］. 经济社会体制比较，2007（5）.

主要从微观层面和短期视角，从创新的具体机制、不同经济主体的创新行为、成本—收益关系等层面分析创新问题，因此，在内容上和方法上都更加具体化、微观化和定量化。但西方经济学强调创新的目的在于试图说明资本主义制度是有效的，因而实际上把资本主义制度激励创新的动态调整能力给予了“包医百病”的虚妄地位。

第三节　马克思经济学与西方经济学创新理论的比较及启示①

由于时代背景和分析方法不同，马克思主义经济学创新理论与西方经济学创新理论的内容、结论也不同。但这两类理论体系中影响创新的基本因子和机制有相通之处。因此，在对马克思经济学与西方经济学的创新理论进行比较的基础上，应继承和坚持马克思经济学创新理论的精髓，借鉴和吸收西方经济学创新理论中的分析方法和研究成果，构建符合时代特点和我国国情的发展中的马克思经济学创新理论，为创新驱动战略提供更好的理论指导。

一、创新是协调生产力与生产关系、经济基础与上层建筑矛盾运动的一种重要手段和机制

马克思经济学主要从生产力与生产关系、经济基础与上层建筑的矛盾运动中分析创新问题，描绘了资本主义社会技术与制度变迁的浩大历史画面，其重点在于对历史规律、经济制度等整体宏观层面的把握。虽然资本主义制度与生产力的发展根本上存在对抗性矛盾，但在资本主义生产关系许可的范围内，通过制度、技术与管理创新仍可推动社会经济发展。创新的技术一旦适应环境，就会对旧技术产生革命性替代，甚至摧毁世界范围内以旧技术为基础的产业与就业结构。马克思主义经济学还在从微观层面

---

① 本节部分内容已发表，这里有较大扩充。

分析改良的生产方式对资本家获取超额剩余价值和相对剩余价值的作用后，指出创新在客观上使所生产的商品更加符合市场需求。重大产品创新将导致新兴产业的建立，带来分工和交换价值体系的内生性扩张，从质上扩大劳动的社会分工体系和既有的交换价值体系。反过来，这种内生的市场创造与扩张又促进资本积累，使相应的资本与劳动游离出来，从而创造新的工艺过程或生产部门。

西方经济学的创新理论以资本主义市场经济制度为前提背景，主要从微观层面和短期视角，揭示创新的具体机制和不同经济主体的创新行为。西方主流经济学论认为，企业家在短期内可通过创新获得垄断利润，进而通过规模经济效应和成本优势，获得企业规模扩大的优势地位；新增长理论强调通过网络外部性、集体学习等机制形成行业层面的集聚效应和乘数效应，这就使城市经济具有前所未有的革命性意义；演进经济学则认为，经济增长是量变，经济发展是质变，创新就是经济发展。由于创新是经济内部自行发生变化的结果，技术创新的创造性破坏带来经济发展。创新活动时而高涨，时而停滞，甚至倒退，决定了经济发展具有非均匀性或周期性。这类揭示现代市场经济运行规律性的成分对中国也有一定的借鉴意义。

例如，熊彼特的创新理论揭示出，经济发展中创新的本质在于创造性破坏，在我国构建创新型社会的过程中，社会主义生产关系与生产力发展之间并不存在对抗性冲突，但在经济改革与转型、开放的过程中，会出现各种新矛盾和新冲突，如果说创新是从旧的生产力体系向新的生产力体系转变，从科技创新到产业结构、部门结构调整，由于科技革命带来的根本性变化，也会伴随着就业、产业结构等内在困难，伴随着经济结构变化导致的社会利益矛盾。

根据马克思主义经济学社会再生产两大部类基本原理，一方面，妥善化解新旧生产力转换期的困难和矛盾；另一方面，按照按比例分配社会劳动规律的要求，探讨技术创新所带来的社会再生产不同部类比例关系的实现[①]，由此供给侧结构性改革来实现推动创新。

二、将企业家精神作为创新的内在动力、创新过程内部的影响因子及创新的外在推力

西方经济学创新理论的鼻祖熊彼特强调，创新的主体主要是企业家。企业家创新的目的是获得潜在利益，企业家精神是企业家创新的主动力。作为一种变革的创新，必然涉及利益的重新分配，在前一轮创新中的成功者可能由于既得利益往往阻止下一轮创新，结果患上“成功的失败”综合征。现代创新理论则识别出创新的认知障碍、行动障碍、模式障碍，以及社会发展滞后、不良制度环境的消极作用。后起的研究从历史角度对作为创新外在牵引力的市场需求进行长期分析和宏观分析，认为对以机器使用为代表的创新而言，社会消费需求的变化、消费结构的升级、消费模式的演变有助于提升技术创新的层次，是推动创新的基本力量。马克思主义经济学认为，创新涉及科技创新、制度创新、管理创新等内容，创新主体是多元化的，创新类型是复杂多样的，尤其是科技创新具有灵感瞬间性、方式随意性、路径不确定性的特点[②]，但创新的实质可以归结为是在生产方式和发展方式上的突破，是生产资料、生产工具与条件和劳动力自身的系统性革命。因此，实施创新驱动发展战略必须既大力激发尽可能广泛的企业家精神，又重视市场需求的外在牵引，同时不断克服创新过程中的各种障碍和阻力。

马克思主义经济学强调经济制度、政治制度、文化制度的制约与决定作用，分析金融与信用制度对创新的支持作用，关注国家创新政策和创新战略的作用。新制度经济学认为，虽然创新具有不确定性、高投入性和高风险性，但资本主义制度能提供承担风险与不确定性的有效制度安排，通

---

① 张俊山. 论马克思主义政治经济学在经济建设领域的应用[J]. 河北经贸大学学报,2017(1).

② 中共中央文献研究室,编. 习近平关于社会主义经济建设论述摘编[M]. 北京:中央文献出版社,2017:138.

过制度安排缩小模仿、“搭便车”行为的选择空间，巩固与扩大基于合作的创新基础，为创新提供必要的社会秩序。同时强调产权明晰是收益和成本界定的前提和基础，任何国家在进行技术创新时都离不开有效的产权制度，改进技术的持续努力只有通过建立一套能持续、有效激励创新的产权制度才能实现。创新与创业精神是基于一定文化价值观体系而形成的。这些分析虽有其立场局限但对于我国创新驱动战略也有一定的启示。

三、深化对于制度创新与技术创新对立统一关系的认识，从马克思主义经济学出发研究创新发展的本质与整体

马克思主义经济学把创新看作一个表现为上升曲线的社会进步过程。创新不同于单调劳动与模仿行为，是在曲折反复中形成的。创新本质上是一种劳动实践，与普通劳动实践不同，它表现为新的科技发明与新的工艺技术、新的使用价值、新的具体劳动过程表现形态等。除了劳动过程实践外，还包括教育学习实践、劳动能力积累、创新的客观条件如劳动手段、劳动资料的优化等。

技术创新推动制度创新，创新是把技术与组织、生产力与生产关系的变迁联系在一起的中介性调节变量。一方面，科技创新和科技积累为机器的发明、使用、改进提供前提和基础。另一方面，创新的方向选择具有环境适应性。创新不是个人的偶然行为，社会制度文化整体决定了创新的属性；不是理性的个人自由选择导致了创新，而是社会结构和制度决定了人们创新的方式和选择空间。新古典增长理论和新增长理论虽然都认为（私有产权）制度是重要的，但制度与制度创新被视为外生变量，没有考虑辩证分析技术创新、经济增长对制度变迁的影响。不过，演进经济学派强调新生产方式在向社会各部门扩散的过程中，会与社会制度框架发生不可避免的冲突，出现所谓强制性制度变迁。新制度经济学则运用“成本—收益”和“供给—需求”框架，分析技术创新对诱致性制度变迁的影响。这些分析对于构建创新型社会，如何形成技术创新与制度创新互相促进、自我增强的循环积累机制具有重要启发。

马克思主义经济学关于管理创新、制度创新的话语是与分工协作推动生产力发展，关于技术创新的来源、投入前提的分析可以从当时的语境适当剥离，延续到当前创新发展的话语和表达中。马克思主义经济学关于科技劳动、知识劳动的范畴内涵拓展，为创新分析提供了直接基础。马克思的劳动价值理论实际上承认，劳动者不仅是劳动主体，而且是创新驱动主体力量[①]。由于劳动适应人类需要而派生，体力劳动、脑力劳动、科技劳动都借助于这一需要的更好满足而成为财富创造的源泉，创新也就借助于对知识、工具、制度、产品的贡献成为其中的显著特征。这也说明了马克思主义经济学是有很强延展性和包容性的理论，这包括对西方经济学关于创新有用成果的吸收。比如，舒尔茨提出的“人力资本”概念远不如马克思的可变资本科学，因此有些学者提出用人力财富、劳动资本等概念加以替代，进而推动对创新来源的探索，这是一种值得尝试的探索。

以往人们对于创业型创新和大企业创新的论述有很多，但对于就业型创新有所忽视，尤其是西方经济学把这些看作生存性质的，因而忽略了其重要作用。就业型创新是在一定规模的企业中进行的，它与企业家创业面临的激励约束格局有重要的不同。但也有一些共性，如风险、不确定性、冲动、不规范、以市场为中心等。如果企业主占有生产资料因而要进行经营性创新，就业型创新主要通过劳动者的活劳动去推动新的使用价值创造，或者以工艺创新的方式，以更高的劳动质量和劳动能力，实现劳动生产力的提升。而管理者的创新，则是把企业个别劳动者的行为，加总集合成集体有机体行为，克服其中的目标不一致、私人利益与集体利益的潜在冲突，创造新的管理制度、激励机制等管理劳动新产品，这构成了经营性劳动的重要创新内容。

---

① 裴小革.论创新驱动——马克思主义政治经济学的分析视角[J].经济研究,2016(6).

第十章　马克思主义经济学与西方经济学垄断理论比较[①]

垄断是关乎资源配置效率、技术创新的重要经济问题之一，在诸多经济学体系中都占有重要地位。马克思主义垄断理论是马克思主义经济学的重要内容，对理解当代资本主义经济的本质和趋势具有重大意义；西方经济学的垄断理论也构建了较系统和操作性的理论体系。二者既有重大区别，又有相通与互补之处，对其进行比较，有助于借鉴和吸收西方经济学垄断理论中合理的分析方法和研究成果，澄清和排除其中的错误观点，解释现实中的相关问题，构建符合时代特点和我国国情的发展中的马克思主义垄断理论，为完善社会主义市场经济制度服务。

第一节　马克思主义经济学的垄断理论

马克思主义经济学的垄断理论最早源于马克思的资本积累理论，并由恩格斯、希法亭、列宁等进行了发展和创新，而列宁为马克思主义垄断理论的集大成者。它主要是以价值、剩余价值和生产价格为核心概念，说明了垄断起源、后果与表现形态。其方法论是逻辑分析与历史分析的统一，是一种基于具体社会历史结构的历史唯物论方法。

① 本节部分内容已发表，这里有较大扩展改写。

一、对垄断起源（产生）、发展以及垄断的组织形式的历史分析

马克思主义的垄断理论涉及的是广义的垄断，可以分为前市场经济垄断和资本主义垄断。马克思、恩格斯、希法亭、列宁等均认为竞争导致了生产和资本的集中，而生产和资本集中最终导致了垄断，但二者并非对立关系①。马克思从所有制理论中引申出对垄断本质的分析，指出封建垄断和现代垄断的区分，资本主义竞争打破封建垄断而产生，但又成为现代垄断的土壤。资本主义发展的经常趋势就是生产资料同劳动者分离，最终导致自由竞争被垄断所取代。垄断是资本主义生产关系的“自我扬弃”，如果说信用、银行和股份制度加速了私人资本到社会资本的转化（生产集中），则垄断又是对股份制度的一种扬弃。垄断的动力机制在于随着资本有机构成的提高，进入和退出壁垒增大，需要克服利润率平均化的障碍和提高利润率，于是开始从分散走向串谋，以及控制市场和价格的垄断，其中，资本主义信用制度和股份公司的发展成为刺激垄断有力的杠杆、触媒或推动力。

马克思认为，垄断是社会经济历史条件发展到一定阶段的产物，需要从技术关系和经济关系两方面加以把握。比如，协作是垄断的技术起点，但最低资本额则是资本主义垄断产生的经济门槛。马克思认为，垄断的发展主要有三种基本途径：资本的内部积累、横向集中和社会化控制。技术、协作、劳动力、资本、竞争和利润等因素促成了垄断的产生和发展。从资本主义当时的发展实际出发，大型化发展是历史规律，但也受到一些条件的限制，如资本集中程度、管理监督费用、流通（交易）费用等。由于资本主义生产是一种社会化大生产，为保证这种生产的顺利进行，资本

---

① 因为，“竞争的矛盾在于每个人都想取得垄断地位”，或者说，竞争本身就孕育着垄断；虽然工业的集中、资本流动性的限制和市场串谋行为是垄断产生的主要原因，自由竞争产生垄断，资本家之间的自由竞争导致大资本兼并小资本，造成生产与资本的集中，但产生于自由竞争的垄断本身并不排除竞争。

家之间的原料供给和产品销售形成的资本家联盟就是最早的垄断组织形式。恩格斯则对垄断大企业，尤其是股份公司和资本主义国有企业进行了研究，分析了一般意义上资本主义占有的垄断，还以联合制碱业为例论述了部门垄断的组织形式等理论问题，论述了交易所和金融资本的统治作用。此外，他还分析了资本输出、殖民地和世界战争等问题，成为马克思主义垄断理论的重要组成部分。列宁给垄断组织下了定义，并把垄断资本划分为工业资本、银行资本和金融资本三个阶段，分析了帝国主义阶段的垄断。列宁认为，垄断资本有多种形式，最简单的形式是短期价格协定，一般的形式是卡特尔、辛迪加、托拉斯和康采恩，而典型形式或最高形式是金融资本，他分析了瓜分世界的国际垄断同盟、国家垄断资本主义等问题①。

二、论述垄断中的竞争问题、国家垄断与资本主义等问题

马克思主义垄断理论认为，垄断并没有消除竞争，而是与竞争相互渗透、相互依存的②。垄断没有消除竞争表现在，从企业数量来看，非垄断的中小企业还是占绝对优势，由此决定了垄断条件下竞争的客观存在。同时，垄断组织之间会存在相当激烈的竞争：如同一部门内部垄断组织的竞争（卡特尔等价格协定与或隐蔽的价格竞争如暗地降价并存）、广泛的非价格竞争和市场外竞争（如促销、质量竞争、服务竞争等）、不同部门之间垄断组织的竞争（如双边垄断的竞争关系，垄断组织在非垄断部门中竞相投资和扩大垄断势力，卡特尔之间存在激烈的竞争）。另外，垄断企业

---

① 更进一步，拉法格认为，垄断是自由竞争的否定之否定，正如自由竞争是对封建行会的否定之否定一样。苏联社会主义经济学家布哈林在《帝国主义和世界经济》一书中，从世界经济角度研究垄断资本问题，指出垄断资本的发展趋势是资本主义经济进一步国际化与资产阶级利益民族化的矛盾激化等后果。

② 恩格斯早在1844年发表的《政治经济学批判大纲》中就指出，“简言之，竞争转化为垄断。另一方面，垄断也挡不住竞争的洪流，而且，它本身还会引起竞争”；马克思则强调，“垄断产生着竞争，竞争产生着垄断。垄断资本家彼此竞争着。竞争者逐渐变成垄断资本家……垄断只有不断投入竞争的斗争才能维持自己”。列宁则明确指出：“从自由竞争中成长起来的垄断并没有消除竞争，而是凌驾于竞争之上，与之并存。”

虽然使局外企业处于依附地位，不可能排除和绝对控制后者，也还存在竞争。总之，垄断不可能消灭竞争，但是，垄断的形成改变了自由竞争调节价格运动的方式，改变了竞争的条件、形态和内容，使竞争更加复杂和激烈。例如，有些西方马克思主义者认为，大企业是拥有随意决定自身环境和设定价格力量的经济单位，强调不完全竞争理论的意义。

国家垄断资本主义的产生和发展标志着竞争与垄断的对立统一进入新阶段，自由竞争之资本主义、垄断资本主义由于周期性爆发的经济危机等因素，为抑制资本利润率趋于下降趋势，要求资本主义国家作为前所未有的垄断资本家之总代表和最有优势的行动者，通过国家和私人垄断资本的结合，一起参与社会资本生产和再生产过程，试图通过国家宏观控制下的竞争而不是无政府状态，调整和发展新形态的资本主义生产关系，推行国有化、国家参股、财政补贴、税收调节、经济计划、政府采购、主权财富基金等，以资本主义国家政治权力与货币垄断资本和生产垄断资本结合勾结为基础的经济体系在市场、生产、分配、投资等领域不断扩展。这种垄断既在一定程度上使资本主义社会的生产方式和资源配置发生有利于生产力发展的重要改变，但是，资本主义这种国家垄断并不能够有效地调控和管理跨国公司、跨国银行等国际垄断资本形态，经济的无政府状态仍然持续存在，且使资本主义剥削国际化，发达国家依靠其在工业制成品贸易的卖方垄断地位和对初级产品领域的买方垄断地位，跨国公司在发展中国家采取产业“飞地”战略、推销所谓“雁行模式”，使依附性的经济形态根深蒂固，造成北方国家与南方国家的两极化对抗态势。

三、从宏观上分析垄断的双重作用

马克思主义经济学垄断理论认为，资本主义垄断既有积极的一面，又有消极的一面。垄断价格要受到需求、消费以及非垄断组织利润率的制约和影响，这将有利于消费者。垄断有助于增进资本主义经济的计划性和生存效率。国家垄断时而采取基于非正统发展理论的发展型国家形态，时而采取基于凯恩斯主义的管制型国家形态，时而采取基于创新理论的企业家型国家形态，在市场失灵等出现时发挥作用①。在资本主义长期发展趋势中，促使经济全球化空前发展。

但是，由于竞争受到抑制，垄断会阻碍技术进步，这种垄断是生产力发展的障碍。“在规定了（即使是暂时地）垄断价格的范围内，技术进步因而也是其他一切进步的动因，前进的动因，就在一定程度上消失了”，“垄断所特有的停滞和腐朽的趋势仍旧在发生作用，而且在某些工业部门，某些国家，在一定的时期，这种趋势还占上风”。列宁在分析帝国主义的寄生性和腐朽性时强调垄断会导致社会生产力发展的停滞方面，推导出“帝国主义是寄生的、腐朽的和垂死的资本主义”的结论。垄断带给社会最重要的影响是对人民的控制和剥削、垄断组织利益和群众利益的根本冲突等负面效应。例如，西方马克思主义的一些学者认为，垄断组织在资本与劳动的斗争中处于有利地位，不断提高剩余价值率和积累率；垄断行业可能会以放慢或限制生产能力的扩大来保持自己的高利润率。

综上所述，马克思主义垄断理论提出了一种历史的、动态的分析框架，科学阐述了垄断的演进规律，视角独特，论述深刻，有利于揭示垄断的起源和历史过程。但并没有把更多的注意力放在基本经济制度不变的前提下垄断行为演进及适应性调整这类问题上，对短期的垄断行为没有从资源配置效率角度直接研究，没有运用现代分析技术对垄断问题进行数理分析，较少涉及对宏观经济运行、资源使用和宏观经济增长问题的机理分析，因而没有形成一个对垄断组织形式和行为变动进行中短期分析的子范式。

第二节　西方经济学的垄断理论

西方经济学的垄断理论经历了较为漫长的发展阶段，形成了一个完整、庞大的理论体系。最早的重商主义商业垄断思想为垄断理论提供了一

① 西方经济学的非主流派如 BREMMER 等，从 19 世纪普鲁士国家的崛起、帝国主义不平衡发展、苏联的崛起，以及二战后的冷战格局、20 世纪末之全球化等方面，基于国家市场关系视角，对国家垄断资本主义的形态变迁作了一些有价值的事实归纳。

定的基础，但由于与重农学派有关自由竞争理论的意见相左，而为人所忽视。后来，古诺于1839年出版了《财富理论的数学原理研究》一书，对有关垄断的基本原理作了开创性数理分析。此后，诸多经济学家从垄断与竞争融合过程中，形成了垄断理论，如张伯伦和罗宾逊夫人的不完全竞争理论、熊彼特的垄断企业技术创新论等。二战后，产业组织理论内部的哈佛学派与芝加哥学派的论战把垄断理论的发展又推向一个新高潮。近年来则呈现出以新制度经济学为代表的研究对象扩展化趋势（后芝加哥学派），出现了基于不对称信息的博弈论分析方法和研究成果。

一、对垄断的起源、形态变迁等问题的历史分析和结构分析

西方经济学总体上缺乏对垄断起源、制度变迁问题的历史分析，较多的是对垄断的抽象分析。但也有少数例外，从资本主义社会现存的经济现象入手来分析垄断的形成，把垄断看作技术和市场所选择的一种组织形式。例如，英国经济学家赫尔曼·利维于1911年出版的《垄断与竞争》一书中，指出了垄断与技术之间关系的一些早期表现。约翰·穆勒较早论述了垄断的概念，他提出“地租是垄断的结果”，古诺提出了垄断的科学内涵以及垄断市场的均衡条件。此后的分析强调传统经济的垄断形成是以资源和资本为核心，但金融市场发展、竞争加剧等又推进了垄断扩张，技术进步对垄断特征具有重大影响，用边际成本分析法、规模经济、高固定成本和低边际成本的组合、交易成本降低、高转换成本等论述了技术创新如何加强垄断势力和导致垄断形态转换。此外，还有人如鲍莫尔进而分析了技术效率与市场效率的冲突所导致的自然垄断[①]。

新古典经济学从市场不完全角度解释垄断，如产品和生产要素缺乏流动性、信息不完全、产品的稀缺性等，目的在于探讨“如何使市场更具竞

① 其他重要研究有：钱德勒关于现代大型垄断企业起源和成长的理论。揭示了生产社会化、技术进步背景下垄断企业内部管理机制变迁的特征和规律；罗森伯格等强调参股公司和有限责任公司等早期垄断制度的发展对欧洲中世纪后经济增长的重要意义；新制度经济学提出有关垄断企业技术性质的基本问题，对两权分离、委托—代理关系、劳动与资本市场、剩余索取权等经济范畴的分析。

争性”。例如，哈佛学派从市场结构—市场行为—市场绩效角度，分析了垄断地位的获取所采用的策略性行为（如勾结、排斥手段），提出了市场力量或垄断势力概念，以及掠夺性定价、阻止进入、价格歧视等代表性行为，并指出了直接干预企业行为、企业规模的各种政策措施。芝加哥学派和新制度经济学则反对国家干预竞争过程，指出国家干预的结果往往是保护垄断者，从交易费用角度看，许多情况下企业组织的“垄断”行为是能够提高效率的。寡头垄断的市场结构可能是获取绩效的代价或成本。近年来，博弈论的应用成为当今垄断理论研究的一个新的突破口。如对进入壁垒的研究又有了进一步发展，对进入壁垒形成的原因作了深层次的分析（包括产品差异优势、绝对成本优势、规模优势），分析了进入对价格的影响和对利润的影响，把进入分为模仿性进入和创新性进入。而“模块化新产业结构”理论则认为一个行业可以分解为一些模块，分别集中力量在设计和工艺加工等各个环节竞争，这就使垄断企业生产率更高。

二、对垄断的本质、作用等问题的现实描述与逻辑说明

西方经济学的垄断理论在本质上缺乏统一性。有些学者认为垄断将导致资源配置效率的低下，阻碍经济增长，造成社会福利的损失。例如，斯密（2007）分析封建垄断问题，把垄断作为竞争的对立物，指出国家通过立法和政策给予某一阶层和经济组织长期的特权地位造成的垄断是经济发展的大敌。李嘉图（2009）分析稀缺性造成的垄断。哈伯格（1962）则发展垄断存在效率损失的思想，并给予证明，分析垄断企业运营中财富转移和社会福利的损失的比重。另一些学者则认为垄断具有特有优势，如垄断利润刺激着企业采取更加富有进取精神的行为，是风险的报酬。熊彼特（1990）的创新理论认为，大企业的研究和开发活动使技术创新成为企业内生因素，并促使市场结构发生变化，创造新利润，形成垄断地位。

作为一种折中，马歇尔虽然被寡头垄断的现实与理想的完全竞争的冲突所困惑，从“U”形成本曲线角度解释垄断的产生，但其晚年的理论发展表明，市场经济的实践使他对垄断的合理性有所认识。张伯伦和罗宾逊

夫人则通过对不完全竞争市场的分析，说明了极端垄断、现实垄断与竞争的效率比较问题，在一定程度上说明了垄断竞争的合理性。这些分析认为，完全垄断与完全竞争都是市场结构中的两个极端，在现实经济现象中是很少存在的。垄断的实质只是改变竞争的方式，垄断的成本结构也许比竞争情况下更有利，因而其效率特征不能定论。哈耶克（2003）则认为以效率为基础的垄断是有益的。克拉克（1936）认为由于技术创新形成的市场优势地位是动态性的，是效率垄断，是动态竞争过程中不可缺少的因素，指出垄断企业追逐优先利润是动态竞争的前提，也是其结果。

近年来，西方经济学主要从微观上分析垄断对技术革新的影响，认为这种影响既有积极方面，也有消极方面。一派经济学家认为，垄断市场结构会降低技术创新过程，影响技术进步步伐。另一派学者则持相反意见，认为竞争市场结构不利于技术创新，只有垄断市场结构才是技术创新的开拓者①。此外，对当前垄断发展趋势、通货膨胀与垄断、企业结构、兼并与垄断的关系等问题进行了大量实证分析。

三、分析了垄断企业的行为及其规制等现实问题

西方经济学垄断理论关于垄断与竞争之间的关系，总体来看经历了由“对立”到“统一”的转变，阐述了二者的相互作用、相互渗透、相互转化。张伯伦（1933）较早引入垄断和竞争的混合和垄断竞争的概念，分析了广告、其他非价格因素（专利、商标、品质、服务），认为其增强了市场的垄断性；罗宾逊夫人（1933）分析了垄断条件下的价格歧视、对劳动力买方垄断所导致的剥削等。哈佛学派则分析了垄断地位的获取所采用的策略性行为（如勾结、排斥手段），以及掠夺性定价、阻止进入、价格歧

---

① 例如，熊彼特就认为，“完全竞争的效率，尤其是就新技术效率而言，是低劣的”，而是大企业的研究和开发活动使技术创新成为内生因素，进而促使市场结构发生变化，创造新利润，最终形成垄断地位；德姆赛茨指出垄断与效率之间的关系是：“垄断企业—效率高—利润大—占有市场份额增加—促进企业发展；”伦纳德·韦斯通过大量资料研究得出结论：效率、利润与集中程度三者存在明显的正相关关系。

视等代表性行为。例如，贝恩运用“结构—行为—绩效”的分析框架，指出集中度高的行业存在少数企业的垄断行为，进而改变市场竞争性，结果是产生超额利润、降低资源配置效率，甚至在生产成本、技术进步、产品功能等方面陷入低效率运行状态。但是，芝加哥学派的主要代表人物如斯蒂格勒、德姆赛茨等认为，市场绩效决定市场结构，因而对垄断行为的性质看法迥异。西方经济学中的垄断行为理论中，对于企业经营中危害社会福利最大化的非效率行为的抑制，有着极其丰富的描述。如可竞争市场理论认为，如果能够消除市场限制，使垄断者时刻处于竞争者的竞争威胁之中，即使较大规模的企业行为实际上也面临着很强的约束。对于垄断企业的行为诱导、垄断的规制问题，近年来则引入不完全信息方法，从原来重视市场结构的研究变为重视市场行为的研究，在运用博弈论对策略行为分析的基础上，提出从直接规制到引入竞争手段、精致化的激励方案、放松规制的理论等。

总体而言，西方经济学能对垄断问题进行效率分析，基于信息不对称和博弈论分析企业的垄断行为问题，进而提出相关的反垄断政策设计，因此在内容上、方法上都更具体化、微观化和定量化。但西方经济学强调资本主义社会能够有效诱导企业行为变迁，本质上在为资本主义制度的动态调整能力给予新的理论解释和辩护。

第三节　马克思主义经济学与西方经济学垄断理论的比较及启示

一、垄断理论体系的构建要实现长期制度分析与短期运行分析的范式统一

马克思基于对资本主义经济制度的深入研究，建立了一个基于劳动价值论的、历史范式与逻辑范式辩证统一的垄断理论。如在马克思看来，垄断分为“封建垄断”和“现代垄断”，马克思主义经济学的逻辑延伸论述

了自由竞争走向垄断的必然趋势。西方经济学的垄断理论只是把垄断看作一种经济现象，没有给垄断下一个科学定义，对于垄断利润最大化行为的制度原因没有进一步说明。近年来兴起的新制度经济学垄断理论把制度、契约和环境因素纳入分析，分析信息不对称问题对垄断的影响而具有一定创新性，但仍然缺乏对垄断深层本质关系的分析。不过，相对而言，马克思主义经济学对垄断形成的主观原因分析深刻，而对其客观条件（如科技革命的作用）关注不够，对垄断与竞争互动关系的宏观事实性描述较多，对其微观机理探讨较少。而西方经济学说明了规模经济、范围经济和创新经济等垄断形成的经济学基础，对于市场领域和企业层面的竞争与垄断关系也没有一些有价值的研究。因此，我们认为，要以马克思经济学的垄断理论为主体，以西方经济学的垄断理论为借鉴，从生产力的发展和生产关系双重因素互动决定的角度对垄断行为展开分析，首先要说明垄断长期演变的方向和基本规律，又要加强和深化对现代市场经济条件下企业垄断的系统把握，建立长期分析与短期分析统一的新范式。

二、充分认识垄断作为社会经济的组织形式的丰富多样性和动态性

西方经济学对垄断进行了许多表象分析和描述，但主要是从垄断的技术因素中加以分析。马克思主义经济学在对垄断行为的各种表象完整把握的基础上进行了本质的分析，明确阐述了垄断研究的本质层面，如从生产过程和企业组织变化角度，而不限于从市场结构角度解释垄断企业的行为。综合相关研究的主要结论，我们认为，特别应区分两种性质不同的垄断：一种是靠独占形成的市场势力；另一种是由于技术创新效应形成的市场优势，是一种效率垄断。前一类垄断阻碍资源配置效率提升，阻碍技术进步，是市场经济条件下始终需要坚决反对的社会公敌；至于后一类垄断，由于具有丰富的表现形态和复杂性，如资本垄断、技术垄断、劳动力垄断和信息垄断等生产要素的垄断，包括锁定、操纵价格、划分市场、价格歧视、操纵投标、独家经营、联手抵制、非法兼并等各种滥用市场优势

的产品市场垄断行为，以及自然垄断、技术的或投资起点的原因垄断，垄断态势的复杂性质、垄断部门的不断转换，国际垄断同盟从生产与购销等职能部门发展到技术开发与成果的共享，非资本参与型国际垄断形式（如超越国界以协商生产的契约协定为基础的国际合作网络）等，其中既有阻碍资源配置效率的一面，又有节约市场交易费用、属于企业正常市场竞争行为的可能性；而且就动态而言，有些静态的垄断又是技术创新的条件，因此，要依据时代变迁而不断调整垄断研究的理论框架。

三、要根据实践发展的要求对马克思经济学垄断理论的分析要素进行夯实、完善和创新

对垄断问题的认识是一个随着市场经济的发展而不断深化的过程。毋庸置疑，这一理论的最高认识成果属于马克思主义经济学，同时，西方经济学的不同流派也在更新认识、提出一些有价值的新思想。例如，马克思主义经济学垄断理论对研究当今全球化的性质具有指导意义，但抽象掉了竞争产生集中和垄断的必要条件（如规模经济、科学技术），而更多地侧重于所产生的结果；把垄断主体目的简单归结为获取超常利润，忽视了控制经营环境、避免竞争带来的市场风险等复杂因素；没有区分垄断状态和垄断行为；垄断的概念需要拓展（如垄断有时并非一种“独占”，而是一种基于产品差异等因素的寡占等），这类不足需要解决才能更好地解释诸如企业规模发展呈现集中化、大型化与分散化、小型化两种相反的趋势等看似矛盾的问题。

马克思主义经济学的垄断理论没有停留在对资本主义经济当事人动机的抽象理解上，而是从生产关系的角度规定了垄断行为的客观意义，垄断是与特定的生产关系和经济基础相适应的。例如，资本主义国家实际上存在对垄断限制和利用的双重态度，这源于垄断的二重作用，因此，列宁明确指出了垄断作用的二重性。但他的具体结论要与当今资本主义的发展现状进行对比和调整。他较多地分析了垄断资本的停滞、腐朽，较少探讨垄断资本运行的一般规律及其作用机理。考虑到现代资本主义国家作为垄断

资产阶级的总代表，因而它不仅是维护垄断的工具，而且也会看似矛盾地有时是反对垄断的工具。再从科学技术和国家垄断资本主义的经济后果方面分析，类似于垄断大企业与中小企业的不平等关系，由此导致的当代资本主义国家的经济剥削，是造成许多发展中国家落后的原因。由于科学技术革命的因素，国际上可能出现持续的以垄断企业和垄断行为为表现的竞争，在国内则表现在生产关系部分合理性（如大企业与小企业超越市场与企业的联盟结构等新形态对技术创新具有不容忽视的积极作用）与全面不合理的对立上。总体而言，其中的不合理性，如金融危机、能源危机、生态危机日渐成为危害人类生存的根本问题，恰恰是垄断资本主义垄断全面不合理性的最新表现。

马克思关于垄断的根本原因在于资本增值的利益冲动和技术手段的革新的分析，的确抓住了问题的实质。但是由于相对忽视了成本—收益核算，忽视了决定垄断规模的具体因素的测量，因而对现代市场经济中垄断的扩张缺乏强有力的解释。实际上，只要承认个人利益、局部利益的不同或差异，就不难发现社会主义初级阶段垄断企业及其垄断行为总是不可避免之现实可能性。西方经济学指出了由于市场机制不完善所造成的企业垄断问题，这些垄断企业虽然有“生存”效率但缺乏资源配置效率，也需要加以规制和坚决矫正。但是，这一点是否适用于中国，值得怀疑，因为分析垄断问题不应忽略企业的所有制性质，“做强做大国有企业”在中国可能具有效率改进的含义，除了国有企业是维护我国社会主义性质的体现等之外，还因为国有企业体现着“经济整合”，且作为促进社会公平的工具具有积极作用。同时也要看到，从世界市场范围看，我国企业发展的规模效益还没有充分显现出来，还需要大力发展规模经济和范围经济，这就要求充分认识到垄断的积极作用，要区分规模经济和垄断，我国的垄断现象显得非常复杂而奇特，一方面，确有程度不同地出现了经济学意义上的国内市场源自“集中度”的垄断现象，对消费者福利与社会效率造成了损失，又有类似于封建垄断限制竞争、限制效率基础上的行政垄断果，虽然能够在国内市场获取高利润、高收入，但影响了产业的整合、重组和提升，缺乏国际市场的竞争力。因此，中国市场规模巨大和过度保护未必总是有利的，除了面对国内市场自身的反垄断外，更根本的途径在于鼓励企业进行国际市场、全球市场层面的竞争①，在更大开放中获取竞争优势。

① “要敢于到世界市场的汪洋大海中去游泳，如果永远不敢到大海中去经风雨、见世面，总有一天会在大海中溺水而亡。”中共中央文献研究室，编. 习近平关于社会主义经济建设论述摘编［M］. 北京：中央文献出版社，2017.

第十一章　马克思主义经济学与西方经济学国际经济理论比较

国际经济理论是马克思主义经济学的逻辑延伸或组成部分，西方经济学对国际经济问题特别是其中的国际贸易领域作了详尽的阐述，客观上为马克思主义国际经济理论提供了一些有益成分。本章在梳理两大理论体系相关理论的基础上，结合马克思经济学体系与哲学体系的整体逻辑，从研究对象、研究方法、推动力量和国际贸易中的发展问题等方面进行比较。

第一节　马克思主义经济学的国际经济理论

国际经济理论主要包括国际贸易理论、国际投资理论、国际金融理论等，我们的比较以国际贸易理论为主体，延伸到关于国际经济秩序的讨论中，重点在于说明马克思主义经济学在科学揭示资本主义国际经济秩序内在规律中不断探索。

一、国际贸易的动因在于国际价值与国内价值的不一致，国际价值规律是一定历史条件下世界市场的基本规律

马克思在劳动价值论的基础上提出了国际价值学说，揭示了国际价值与国内价值间的差异。国际价值是以“世界劳动的平均单位”作为计量的尺度，是国际交换价值的基础，是包括服务贸易在内的价值在国际范围内的延伸和进一步展开，虽然马克思不承认未物化为物质产品的服务的价值创造，但《资本论》中生产劳动内涵是变化的，服务贸易的劳动价值是其

延伸①，国际价值规律体现了国际经济关系，是一般价值规律的超国界的表现或者逻辑展开，即劳动生产率高的国家在同一时间能比生产率低者创造出更多价值等，而且垄断、政治法律等因素又会造成或者至少加剧不等价交换。

正是由于存在国际价值与国内价值的不同，这构成了国际贸易的直接动因。因此，不同的国家就会利用这种价值差异导致的比较利益和绝对利益，选择有利的贸易商品，以获得利润。否则，如果不参与国际贸易，单位商品的国内价值就会长期高于国际价值，同样劳动所创造的财富总量就会相应较少。落后国家无法摆脱经济劣势，难以提高资源的利用效率，承认国际价值的存在，意味着各国主动地参与国际分工，按照国际价值调整和优化国内经济活动。

“世界劳动”作为世界市场上的一般劳动，其适用对象是可贸易产品，国际交换价值的基础是这些可贸易品在世界市场的社会劳动。也就是说，“真正的价值性质，是由国外贸易才发展的”，在世界市场中，“商品普遍地展开自己的价值”，但是，在资本主义经济占主导地位，且与非资本主义经济并存的不合理经济秩序下，贸易产品的发达资本主义垄断市场占据关键地位、生产要素流动不充分，资本主义发达国家总是占据有利地位。尽管在正常的国际贸易条件下，贸易双方都能够通过国际交换，以较少的劳动消耗获得较多的劳动产品。但是，由于资本主义经济与非资本主义经济并存等因素，国际交换关系体现跨越国界的人与人之间不平等的社会劳动交换关系，特别是国际价值转换为国际生产价格，世界经济交往中各类国家之间的不平等关系必然出现，可能会出现后进国家“贸易贫困化增长”等现象。

劳动分工是生产力发展到一定阶段的产物。根据社会分工是商品经济形成和发展的基础这一原理，进而言之，作为世界范围内的分工形式，国

① 刘航，赵景峰．国际价值的转形和国际转移及对中国服务贸易的启示[J]．马克思主义研究，2012(3)．

际分工是国际贸易的基础和前提，马克思主义经济学强调国际分工与资本主义生产方式发展的密切联系。在以机器生产为代表的国际分工中，规模生产增加了对原材料的需求，具有成本价格优势，廉价品成为占领国外市场的有效武器。进而言之，本来自给自足的一些市场就成为原材料供应地与产品销售地。于是形成了以机器生产为核心的国际分工格局，即生产农业经济和工业生产经济。另外，国际分工反映由资本主义主导的超越国界的经济关系，其开始是通过暴力和强制手段实现的，与机器生产的作用互为皮相，实际上形成了宗主国与殖民地这一根深蒂固的分工形态。

二、世界市场不仅是国际分工和贸易的结果，更是国际经济关系的集中表现

为了克服资本主义生产相对过剩危机这一矛盾，资产阶级一直采取夺取新市场的方法，即将大量的剩余产品转卖到国际市场上，扩大市场的空间，在一定程度上缓解一国国内危机的爆发。但因为国际价值规律的自发盲目作用，却使得其他国家市场上出现过剩或加重过剩，这样，原来孤立地、分散地表现出来的国内矛盾，在世界市场中累积深化为资本主义经济总危机。不同国家经济危机相交织而互相激化。

马克思指出，国际生产关系、国际交换关系决定世界市场的性质，资本主义生产关系占据支配地位时，世界市场的本质是资本剥削工人进而自行无限增值的需要。世界市场根源于资本的本性。随着国内市场的范围限制凸显，冲出国界、走向世界市场是资产阶级主导下国际化和全球化的基本步骤。

资本主义生产方式下的世界市场的发展，经历了从自由竞争阶段到垄断资本主义阶段的嬗变。一方面，世界市场对世界资源的配置起基础性调节作用，以国际价值规律和剩余价值规律为基础，使得各国形成互相依赖和互相依存的利益格局。另一方面，世界市场的发展更有剥削与不平等的一面，尤其是各国间劳动生产率差异、生产价格等成为世界市场不平等交换的基本诱因。发达资本主义国家之间、发达国家与发展中国家之间的竞

争严峻，不平等格局加剧。总之，世界市场缓解危机的作用有限，资本主义经济的内在矛盾最终造成了世界经济危机，需要强制平衡和清算资本主义经济矛盾。随着资本主义经济国际化的不断推进，世界市场也会变得狭窄，危机一旦出现会更加剧烈、深刻。因此，世界市场实际上加深了资本主义经济的基本矛盾，并不能改变资本主义经济危机必然爆发的大趋势。

第二节　西方经济学的国际经济理论

国际贸易问题等一直是重商主义以来西方经济学持续关注的重大理论问题，并随着资本主义世界经济的发展形成一个庞大的贸易理论体系。西方经济学的国际贸易理论以研究贸易利益的产生、分配以及相关政策对这些利益的影响为主要内容，在方法论上强调具有个人理性基础的竞争性均衡分析方法（新贸易理论）和一般均衡分析方法（传统贸易理论）。

一、传统贸易理论、新贸易理论和新新贸易理论

传统贸易理论包括古典贸易理论和新古典国际贸易理论。资本主义原始积累时期，以托马斯·孟、曼德维尔、柯尔贝尔等为代表的重商主义者早就重视国际贸易问题，他们认为金银是财富的主要（唯一）形式，而获得金银的基本渠道就是国际贸易顺差。由此，国际贸易和发展目标实际上是追求贸易顺差。斯密阐明了绝对优势贸易理论，李嘉图阐明了比较优势贸易理论，成为西方经济学贸易理论的经典。比较优势取决于国家间劳动生产率的不同。此后，萨缪尔森和琼斯等把单一劳动要素扩张到引入资本、土地等要素。赫克歇尔—俄林考虑要素禀赋的相对充裕程度和使用的相对密集程度，提出了要素禀赋理论，被认为是现代国际贸易理论的基石。之后，国际经济发展的现实，如产业内贸易，使上述理论显得越来越软弱无力。此后出现的需求相似理论、生命周期理论等试图解释这种新现象。这也标志着贸易理论和投资理论间出现某种融合态势。

20 世纪 70 年代以后，面对以欧洲经济共同体（欧盟之前身）为代表

的贸易自由化运动和跨国公司的大力发展，加之西方经济学简单修正传统贸易理论的路径走向死胡同，微观经济学和产业组织理论一些模型得以突破（如迪克西特和斯蒂格利茨的不完全竞争模型），以此为基础解释所谓相似—相似贸易的新贸易理论应运而生。由克鲁格曼于 1979 年发表的《收益递增、垄断竞争与国际贸易》一文开启，克鲁格曼与赫尔普曼等进一步拓展了报酬递增概念和消费偏好多样化，从动态角度入手，以不完全竞争市场与规模收益为前提，在资本—劳动和技术水平相似的国家之间，而完全无须使用基于比较优势的传统理论，解释各国既生产有限类别产品同时保持消费多样性的产业内贸易现象。经过综合，可以先按照赫克歇尔—俄林的理论来解释产业间分工，然后再用报酬递增来解释产业内分工。波特的国家竞争优势理论强调企业和行业的竞争优势如何获取，这又依赖于市场需求、上下游产业、竞争环境等基本因素以及市场机遇、政府作用等辅助因素的创新能力环境，构成竞争优势理论的基本成分。从政策上看，新贸易理论同样主张经济自由主义的贸易放任。

吊诡的是，克鲁格曼又说，世界自身正在变得越来越符合经典模型，发达国家与发展中国家（如美国与墨西哥）之间的贸易近 10 年来在迅猛增加。于是，又出现了所谓的新新贸易理论。如果说传统贸易理论侧重于宏观层面，新贸易理论侧重于中观层面的化，近 10 年来出现的所谓新新贸易理论关注的是微观企业层面。该理论是以 Melitz P. Antras 和 NUNN 等为代表，从强调微观主体差异的企业异质性和基于科斯企业理论的不完全契约视角，把研究内容拓展到包括国际外包贸易、中间产品产业内贸易等新类型，进而认为当代国际贸易比较优势的新源泉在于企业的异质性（生产规模、生产率、工资、要素密度）和契约制度等贸易支撑体系的质量与效率。该理论强调自由贸易与高效率企业的发展互为促进，加之达尔文式的进化选择方式淘汰低效率企业与或产品，以及再分配效应，进而通过企业动态结构调整提高资源配置效率，这些探索在一定程度上又纳入制度环境、工人技能水平、核心知识和能力等因素的影响，进而分析跨国企业的内部关联性交易及其与发展中国家企业的关系（如 NUNN 强调一国国内制度环境包括非正式制度对比较优势的影响[①])，标志着西方国际贸易理论的最新发展。

二、国际贸易理论在西方国际政治经济学中的延伸

主流传统国际贸易理论如赫克歇尔—俄林的要素禀赋理论以及斯托尔帕—萨缪尔森定理，可以方便地拓展其国际政治经济含义。自由贸易体制使得不同要素的所有者获利或者受损，由此决定不同贸易利益集团面对开放的政治态度。如哈佛大学的理查德·库拍，以及约瑟夫·奈和罗伯特·基欧汉进一步提出具有新自由主义倾向的相互依存理论，强调国家经济增长对国际贸易的敏感性，并对贸易过程中不确定性和产品多样性进行研究，他们认为，由于世界各国（主要是发达国家之间）基于自由贸易的相互依存关系不断加强，国际经济交往与相互依存会形成良性互动，得出了资本主义国际竞争具有合理性这一结论。

克鲁格曼的观点则缺乏一致性和彻底性。他既承认在没有统一经济体的情形下某些国家进行贸易比不进行贸易更糟糕，又说“贸易是一个好东西，实际上，比之前预想的更好”[②]。他把斯密的规模经济分工思想进行了模型化，这一观点具有明显的新自由主义色彩，因为其把规模经济视为贸易利益的又一重要来源，进一步拓展了内生性比较优势的来源。这里的内生性是因为即使最初两国没有差异，但在贸易开放之后，由于某种外在的扰动，使得某国形成了产品出口的比较优势。这种优势一旦形成，即有基于报酬递增的“自我强化”的特征，两国间的专业化分工模式成为均衡[③]。但是，克鲁格曼随后引进了运输成本、贸易国规模的不对称等更为现实的因素，改

---

① Nunn N. ,Trefler D. *Domestic Institutions as a Source of Comparative Advantage*[M]. In：Gopinath G, Helpman E. , Rogoff K Handbook of International Economics. Vol. 4. North Holland ; 2014:263 - 315.

② [美]保罗·克鲁格曼.贸易理论和地理学中的报酬递增革命[J].比较,2011(2).克鲁格曼认为同一个产业存在差异性产品,每个国家生产不同的可以在世界市场销售的差异化产品,从而所有产品的生产获得规模经济收益,并形成各国间的产业内分工。

③ 崔凡，屠新泉，樊瑛. 论当代国际贸易理论的国际政治经济学意［J］. 世界经济与政治，2010（5）.

变了原有理论的结论，并提出了著名的“本地市场效应”概念，在此基础上，分析经济集聚和产业集群这一重要现象。克鲁格曼在其后进一步发展的新经济地理学中，作为新贸易理论的自然延伸，提出了中心—外围模型。

需要说明的是，在如何应对这种状况的问题上，虽然客观上产生了所谓战略性贸易政策，因此也被称为战略贸易理论。然而，这一理论却耐人寻味地纷纷撇清否认这一理论的保护主义色彩，不愿意承认新贸易理论与战略性贸易政策的关联，并且对西方新马克思主义重建全球经济秩序的各种主张未作置评，其顽固坚持新自由主义的做法也就耐人寻味。克鲁格曼等寄希望于全球化进程的充分发展、贸易成本特别是运输成本的降低，以及由此导致的实际收入趋同，进而否认制造国和农业国的分工不平等。这样两国的关系是自由平等的相互依存关系。这又与传统的经济自由主义者俄林的要素价格均等理论和库拍的相互依存理论前后呼应。

第三节　马克思主义经济学与西方经济学国际经济理论比较

一、国际经济问题研究的方法论比较

马克思主义经济学国际经济理论以资本主义的国际经济关系，尤其是资本主义国际交换中本质的经济关系为研究对象。在世界市场上，资本家从属于世界范围的资本运动，服从于剩余价值追逐这一交换的目的决定的资本主义国际经济活动的本质。随着全球化和资本主义生产方式的动态调整，国际经济学的范畴运动突破了传统资产阶级国家的界限，经过国家层次上的加总概括，通过贸易活动和资本输出发展到了新形态。研究对象的特性决定研究方法的选择，马克思主义国际经济学采用总体研究和结构研究的方法，将包括社会主义国家、发展中国家在内的国际经济作为一个整体进行考察，国际贸易是国际经济关系的核心内容，国际经济秩序是国际贸易关系的自然延伸，国际经济制度体系是国际经济关系的本质反映。随

着资本主义经济的全球化，资本家生产者的国家关系凸显身份而出现，以资本主义国际制度体系的面目而存在。所谓中心与外围的分工关系模式虽然把发展中国家纳入其中，但这些国家的市场经济生产方式不能充分发育，仍然服从于以维护资本主义国际制度体系为目标。

西方经济学的国际经济理论是为资产阶级服务的，为资本主义国际经济秩序辩护，因此排除了深层次的经济关系的实质，仅仅研究资本主义制度前提下的世界市场资源配置，其政策目的性贯穿始终且总是充满意识形态色彩，从而为资本主义经济秩序提供依据和辩护。因此，如新经济地理学虽然提出了中心—外围模型，但却难以令人信服地坚持认为制造业国和农业国的分工是平等的国际分工这一极为牵强的结论。西方经济学对国际经济理论的研究则是采取形而上学方法，将国际贸易、国际投资、国际生产等问题从资本主义的经济体系中隔离出来。忽视发达国家与发展中国家名义上的平等和实质上的不平等，因此不能真正解释国际贸易和投资关系的本质和规律。西方经济学的国际经济理论缺乏统一的理论基础，除无条件地坚持自由放任的意识形态之外，所发展的逻辑体系看似完整，却始终缺乏本质分析，对于比较成本不同的原因、国际分工的演进过程中缺乏科学的理论基础；战略性政策贸易理论则不敢正视政府在国际贸易中的作用。

二、关于国际贸易动能源泉和国际经济发展后果的比较

西方经济学的贸易理论把国际贸易的动能建立在贸易互利的基础上，认为分工的利益是国际贸易的推动力量。传统贸易理论主要强调消费者福利、生产者剩余等贸易的静态直接利益，近年来则较多考虑了技术进步等贸易的间接动态获得；当代理论依据规模经济和动态的技术差异着重在微观层面突出了贸易的资源配置效应、增长效应等，西方经济学认为，国际贸易可以使各国普遍提高生产要素的效能和生产效率，协调和提升国内的产业结构，既能够获取静态的资源配置效益，又能够加速经济成长。但是发展中国家在资本主义国际经济体系中的机会一直极其有限，而贸易条件

恶化的风险不对称不断加剧，这证明了西方经济学国际贸易理论的严重缺陷。但是国际贸易的前沿理论是发达资本主义国家根据国际贸易实践中的新现象提出的贸易理论，忽视了落后的发展中国家在国际贸易体系中一直处于不利的地位（贫困化增长等）、普遍依赖于发达国家的中心—外围以及准外围（中心与外围的过渡带）之间的分工格局。这种脱离现实基础的贸易互惠原理始终难以对贸易利得的分配和国际经济秩序给出科学解答。

马克思主义经济学则强调资本的运动是国际分工和世界市场形成和扩大的根本动力。根据生产决定交换的原理及其自然延伸，资本主义国际生产分工决定自由贸易或者其他贸易形态的选择，而不是所谓资源禀赋！马克思精辟地指出自由贸易与保护关税看似对立但却不失统一的一面，马克思主义经济学还对包括社会主义国家在内的发展中国家之间的贸易、区域经济一体化和金融资本国际化等作了前瞻性展望，这样一种理论探索远比西方经济学的论述深刻而现实，更是难能可贵①。

马克思主义经济学认为，按照资本的扩张逻辑，国际贸易的后果加深了资本主义的矛盾，全球范围的贸易和投资发展与资本主义的高效率不能画等号。历史表明，资本利益的实现不择手段，贸易利得的来源和分割一直表明，资本主义国际经济秩序本质上是掠夺、剥削、不合理的。在当今国际贸易的进程中，国家之间、资产阶级之间、资产阶级和无产阶级的斗争更加激烈，国家垄断资本主义的不断演变使分配关系更加偏斜，世界政治和经济发展格局极度不平衡而又复杂多变。尤其是在资本主义经济体系内部，劳动力要素集聚的实现中伴随着劳动者与资本家利益分配不对称和难以有效协调②，加之资本家利润平均化，发展中国家依附于发达国家，形成了沃勒斯坦的“世界体系论”所指出的中心—外围的关系，在这一格局中普遍存在不平等的交换，不仅减少了发展中国家的贸易所得，甚至还会导致悲惨型增长、贫困陷阱、中等收入陷阱等国家风险的出现。实际

① 吴易风. 马克思主义经济学与西方经济学比较研究：第 3 卷[M]. 北京：中国人民大学出版社，2014：1669.

② 周建锋. 世界市场形成、劳动力集聚与国际贫富差距扩大[J]. 当代经济研究，2013(7).

上，不发达或贫困陷阱、“中等收入陷阱”既是发展中国家传统的社会生产方式或社会结构造成的，又源于资本主义生产方式形成的不合理的世界经济制度体系。二战后的西方马克思主义学者从价值规律优胜劣汰和不平等交换机制的作用中，对此作了许多很有启发性的论述[①]。

第四节　马克思主义经济学与西方经济学国际经济理论比较的结论

当代西方经济学国际经济理论侧重研究一般性国际贸易和国际经济秩序的影响因素，如资源禀赋、技术差异、产品异质性、规模经济等，而马克思经济学以理论本体与事实本体相结合，更为全面深刻地研究国际经济问题。比如，从价值规律到国际价值规律，揭示了国内市场交换的等量劳动交换性质、国际市场特别是发达国家与广大发展中国家的不等量的劳动交换的性质，以及二者的并存。西方国际经济学理论客观上提出或者产生了一些关于国际贸易和经济秩序的有价值分析（如比较优势理论、全球价值链理论、新贸易理论的个别成分如竞争优势理论、国际贸易政策理论等），能够在一定程度上解释国际经济发展的基础，这对于发展和完善马克思经济学国际经济理论具有一定的借鉴意义。总之，继承马克思主义政治经济学的优良传统，政治经济学不只是研究一些具体现象，更是透过现象研究开放经济发展的规律，研究我国如何建立和完善开放型经济新体制、发展更高层次的开放型经济，研究如何融入世界经济的理论和途径等。

第一，从资本主义国际经济体系的变化发展看，旧的国际经济秩序弊端丛生，迫切需要新的国际经济秩序和经济治理结构。

20 世纪后半叶，面对发达国家资本与产业转移投资于新兴工业化国家的新现象，西方发展经济学的一些学者如彼得·埃文斯强调发展型政府的

---

① 李滨．马克思主义的国际政治经济学研究逻辑［J］．世界经济与政治，2015（7）．

作用，认为依附与发展可以共生，承认跨国生产对发展中国家有一定的促进作用。另外，一些西方马克思主义学者认为，在当今经济全球化条件下，闭关锁国是不可能的，进而提出了“与依附相联系的发展”理论。由此可见，资本主义国际经济体系虽然总是自觉或不自觉地在进行适应性调整，但由于贸易保护主义等逆全球化思潮的抬头、金融稳定性的欠缺，总体而言仍然困难重重，难言前景乐观。

随着经济全球化的深入发展，尤其是中国开始主动参与全球治理，在改革完善国际经济秩序、促进建立人类命运共同体中越来越走向世界中央，中国特色社会主义经济学的对外开放理论有了新发展。一方面，马克思主义经济学对于国际价值与国内价值的不同导致各国主动地参与国际分工，按照国际价值调整和优化国内经济，以及人类命运共同体形成中的国际贸易、国际投资等客观经济基础有精彩的解读。马克思主义关于未来社会的理论，以及有计划组织社会生产的理论，将其构思为“自由人的联合体”，认为这才是“真正的共同体”。“在真正的共同体的条件下，各个人在自己的联合中并通过这种联合获得自己的自由。”① 早在马克思所处的时代，当时社会生产在全球的扩展初现端倪，因而就资本主义全球化的本质、弊端、趋势等而言，基于生产资料私有制等原因的个别劳动与一般劳动的矛盾，马克思把资本主义全球化称为“虚幻的共同体”，表现为“以物的依赖为基础的人的独立性”。“虚幻的共同体”的虚假性源于社会分工下个人利益与共同利益之间的矛盾。因此，尽管各种层次的交往和依赖普遍紧密，但西方主流经济学引导的生产和流通扩张与分配上的极不公平，赢者通吃、弱肉强食的资本主义经济规律，各主权国家的不平等地位和不对称竞争，使旧的国际体系存在很大风险和隐患。另一方面，随着世界经济相通、相联的深化和扩展，尤其是中国开放发展的推进，积极参与全球

① 中共中央马克思恩格斯列宁斯大林著作编译局，编译. 马克思恩格斯选集：第 1 卷［M］. 北京：人民出版社，2009：570.

经济治理，以打造人类命运共同体理念为指引和感召[①]，国际经济秩序将更多朝向共赢、公平、多彩、平等、包容等方向迈进。基于命运共同体的国际经济新秩序，落后经济更有空间、愿望和动力向发达国家学习，人类社会创造的一切文明成果得以更好地传播和发展，生产要素国际范围的有序流动和优化配置、市场更大范围融合，使各国真正充分发挥比较优势和竞争优势的世界经济新格局得以形成。

第二，中国在参与全球经济竞争中要赢得更加有利的地位，依据国际价值规律，根本上依靠的是商品和服务的劳动生产率的提高，依靠更高层次的开放型经济，以创新发展推动开放发展。

中国积极推动的“一带一路”建设标志着与周边国家的命运共同体建设的重要一步。实际上是符合马克思主义经济学生产关系与生产力发展辩证统一原理的。根据马克思主义经济学分工思想的二重逻辑，主张以分工为基础的协作创造的生产力成果由各参与国共同分享，一方面，考虑到中国经济起飞和进一步发展的生产力基础在发生变化和升级，沿线国家的生产力发展的多层次性，具有与沿线国家建立以开放的区域主义为代表的经济关系，既针对沿线国家生产力提升的迫切内容，又针对经济治理模式机制和经济关系的改进和协调，其核心是协调经济区域主义进程中的效率与公平，进而有效运用社会总劳动，提高资源配置效率的内在要求和可能性。另一方面，立足于沿线国家资源互补、要素异质性分工和获取竞争优势的需要，在共商、共建、共享的包容性和构建人类命运利益共同体的目标诉求上，求同存异、各展其长、各尽其能、各美其美、共生共荣，在开放的区域主义中突破西方经济学对国际公共产品与“搭便车”的陈旧狭隘错误认识（基于错误的经济人假设总是把提供国际公共产品看作负担或成本），突破其不公平的产品分工模式，突破其依靠所谓“可口可乐”文化、普世价值等对发展中国家的消费文化和思想观念的意识形态殖民，以中国

---

① 中国优秀传统文化则是人类命运共同体理念的另一重要思想源泉。人类命运共同体理念吸收了中国传统中“和实生物，同则不继”“同舟共济”“兼相爱，交相利”“己所不欲，勿施于人”“敦厚平和”等哲学思想和气质。

崛起的“顺风车”帮助沿线国家的发展，以相互欣赏、尊重、理解的人文交流合作优化发展环境，这对于改革不合理的资本主义全球经济治理体系、阻止发达资本主义的无限扩张与冲突、实现国际经济发展再平衡具有重大意义，同时，针对西方国家以所谓“新殖民主义”为帽子的无理指责，揭示其中的误解与歪曲具有西方中心论的错误根源，也成为当代中国马克思主义国际经济学的重要内容。

第十二章　马克思主义经济学与西方经济学危机理论比较

2008 年全球金融危机爆发后，资本主义各国通过各种政策使衰退状况得到了一定控制，但危机的深层次影响尚未消除，世界经济复苏缓慢。如同历史一再证明的那样，金融危机（包括信用崩溃等）与实体经济危机作为资本主义市场经济运行中的典型事实和不同症结，深刻凸显了资本主义经济的本质缺陷。由于二者互为因果、密不可分，特别是金融危机虽有暂时超越和背离实体经济的相对独立性，但本质上由生产性经济危机决定，因此，对包括金融危机在内的经济危机加以分析，对理解资本主义经济的本质与命运具有重要意义。

第一节　马克思主义经济学与西方经济学金融危机理论比较

一、马克思主义经济学的金融危机理论

马克思多次阐述了金融危机爆发的过程并深刻剖析了危机产生的根源，为深入研究危机的产生机理提供了理论依据。

首先，货币是危机产生的诱因，资本主义制度提供了危机的现实性。经济危机和货币金融危机有可能在资本运动过程中出现的原因在于，商品和货币的价值形态对立必定要互相转换。货币打破了区域和个人的限制，特别是在商品交换过程中有些人卖而不买就必然会使另一些的商品卖不出

去，这就导致了商品相对过剩危机的可能性。随着商品经济的发展，资本积累加快，信用制度逐渐产生并发展起来，虚拟资本盛行。虚拟资本的典型形式是股票、公司债券、国库券、银行券等有价证券，尽管本身没有任何价值，但虚拟资本发展到一定程度会形成虚拟经济，使其整个社会财富日益无形化、虚拟化。

其次，从虚拟资本与现实资本之间的关系来看，虚拟资本是以现实资本的发展为基础的，两者之间需保持一定合理的速度和规模关系。若虚拟资本落后于现实资本，无法与现实资本产生互补协同关系，就会导致资本无法实现多倍的增殖；若虚拟资本快于现实资本的发展出现过度膨胀，就会出现“泡沫经济”，一旦泡沫破灭，经济就会出现衰退。金融危机作为工业的危机先兆，实际上是生产过程或再生产过程本身的失常。在金融市场上，恰好只是金融和证券市场的倒置反映，尽管金融危机也对工业危机起到了反作用。

最后，关于对金融危机的政府干预。马克思指出：央行在金融危机时可以通过调整准备金来应对。“英格兰银行的权力，在它对市场利息率的调节上显示出来。”① 马克思、恩格斯通过对1844年英国银行法的有关评论②，指明了政府执行正确的货币理论和货币制度的重要性。

二、西方经济学金融危机理论

（一）经济周期解释论

在宏观经济学和货币理论中有重要贡献，但又在美国20世纪30年代在金融市场投机失败的重要经济学家阿尔文·费雪在交易方程基础上提出了所谓的债务—紧缩理论，认为当经济处于繁荣阶段时，投资增加，由于

① 中共中央马克思恩格斯列宁斯大林著作编译局，编译. 马克思恩格斯全集：第25卷[M]. 北京：人民出版社，1974：585－586. “当发生货币危机的时候，只要银行的信用没有动摇……通过增加信用货币就会缓和恐慌，但通过收缩信用货币就会加剧恐慌”。

② ［德］马克思. 资本论：第3卷［M］. 北京：人民出版社，1975：615.

货币购买力下降，虽然名义利率上升但对资本收益的投机仍然增加。与此伴随的是债务融资增加，进而存款、货币供应量、一般价格水平上升，乐观的预期、借贷频繁与经济繁荣互相推进到“过度负债”状态。但要偿还到期债务以轧平头寸时，将被迫廉价销售或强制清算其资产，进而导致银行危机。当代研究金融危机的权威、2008 年之后名声大噪的后凯恩斯主义者明斯基认为①，把危机界定为金融资产价格相对于实体经济价格所发生的迅猛急剧变化，其根源在于，在经济周期的上升阶段，从衰退中复苏的经济随着预期持续转暖，倾向于从套期保值转向以投机融资单位和庞兹融资单位（以高回报为吸引，借新债还旧债，缺乏真实收益支撑从而最终破产的金融骗局）为主的金融结构，于是，经济繁荣会滋生不稳定的金融关系和内在的不稳定性。一旦由于某种原因中央银行执行紧缩政策，则债务链条崩溃，引发金融危机。著有《疯狂、惊恐和崩溃：金融危机史》一书的著名经济史学家金德尔伯格，则把金融危机定义为短期利率、资产价格、企业破产、金融机构倒闭的急剧、短暂和超周期的恶化，他把危机分为疯狂、恐惧和崩溃三个阶段，外部正向冲击导致经济扩张、信贷膨胀和投机友好型的支付手段，导致资产价格上涨及其极端之泡沫，反过来，一些外在触媒事件引发财务困境、抛售、恐慌和崩溃。总之，金融危机是对以前货币与信用膨胀泡沫的循环累积和发酵反应，最终的结果是恐慌和经济崩溃。这样，沿着凯恩斯、明斯基、金德尔伯格等的研究思路不断继承和发展，西方经济学逐渐从经济体系内部去探求引致泡沫产生和破灭交替循环的周期性动态。

（二）货币解释论

凯恩斯认为货币的投机需求主要受利率变动的影响。人们心理的、预期的作用基于传统或成规总是缺乏根基而急剧变动，货币投机需求的变动剧烈而变幻莫测，甚至会走向极端，加之经济生活内在的不确定性，构成

---

①　贾倩，张志敏. 马克思主义经济学与西方经济学金融危机理论比较研究［J］. 改革与战略，2015（4）.

金融不稳定性的内在根源。明斯基在凯恩斯的基础上提出了发达资本主义经济的“华尔街范式”，发展了包括不确定性、利润、投资和债务的分析架构，提出了基于资产价格和债务正向循环导致泡沫形成的偏差放大机制①，并认为金融危机是资本主义内在动态所产生的本质缺陷。与此相反，弗里德曼和施瓦茨在《美国货币史》一书中，秉承其一贯的新自由主义思想，认为市场是理性的，金融风险与危机并非源于内部的恐慌和非理性，而是来自诸如中央银行的不当干预等外部因素。按照弗里德曼修正的货币数量论，假设货币需求函数，特别是货币流通速度短期稳定，中央银行错误的货币政策通过货币供给，造成名义收入变动和经济波动。并且，这种失误（如突然的通货紧缩）导致银行流动性和存款人信心恶化，可以放大一些轻微的局部的金融问题，以加剧银行恐慌方式演变为全面金融动荡。

三、两种金融危机理论的比较

（一）马克思主义经济学与西方经济学金融危机理论在信用制度、类型划分等方面的相似之处

马克思早就强调，企业通过商业信用、银行信用，利用债券、股票、基金等有价证券来吸收资本以突破积累的限制，从而信用发展致使资本市场上债务链条拓展，货币支付矛盾的蔓延积累。在西方经济学中，明斯基等对金融危机的分析同样以信用理论、货币内生性理论为框架。金融危机的根源于内部而不是外在冲击；经济主体进行债务融资时，偿还债务困难恶化为资本市场崩溃。

马克思把金融危机分为两种：一种是特殊的、单独的、产生于金融系统运行失调以及混乱的危机征兆，如银行过度信贷、股票市场投机泡沫以及泡沫破灭、国内外诸多因素叠加催生的金融制度免疫力低下，恐慌传染，随着资本主义经济的发展更加货币金融化和虚拟化，金融资本的运转

① 李黎力，张红梅. 明斯基研究传统：经济学所忽视的金融泡沫研究传统[J]. 经济学家，2013(9).

总是偏离生产流通和实体经济系统的约束和轨迹。另一种取决于生产过剩经济危机的本质，伴随着生产危机和商业危机和社会不稳定，以周期性、普遍的金融危机方式与羸弱的实体经济危机相叠加放大。马克思强调经济危机是包括金融货币关系动荡恶化或恐慌等在内危机的根本原因。在西方经济学中则提出所谓内生货币供给思想，分析对央行调节金融市场构成重要约束①。

（二）马克思主义经济学与西方经济学金融不稳定性以及危机理论的不同之处

马克思对金融不稳定与危机理论的分析，面对复杂的金融交易现象，抽象掉各种次要表面特征，从资本主义金融制度等加以分析，揭示资本主义金融危机的本质。早期西方经济学中对金融危机形成大多从整体层面分析，收集历史事实和实证描述。近年来，侧重于对金融市场中微观行为的理论分析并加以模型化，采用严格的演绎分析和经验分析相结合。虽然在研究方法上有所创新和完善，但各学派在分析中往往侧重于某一方面、个别因素、部分机制或某一类型，缺乏全面性、层次性和系统性研究。马克思主义经济学认为金融危机是资本主义生产发展到一定阶段的产物，体现了资本主义制度的局限性，而且资本主义国家运用政策手段去解决金融危机一般总是“头痛医头，脚痛医脚”的应急措施，总是在金融危机、经济萧条、失业之间顾此失彼，西方经济学对金融危机的现象和机制的研究大多是就事论事式的表面分析，对金融危机原因和传导机制分析是描述性的。虽然也指出了金融危机与周期性爆发的生产相对过剩的联系，但没有也不可能触动资本主义制度的根本，这种分析是缺乏深度和不科学的。

---

①　早在1767年出版的《政治经济学原理》中，斯图亚特就提出了货币供应不是由政府所决定的，而是与经济活动相适应的内生货币观点。斯密也提出过货币供给是由经济体内生的观点和想法。后来，瑞典学派的缪尔达尔等，突破了货币数量论关于货币流通速度稳定不变的假设，转而强调银行在货币供给中处于被动地位、纸币制度下货币与价格的双向相互因果作用。20世纪30年代，凯恩斯明确提出，货币供应是内生的，是由企业和个人等在商业银行的贷款所决定的，因而并不是能由中央银行单独控制的。卡尔多则强调，中央银行作为最后贷款人，不得不迁就市场交易需要而使货币有所增加，或者说货币需求终究创造自己的货币供给。

在对金融不稳定性的分析中，马克思关于金融不稳定和危机的思想更深刻、更有前瞻性①，最为突出的是，马克思强调资本主义生产关系尤其是其中的商品拜物教和货币拜物教规定着个人行为②，这其中既有“当事人经济行为的非理性化趋向”，但更是资本主义经济制度下个人理性行为特征的自觉选择。后凯恩斯主义金融不稳定性假说认为，金融不稳定性的基本来源是实际盈利机会与债务负担的不平衡发展。后凯恩斯主义对金融不稳定的分析主要强调债务执行的风险是导致金融不稳定的原因。这同样缺乏深层次的本质分析。

第二节　马克思主义经济学与西方经济学经济危机理论比较③

一、马克思主义经济学的经济危机理论

马克思主义经济学对经济危机的实质、助推器、周期性以及其最终形式作了精辟的论述④，其中主要包括以下内容。

（一）经济危机的实质与助推器

经济危机是资本主义的生产方式发展到一定阶段的产物。资本主义生

① 马克思深刻指出，由于信用制度与银行制度、金融与实体经济的密切联系，由于商品和劳务的关系通过货币金融组织，当商品和劳务市场中企业债务重负、银行坏账丛生时，支付链条中断必然会向金融市场传染，人们基于实体经济恶化失去安全感将更加悲观地预期未来，从而加剧金融市场信用关系破坏和不稳定性。虽然市场经济下信用体系尤其是中央银行的发展使银行只需要保持较少存款准备金即可，但信贷融资和金融市场融资风险的产生和金融脆弱性表明，金融环境稍微变化有可能就会导致银行的挤兑现象，助长了金融的不稳定性。马克思指出，信用制度的发展导致大量产生形成虚拟资本，虚拟资本的泛滥容易产生泡沫经济，其缺乏实体经济基础造成虚拟金融的内在不稳定性，也可以说其中隐含着道德风险。

② “投机资本家”将货币资本“投入有价证券、期权、期货、外汇、不动产等，在交易中，投机者收回价值增多了的货币资本”，因为资本家“这个人，或不如说他的钱袋，是货币的出发点和复归点”。［德］马克思. 资本论（中译本）：第 1 卷［M］. 北京：人民出版社，2004：178.

③ 本节初稿已发表，这里有较大扩展补充。

④ 包括《政治经济学批判大纲》《哲学的贫困》《1857—1858 年经济学手稿》等著作，尤其是《资本论》，此后也有一些西方马克思主义经济学者作了其他方面的一些拓展。

产过剩是经济危机的典型表现，“危机（因而生产过剩也是一样）只要包括主要交易品，就会成为普遍性的”。[①] 但是，与民众有支付能力的消费相比，这种生产过剩只是相对的，这表明“资产阶级生产方式包含着生产力自由发展的界限——在危机中，特别是在作为危机的基本现象的生产过剩中暴露出来的界限”[②]。

马克思早已指出，货币和信用制度可能引致和助推经济危机的产生，信用危机和产业危机存在似乎变幻莫测的关系[③]。现实中最先发生的信用危机和货币危机是经济危机倒置的反映。货币危机与信用危机虽然时间上在前却并非原因，生产危机往往才是货币危机与信用危机的真正根源。

（二）关于经济危机与经济周期

就动态而言，经济危机是经济周期完整运动过程的一个极端阶段，而经济周期性是资本主义现代工业的特征，它绝不是偶然事件的结果，其根源在于资本主义积累过程之中，特别是资本主义社会的无政府状态与社会化大生产的内在矛盾[④]。危机是周期性产生的，这与资本主义再生产过程的周期性密不可分。固定资本的更新是经济危机周期性的物质基础。实物资本的生产及其有机构成的改变，利润率下降趋势，反复出现的再投资期（物质生产工具的更新）及随之而来的生产缩减期间；加之资本家不可抑

---

① 中共中央马克思恩格斯列宁斯大林著作编译局，编译. 马克思恩格斯选集：第 26 卷 Ⅱ[M]. 北京：人民出版社，1973：577.

② 中共中央马克思恩格斯列宁斯大林著作编译局，编译. 马克思恩格斯选集：第 13 卷[M]. 北京：人民出版社，1995：556.

③ [德]马克思. 资本论：第 3 卷[M]. 北京：人民出版社，1975：555. 在工业高涨时期，信用作为投机行为的加速器，在资本主义经济当事人的成本—收益计算中放大其预期的收益与预期的成本的差额，刺激牟取暴利的贪念和狂热的非理性“羊群”投机行为。投机活动与扩大再生产过程相背离，尽管这种背离已达到非常严重的程度，但投机并不会因此收敛，反而变本加厉。当真实的生产基础以及附着于此的寄生的投机突然崩溃时，对支付手段的追求就会涌现。“乍看起来，好像整个危机只表现为信用危机和货币危机。而且，事实上问题只是在于汇票能否兑换为货币。……这种汇票中也有惊人巨大的数额，代表那种现在已经败露和垮台的纯粹欺诈营业；其次，代表利用别人的资本进行的已告失败的投机；最后，还代表跌价或根本卖不出去的商品资本，或者永远不会实现的资本回流。……在这里，一切都以颠倒的形式表现出来，因为在这个纸券的世界里，现实价格和它的现实要素不会在任何地方表现出来。表现出来的只是金银条块、硬币、银行券、汇票、有价证券”。

④ 陈文通. 马克思的危机理论没有过时[J]. 中国特色社会主义研究，2009(3).

制的投资欲望，经常存在的带来狂热与恐慌的刺激，资本主义危机是这样循环往复的运动周期的一个不可避免的环节。

（三）关于经济危机的后果

马克思主义经济学认为，经济危机是资本主义各种矛盾积累和不可调和的结果。从“具有历史特性的资本主义制度的典型危机”，到“更深刻、范围更广、持续时间更长”的大萧条，以及2008年之后的出击力极强、波及范围更广的国际金融危机，资本主义经济的极大紊乱总是不期而遇。由于危机会越来越具有破坏性，成为资本主义崩溃的预演①，从而出现危机更猛烈地爆发。

二、西方经济学的经济危机理论

自19世纪末期以来，西方经济学家开始关注经济危机，并对其进行了一定的分析。但对于资本主义经济经济危机的实质，一般局限于从有效需求不足、投资过度等单一因素进行分析，缺乏科学性。

（一）对全面经济危机的规避性认识

尽管资本主义局部的经济危机早已发生，但周期性的经济危机直到19世纪初期才出现，于是，一些资产阶级经济学家如萨伊一直否认全面的生产过剩危机存在②。李嘉图认为人们不可能总生产没有需求的商品，“一个人从事生产时，他要不是成为自己商品的消费者，就必然成为他人商品的购买者和消费者”，③ 并不存在商品卖不出去的问题，不过，李嘉图又提出了“比例失调危机理论”，认为生产过程同一阶段内部的不平衡，导致部分生产过剩和局部过剩危机。

---

① 西方马克思主义经济学家格罗斯曼进一步发展出的资本主义制度崩溃理论，参见顾海良，张雷声. 20世纪国外马克思主义经济思想史[M]. 北京：经济科学出版社，2006：186.

② [法]萨伊. 政治经济学概论[M]. 北京：商务印书馆，1963：142.

③ [英]大卫·李嘉图. 政治经济学及赋税原理[M]. 北京：商务印书馆，1962：247.

（二）对经济危机的运行层面的片段经验性认识

由于生产过剩在现象上似乎是由消费需求不足产生的，从而用消费不足解释经济危机成为西方经济学常见的危机理论之一。法国小资产阶级经济学家西斯蒙第认为，尽管生产决定收入，但产品价值必须在市场实现后才能转化为收入；资本主义条件下的恶性收入分配，从而消费不足，这构成了经济危机产生的原因。英国经济学家霍布森则进一步认为，资本主义制度下收入分配的不均，是由生产要素的供求的双方讨价还价能力决定的。资本家和地主会利用人为的或自然的垄断地位，使其掌握的要素的报酬过高，形成所谓的非生产性剩余。这就使生产发展的速度超过了消费者的需要，引起以生产过剩为表现的危机。

从经济周期角度看，如熊彼特所言，商业的状况显然依照一种既定的周期循环，“静止状态、改善、信心增长、繁荣、激动、贸易过度、骚动、压力、停滞和痛苦，最后又以静止告终”①，其中高涨时期所伴随的固定资本大量更新，在危机时期表现为产能过剩，从而使投资过度的危机理论引人注目。这一理论分为三种，即货币的投资过度理论、半货币投资过度理论和非货币投资过度理论。危机是由周期前一阶段所诱致的，既包括货币与信用制度因素，又包括技术进步等因素。货币的投资过度理论认为，银行贷款通过发行银行券和“创造存款”，随着通货膨胀的继续进行，才有可能扩大到超出实际资本的范围，但这会扭曲整个经济的结构，危机特别是萧条，主要是对以前繁荣的反作用，此前的信用扩张抬高了价格和利息，动摇了信心。总之，不稳定的银行与货币造成了危机等经济周期。宏观经济学的先驱维克塞尔认为，银行使贷款利率低于实际利率，刺激生产扩张，刺激人们向耐用厂房设备投资，推动物价累积性上涨；同时，生产的时间结构如同奥地利学派的分析会变形。由于银行放款最终受到其储备金的限制，人为的低利率刺激的投资会带来损失，繁荣会在企业破产中结束，经济陷入萧条。而英国经

① ［美］熊彼特.经济分析史：第2卷［M］.北京：商务印书馆，1990：546.

济学家霍特里的分析是，货币收入流量的波动完全由货币因素引起，现代信用制度固有的不稳定性，通过批发业存货的增加，借助循环累积过程，进而推动利率上升。半货币投资过度理论以约翰·穆勒、哈耶克为代表，约翰·穆勒认为利润的预期下降是危机的原因，而且在不知道信用为何物的社会中就是如此，但又认为信用的轻易扩大加剧了危机的剧烈性。总之，利息、纯粹货币性的内部和外部流失机制都有重要影响。哈耶克在《货币理论与贸易周期》《价格与生产》等书中认为，资本是各种物品相互联系的一个复杂结构网络，生产过程如同庞巴维克所说的那样是迂回的、递推的“阶段”，一国采取扩张性信贷政策时，市场利率会低于自然利率，资本家投资将有利可图，投资会引发对生产资料的需求增加。但是，由于资源稀缺性等因素，人们只能将原来用于制造消费品的要素用于制造资本财货。于是消费品生产减少、经济结构扭曲，出现价格上涨和通货膨胀。经济需要回到消费这一直接生产过程。但是，由于经济中缺乏真实储蓄的支持，导致市场利率上升，从而使投资成本上升而无利可图，于是生产过剩危机就出现了。非货币投资过度说，如熊彼特等着重从生产过程解释危机的原因，认为固定资本生产和投资过多，进而与消费资料的生产比例失调是引起经济周期的主要原因，“繁荣是危机的唯一原因”①。

有效需求不足说是另一种颇有影响的理论。1936 年，凯恩斯继承马尔萨斯的理论，进一步强调总需求的不稳定和有效需求的不足导致经济危机的爆发，将经济危机的原因归之于不稳定，特别是私人投资的不稳定性，以弥补市场调节的缺陷。此后，萨缪尔森、希克斯等将凯恩斯理论动态化，建立了乘数—加速数模型，推断出收入和产量的变动以及消费和投资的变动的一个无穷序列，从外生扰动导致动态系统产生增幅的发散振荡、等

---

① Legrand M. D. P. , Hagemann H. , Autor D. H. Retrospectives: Do Productive Recessions Show the Recuperative Powers of Capitalism? Schumpeter's Analysis of the Cleansing Effect[J]. *Journal of Economic Perspectives*, 2017, 31(1). 当新技术发明、新市场开拓与利率低下等因素促使投资活跃时，生产资料和耐用消费品的生产大幅增加，即经济处于高涨或繁荣阶段。但高涨后期阶段，由于工资的提高、使用生产效率较差的要素等，导致生产成本上升，利润下降，从而储蓄减少，货币资本的供给减少，从而必须减少对生产资料的需求，导致经济高涨时建成的巨大的生产能力过剩。

幅的周期振荡、减幅的衰减振荡，揭示了经济运行中宏观总量之间相互作用的关系。认为事前投资与事后投资，或者事前储蓄与事后储蓄不平衡，都会使经济活动收缩。由此可见，经济体系内生的原因导致了经济周期性。

在解释2008年国际金融危机的诱因方面，以阿克洛夫和席勒为代表的“动物精神”假说风靡一时，代表了西方经济学解释危机的一种新观点①。在近期出版的《动物精神》一书中，他们强调各种随机扰乱因素，诸如不确定性、“乐观主义与悲观主义的浪潮”、历史偶然因素等的影响。阿克洛夫和席勒认为，2008年的危机实际上起源于2001年前后，由小布什减税、利率降低、投资高涨、住房繁荣这样一系列事件诱发，出现住房市场狂热症、次贷危机，二位作者认为，必须承认资本主义创造了奇迹，我们现在并非真的处在资本主义危机中，但是资本主义只有在一定的条件下才能生存，“一个充满了动物精神的世界为政府干预提供了机会”。此外，西方经济学危机理论中还有所谓的政治周期理论、太阳黑子理论等。

三、马克思主义经济学与西方经济学经济危机理论的比较

（一）关于危机根源和传导机制的比较

如果说马克思对金融危机的研究从货币层面揭示了资本主义制度的局限性，其经济危机理论则进一步探讨了金融危机与经济危机的辩证统一，特别是把资本主义经济危机看成资本主义各种矛盾的现实综合与强制平衡。因此，资本主义生产方式存在历史暂时性，必然被社会主义所替代。马克思主义经济学通过对资本主义再生产本质的宏观分析，指出生产领域是经济危机爆发的源头。相对过剩人口必然存在、生产与消费之间存在对抗性矛盾等是资本主义经济危机的根源，这是被资本主义经济危机的历史和现实所证明了的科学结论。西方经济学家则坚持认为资本主义经济能够

---

①　[美]阿克洛夫，希勒. 动物精神[M]. 北京：中信出版社，2009：4. 该书指出，危机主要是由不断变化的思维模式引起的。“事实上，危机正是由我们不断变化的信心、诱惑、嫉妒、怨恨、幻觉，特别是不断变化的关于经济本质的报道引起的。”

自行调节来解决供求平衡的问题，或者通过政府干预消除经济危机。其理论主要通过对当事人经济运行的预期与决策的分析，从流通领域中，或者从纯粹的外在因素，或者从心理因素等，探讨生产与消费冲突的原因和传导机制，寻找如何缓解经济危机，以维护资本主义的经济制度。因而具有赤裸裸的辩护性。

马克思指出，固定资本周期性的大规模更新是危机周期性的物质基础。西方经济学在分析危机传导机制时，以通过市场或政府的力量让经济恢复均衡的增长。因对经济周期原因的解释众多，提出的传导机制也各不相同。然而一般都认为经济危机的传导机制存在于市场运行层面，尤其是微观经济主体对外在经济冲击的反应①。

（二）关于经济危机影响的比较

马克思主义经济学辩证地看待经济危机的影响，认为危机对资本主义经济发展具有双重的作用。一方面，经济危机造成了社会财富的巨大浪费和社会生产力的极大破坏。另一方面，经济危机对经济发展具有暂时的强制性的促进和调节作用。危机后商品的供求关系逐步趋向平衡，从而使资本主义的生产得到了暂时恢复平衡。但是，这种暂时的强制平衡具有局限性。

西方经济学对经济危机影响的分析是在经济运行层面进行的，认为经济危机是经济周期的一个阶段，否认其是资本主义根本矛盾的产物②。甚至还有观点荒谬地认为，经济行为人在资源约束下实现个人利益最大化，能够形成“理性预期”，经济危机导致的经济衰退，仍是经济运行中均衡的一种体现，并不会产生制度毁灭性的结果。例如，德国历史学派的斯皮所夫认为，循环不仅不是资本主义经济的伴随物，而且是资本主义借以生

① 如实际经济周期理论的代表普雷斯科特等认为，实际因素引起的随机变化是经济周期的关键，像鲁滨孙那样的理性劳动者的工作和闲暇时间具有高度替代性，如果存在顺周期的正向技术冲击，因为与未来相比现行工资水平较高，人们就会用劳动代替闲暇，从而产量增加、经济加速上升；反之则反是。

② 经济周期是各个国家共同存在的一种周期循环经济起伏，繁荣孕育着萧条，萧条又可以自我纠正。经济增长自然率本身的变动是经济波动的基础，而不是相反，因为波动并不会真正对增长率长期趋势偏离。虽然技术冲击会使经济出现衰退或繁荣，但经济周期的每个阶段都是帕累托最优的。

存的本质形态。法国经济学家朱格拉则把萧条或危机解释为经济周期的一个阶段，是对向前的繁荣造成的形势所作的适应性变化。进而强调厂房设备生产，如建筑行业的波动所特有的波动作为原因的解释，提出所谓的滞后循环理论。这实际上是为资本主义制度的有效性进行辩护。

第三节　结　语

通过马克思主义经济学与西方经济学危机思想的比较可以看出，马克思主义经济学并不排斥西方经济学危机理论在一定层次上的科学性，西方经济学的危机思想也不能否定马克思主义经济学的科学性，二者存在一定的可沟通处，如从经济周期角度去讨论危机、强调投资周期性与危机周期性的关联等。在目前世界经济复苏缓慢的背景下，应吸收西方经济学危机理论的合理部分，以马克思主义经济学为指导，对危机理论的发展进行新的探讨。

一、重视对金融危机与经济危机中非理性因素的探讨

现代资本主义国家的经济危机往往与货币化、货币资本化、资本虚拟化、金融化相伴随，这极大地强化了经济与金融的投机性、不稳定性，虚拟资本越来越重要反映了资本主义积累方式及收入占有、索取的转变。于是，一方面，金融资本自我循环、自我膨胀的机制日益复杂发达；另一方面，金融投资与实体投资之间的联系削弱，资本积累和经济发展的结构性问题在不断生成。由于金融生息资本的再分配性质强化，追求利润最大化的理性逐渐让位于投机收益的最大化，资源从生产流域转移到非生产领域，金融市场的增值方式就自然而然地被普罗大众所接受和推崇，贪婪与恐惧的情绪主导这一领域，实际上即使尚未到达金融危机的程度，受动物精神支配的过度金融化也会对产业资本的压力不断加大，虚拟资本不断要求更高的收益，倒逼实体经济过于追逐短期收益，这样一种建立于个人主义经济人基础上的行为，成为金融危机乃至经济危机的导火索。

当前，解释2008年国际金融危机的诱因方面，以阿克洛夫和席勒为代表的“动物精神”说风靡一时，其主张从人的动机中的非理性因素尤其是信心、腐败或者贪婪等方面来解释金融危机的爆发。在西方经济学中，凯恩斯的“动物精神”理论是其投资理论的一个组成部分①，我们认为，“动物精神”理论中关于贪婪的思想与马克思的商品拜物教思想具有相通之处。“动物精神”这一内涵与外延均不确定（有时等同于创造力，有时等同于放纵的经济狂热）的概念，尽管如阿克洛夫和席勒那样，可以从信心、公平、欺诈、货币幻觉等视角加以分析，从认知因素、情感因素、文化因以及内心因素等方面进行区分，这一分析需要深化（如定量分析、行为金融学分析），才能更好地理解泡沫经济等现象。同时，在坚持资本家对广大劳动者进行敲骨吸髓的贪婪剥削的马克思主义经济学制度人假设下，结合资本主义拜物教②，对于理解经济危机的形成机理和过程，特别是解释信用崩溃等具有一定意义。

二、对资本主义经济危机的制度性根源加以深入探讨，分析西方国家制度调整和政策调整的可能作用与局限性

西方经济学坚持资本主义制度的和谐性、永恒性，忽视了对于市场机制运行的经济关系的深入研究。由于总是限于关注表面现象，往往夸大了心理动机的作用，尽管都承认经济“危机”的事实，但却避免使用危机一词，研究视角总是侧重于流通领域而不是生产领域，各种学派轮流坐庄，在缺乏坚实理论基础时就提出各种实用主义与功能主义的治理措施。其对制度因素的分析也总是从心理习惯、法律等层面进行，因而与马克思主义经济学相比必然是理论肤浅的。

---

① ［英］约翰·梅纳德·凯恩斯. 就业、利息和货币通论（重译本）［M］. 高鸿业，译. 北京：商务印书馆，2007：166. 凯恩斯说，“在估计投资前景时，我们必须考虑到决定自发活动的那些主要人物的胆略、兴奋程度甚至消化是否良好和对气候的反应”，也就是说，人类的投资行为只能靠情绪冲动或者人们对情感做出的回应性行动、从众心理、动物精神、自然本能的驱动来解释，极端的自私动机因素引致放纵的动物精神，也会造成经济的不稳定性。

② 徐春华，胡钧. “动物精神”还是拜物教？［J］. 政治经济学评论，2016（2）.

马克思主义经济学认为危机以及经济周期根源在于资本主义制度，21世纪以来，西方马克思主义经济学则进一步深化了这种分析。从比例失调论、消费不足论，到非单一因素论（如资本有机构成提高论、工资推动论、消费不足论的综合），以及资本主义再生产的内在机制是否存在，等等，对危机探讨的重点转向资本主义长波，以及相应的社会调节模式。受马克思主义经济学一定影响的剑桥凯恩斯学派，试图从分配角度论证资本主义分配制度所造成的根本矛盾。法国调节学派的微观主体假设则是吸收新制度经济学有限理性经济人假设，但关注的是微观主体相互之间的对立和冲突，强调政治因素和中间层分析的重要性，认为制度形式和调节模式之间适应资本主义积累模式变迁的需要而调整，尽管其探索精神是值得肯定的，但认为资本主义未来不确定，对资本主义必然为社会主义所替代的一般规律有所怀疑。这又是其缺陷所在。

三、对作为市场经济周期性运行一个环节的萧条与危机的关系加以分析，对其积极作用加以厘清，对西方国家对付萧条的经验教训加以总结

作为市场经济周期性运行一个环节的萧条，毕竟在资本主义市场经济中较早出现，因此，它与危机、崩溃等范畴的关系值得探讨。西方经济学对于周期运行的描述、对于周期原因的探讨，对于理解经济周期的一般特征也有批判与借鉴意义。比如，将危机与波动分为短周期、中周期、长周期，其模型化、数学化、立足于事实的定量实证方法特征，从存货周期、固定资本投资周期、建筑业投资周期、基础创新周期等视角展开，对于探讨相关理论与现实拟合与否而言也有重要价值。再如，由于对所谓创造性破坏的机理有一些较为系统的探讨，这对于我们理解产业结构、经济结构变迁的一般原理，更好地实现协调发展有一定启示。因此，由于社会主义经济总体上不存在资本主义的结构性缺陷，就马克思主义经济危机理论的创新而言，不仅应重视定量与实证分析在危机理论中的作用，更应重视金融危机、经济危机等对于我们进行经济结构优化和协调发展的启示。

第十三章 马克思主义经济学与西方经济学发展思想比较

与资本主义发展过程的复杂性相类似，发展思想与理论也总是表现出明显的曲折反复。不同理论之间并不能迅速完全更替，各种理论和战略之间存在叠加、累积和并存关系。其中自然有新的发展观念受到青睐，但较早的理论和战略也在较长时期存在。由于发展思想涉及规范与实证、唯经济论与全面发展等诸多方面，本章将从发展理论、发展战略、发展观包括规范研究方面，考虑发展宏观知识与微观事实的这两种层次的相互影响，对二者加以比较。

第一节 马克思主义经济学的发展理论

一、关于经济发展中二元结构及其变迁协调

马克思主义经济学以生产为中心，对资本主义动态性及其引发的不协调问题进行了探讨，特别是对于技术变迁及其社会经济后果有许多独到的分析。马克思对资本和创新作了综合考虑[①]，指出单靠资本则财富只是无本之木。马克思还提出远远领先的报酬递增思想，强调经济结构、经济活动而不是气候、种族等因素对发展的决定作用。马克思主义经济学还认为，虽然富国与穷国存在差距，但穷国可以通过技术模仿缩小差距，结果

---

① ［挪威］埃里克·S. 赖纳特. 富国为什么富 穷国为什么穷［M］. 杨虎涛，等，译. 北京：中国人民大学出版社，2013：115.

使其呈现出更多发达国家的特征。不过，发展中国家在资本主义全球体系中地位脆弱，需要进行国内改革，发挥政府作用，以推动工业化。

马克思在研究资本积累尤其是原始积累时，将理论本体与事实本体相结合，既立足生产关系层面，又涉及生产力层面，深刻分析资本主义生产方式的形成过程，分析资本主义的简单再生产和扩大再生产过程，马克思主义经济学指出，现代产业部门的形成过程包括资本积累、劳动力的转移与人力资源的开发等。二元经济的形成过程，特别是现代产业的形成过程，一方面是生产力迅速提高的过程，另一方面也就是资本主义生产方式的确立过程等①。随着现代产业的形成，资本主义尤其是后起的发展中国家演变为传统产业和现代产业并存的二元经济。发达资本主义与后起的发展中国家面临的问题不尽相同，但不失其历史比较价值（比如产业的创新和报酬递增会使工资收入提高，进而为共享发展提供了可能性和更大空间）。

二、关于发展内涵、发展目标等发展观的论述不断升华

发展观在不同经济发展思想中起着提纲挈领、控制把握的作用。马克思主义经济学在对未来共产主义的设想中，在对政治、文化、经济、社会、生态环境进步的诸多论述中，有许多关于发展本质与内涵的精彩论述，体现在其对社会经济形态的概括与界定中。人的全面自由发展可以与有机体的发育相类比②，因此可以说，马克思主义经济学的发展概念与地质层级的更迭相类似，包括立足于原有生产方式的继承型发展，又包括更

---

① 杨永华. 马克思、列宁的分工理论与斯密定理[J]. 当代经济研究，2007(2). 资本主义传统部门改造成现代产业部门首先是机械化过程。机械化过程的起点是协作。协作提高并创造了生产力。在英国资本主义这个二重过程中，马克思侧重于解剖其资本主义性质及其矛盾，并提出解决这个矛盾的思路。比如，在分析农业剩余劳动力转移时，由于当时只有英国基本完成了工业化，实现了剩余劳动力的转移。因此，马克思着重分析的是英国在非自愿进入工厂后受到资本的剥削和压迫、资本吸纳工人创造的剩余劳动和剩余价值等问题。

② 中共中央马克思恩格斯列宁斯大林著作编译局，编译. 马克思恩格斯全集：第46卷(上)[M]. 北京：人民出版社，1979：235－236. “向总体的发展过程就在于：使社会的一切要素从属自己，或者把自己还缺乏的器官从社会中创造出来。”

替性、创新性的从无到有的发展，在根本上体现了社会、政治、经济等方面的总体性含义。

人的全面发展的合理性与价值，是马克思主义经济学发展的“大观念”。一方面，经济发展为人的全面发展提供了必要的物质担当；另一方面，人的需求不再主要是物质性的，全面、丰富发展的需要得以增强。马克思主义经济学认为，发展的目标和任务是人的自由和全面发展，而绝对不是功利主义所解读的欲望满足的庸俗快乐。基于对生产资料的改造和依靠社会关系的不断变革来推动，物对人的统治关系、人对物的自私性占有，将让位于人的全面发展。由此可见，基于物质与精神需要的协调演进，人的自由及全面发展是马克思经济学发展观的根本所在。这既不同于西方人本主义传统对人的抽象理解，也不同于机械的、形而上学的自然观。

马克思把人的发展划分为三个阶段①，并深刻指出，人的全面发展取决于生产力水平，没有生产力的发展，就不可能实现人的全面发展，而西方经济学或者总是过于强调自由本身的重要性，错误地认为自由可以不依赖经济发展；或者只强调获得社会认同和尊重而忽视其经济条件，而马克思所说的人的全面自由发展包含了人的尊严与生产力发展等诸多层面。

三、关于资本主义经济发展方式局限性的研究

马克思主义经济学指出，资本主义私有制和私有资本积累规律必然引发人的不平等、非均衡、损害污染环境和片面发展等，资本主义经济发展方式由于其基本矛盾根本上是失衡的。相反，以实现人的全面发展为本，马克思主义经济学把人与自然关系看作环境问题中的最根本因素，更强调基于辩证自然观，强调人类利益与自然利益统一，强调是制度和技术创新的依托推进，对未来社会制度条件下绿色、协调的发展方式加以呼吁。但

① 《1857—1858 年经济学手稿》中指出：“人的依赖关系（起初完全是自然发生的），是最初的社会形态……以物的依赖性为基础的人的独立性，是第二大形态……建立在个人全面发展和他们的共同社会生产能力成为他们的社会财富这一基础上的自由个性，是第三个阶段。”

是，由于制度及其派生的人性的本质，资本主义社会经济结构、以资本为主导的利润最大化发展方式，鼓励滥用环境资源。资本家对劳动者进行无情剥削来满足他们各方面的需求，对商品的过度占有令环境负荷加重；企业只考虑自身的利益，试图以最小的成本生产方式获得最大的收益，忽略大众赖以生存的自然环境。对资产阶级国家来说，只承认用有利可图的商品来满足自身的偏好需求，却无力表达对清洁环境的欲求，根本上不适合提供清洁环境以及公共交通等公共品①。美国老制度主义者 Malcolm Rutherford 则进一步归纳了资本主义发展中资源浪费与废物产生的特殊推动力，即四种浪费途径：一是生产与分配过程中的浪费。生产出的过剩品和虚假产品未销售出去；导致产能过剩、恶性竞争；二是消费过程的浪费。商家利用消费者的炫耀性心理和奢侈消费习惯在广告费用上过度投资；三是人力资本的浪费。社会公共品的提供不足以及医疗设施不完善导致的失业、罢工、疾病等；四是自然资源的浪费。资本主义社会创造了一种“用过即扔”的消费方式，鼓励的是资源浪费与粗放消耗。因此，马克思主义经济学认为，发展的最终实现必须历经与不同生产方式想联系的不同发展方式的演进更迭。

四、关于发展研究的方法论

马克思主义经济学是实证分析与规范分析的统一，尤其强调整体分析，既重视经济—生态均衡发展这一规范含义，又从生产方式角度对发展问题进行整体研究，如西方马克思主义经济学提出的世界体系理论等。

马克思主义经济学的发展理论强调整体历史观念，分析经济增长与社

① 中共中央马克思恩格斯列宁斯大林著作编译局，编译. 马克思恩格斯选集：第 4 卷[M]. 北京：人民出版社，1995：386. 恩格斯早就看到，如果说近代工业革命是生态破坏和环境污染的导火线，而资本主义制度是导致人与自然关系紧张以及出现环境污染的罪魁祸首，“在各个资本家都是为了直接的利润而从事生产和交换的地方，他们首先考虑的只能是最近的最直接的结果……而不再关心商品和买主以后将是怎样的……西班牙的种植场主曾在古巴焚烧山坡上的森林，以为木灰作为肥料足够最能盈利的咖啡树施用一个世代之久，至于后来热带的倾盆大雨竟冲毁毫无掩护的沃土而只留下赤裸裸的岩石，这同他们又有什么相干呢？”

会发展之间具有循环往复的互动关系。一方面，辩证唯物论强调自然是人赖以生存和发展的前提和基础；另一方面，人并非是消极地被自然奴役，也不能无条件地顺从自然，经济发展为人类实现创新发展和绿色发展提供了更大可能性和物质基础，“生态中心主义”或“自然中心主义”忽视经济发展积极作用的观点具有局限性。为把创新发展和绿色发展等可能性变为现实性，以循环和节约经济思想为例①，马克思早就指明了科技进步是“把生产排泄物减少到最低限度和把一切进入生产中去的原料和辅助材料的直接利用提到最高限度”的具体途径②。

尽管存在不少局限性，但西方马克思主义经济学对于协调发展、国家之间的共享发展问题的研究也有一定贡献。比如，巴兰在马克思主义经济学框架内分析拉美的不发达时实际上涉及了共享法治问题，他认为发达国家与欠发达国家精英阶层的特殊合作关系，造成了发达国家榨取剩余，并且有利于欠发达国家少数精英的结果，而不是普遍的经济发展。这比西方发展经济学中的结构主义更好地解释了资本主义经济体系的剥削和依附关系，也解释了与结构主义法治观相联系的进口替代战略的失败。马里尼进一步在《依附的辩证法》一书中揭示了依附国家中对劳动的超级剥削，指出其原因在于资本家需要弥补不平等交换导致利润下降的结果。沃勒斯坦则在马克思主义精神的启示下，强调阶级、国家、帝国主义、对生产资料和劳动力的控制等因素，创立了世界体系理论。在提出核心、外围、半外围国家的分类后，既表明发展中国家的潜力，也指出其发展的不稳定性，这些研究对于理解资本主义全球政治经济的非公平正义性质具有重大意义。

---

① 中共中央马克思恩格斯列宁斯大林著作编译局，编译. 马克思恩格斯全集：第 46 卷[M]. 北京：人民出版社，2003：117. 马克思主义经济学提出了实践自然观，既重视自然界的客观独立性，又充分尊重人的主体的能动作用，并在此基础上正确认识和处理人与自然的关系。积极评价科技进步对生产和消费废弃物的“再利用”，高度赞扬通过资源的“再循环”而实现的“节约”。

② 中共中央马克思恩格斯列宁斯大林著作编译局，编译. 马克思恩格斯全集：(第 46 卷)[M]. 北京：人民出版社，2003：94 . 也可参见程恩富，王中保. 论马克思主义与可持续发展[J]. 马克思主义研究，2008(12)。该文从文本上挖掘了经典作家的可持续发展思想。

第二节　西方经济学的发展理论

一、关于经济发展过程中基本因素的理论

古典经济学早已注意到发展的重要性，这包括强调弹性的劳动供给、（斯密）强调制造业比农业重要、（马歇尔）强调专业化和劳动生产率的提高的重要性等。西方发展经济学是在追赶发达国家的过程中产生的，因此，这一学科发展充满争论与折中主义和实用主义的修修补补，新古典经济学、结构主义、国际经济学等思潮此起彼伏，都有一定影响但并无主导地位。

工业化与技术进步是发展经济学的主要范式。从技术进步角度来看，著名经济史学家格申克龙提出了后发优势以及适用技术等概念，尤其关注发展中国家从发达国家进行技术转移这一重要特征。其关注的核心问题是，发展的过程如何起动、市场与政府如何协调。20 世纪 40 年代末与 50 年代初，受苏联模式的影响，平衡增长理论认为，工业部门的投资可以诱发增长的启动。这必须由政府进行引导，以克服市场机制的缺陷。这一分析试图在发展中国家的特殊背景下（如市场结构不完善、产品市场需求弹性低、熟练劳动力短缺、资本与外汇缺乏等），建立一个突破新古典经济学框架的新型经济学。但同样与新古典经济学大不相同的赫希曼等，提出了不平衡增长理论，主张既不完全依赖市场，也不进行集中形式的干预。

刘易斯强调资本积累的重要性，在古典经济学弹性劳动供给的基础上，分析了如何不断积累资本，以及提高边际储蓄倾向等问题。由于古典学派强调资本主义部门的增长率等于利润率乘以边际储蓄倾向，直到二元经济中的落后部门或维持生计部门的剩余劳动被全部吸收为止。因此，发展的最终目标是同化农业部门。这样，发展被视同为增长加结构变迁，这一思路以其宏大的理论模式和富有感染力的政策建议而赢得了诸多赞许，但是，增长加结构变迁的结果可能是国民收入的分配有利于资本家，出现

更不平等的收入分配，加之区域不平等得以强化，种种缺陷导致农业停滞不前、工业企业缺少活力、教育落后、人民生活水平提高很慢等后果，使发展中国家的二元对立比发达国家同样发展阶段更为明显和持久。

从20世纪60年代起，新古典经济学逐步复兴，更关注发展差异而不是仅仅强调发展的障碍，更关注经济政策而不是初始条件，强调改变国家干预甚至计划指令经济为市场经济，就可以更好地解决发展经济学所讨论的问题。以“华盛顿共识”为代表的新古典发展经济学自由主义思想极大地影响了发展中国家的经济政策。其市场导向和贸易一体化政策尽管有减少城市偏向等积极的一面，但是，盲目的经济自由化主张却加剧了贫困问题等，遭遇了更为严重的挫折，由于在很多方面脱离实际，导致推行“华盛顿共识”的拉美国家和非洲国家在经济上遭遇了失败，宣告了新古典范式在经济发展理论上的再次失败①。斯蒂格里茨等指出要运用更多的经济学工具，强调除了让市场更好发挥作用外，“没有一个运作良好的政府，私有产权也不可能带来效率”和微观制度安排的重要性，从制度变迁和制度演进视角强调了社会文化与传统对转型的影响会形成“路径依赖”，批判了新古典主义的“三化”教条，以寻求政府与市场的有效协调。

自20世纪80年代中期以来，西方经济发展理论中的“注意力转移产品”再次得到充实②；既强调资源配置效率是发展的关键，也承认存在制度变迁中的路径依赖问题，强调经济制度是内生的，不同社会的贫穷和富裕与其经济制度密切相关。从发展中国家的政治、制度与行为背景的特殊性看，如对穷人更重要的是土地等基本权利与制度、不同社会群体关注产权保护的不同方面、参与权的重要性等，这与发达国家存在明显差别。例如，理性人假设受到传统社会强调社会规范这一背景的质疑，有些研究指出，社会偏好与社会互惠确立了行为的非正式制度框架。如在对发展障碍的分析中，发展经济学家巴苏发现，“目光短浅、拖拖拉拉、意志薄弱以

---

① 郭熙保，习明明. 发展经济学研究的最新进展[J]. 山东大学学报（哲学社会科学版），2010（5）.

② 邹薇. 发展经济学理论的危机与新发展[J]. 当代经济研究，2002（4）. 随着新制度经济学、新政治经济学的理论突破及其广泛传播，以及重新思考认识新古典传统理论，这一点尤为突出。

及时间不一致的行为非常普遍，这与教科书中描述的理性经济人行为截然相反……不管是在穷国还是富国，人们的先天心理特点也许并没有什么差异，但是他们的环境和信息资源却相当不同，复杂计算的能力是后天获得的，而且只有在日益复杂的交易中得到磨砺”，这样，发展中国家的技术管制、技术的默会性质，特别是缺乏一系列可持续的国家创新机制以吸收技术和推进培训，仅仅依靠自由化政策是不够的。同时，不同群体的政治权力的大小是决定经济制度的基本因素，由于存在承诺问题，发展中国家机能失调的制度有可能长期存在。“搭便车”问题、讨价还价问题，即关于分享变革潜在利益的争执，导致发展中国家机能失调的制度能长期存在。不稳定的国内政治给发展带来了不可克服的政治障碍，打破受到新技术威胁的利益集团，面临着巨大的集体行动成本和承诺问题，政治联盟与少数精英获取政治权力和经济开发的机会，使不利于发展的制度和政策永久化。

二、关于发展观变迁中的深化与更新

不同发展观的辩论与争斗是发展思想的核心内容之一。自 20 世纪 50 年代以来，西方发展经济学发展观历经从物的增长开始的演变过程，包括唯经济增长论、基本需要论、可持续发展论、人类全面发展论等观点。20 世纪 50 年代初，发展等同于增长的发展观形成，这以结构主义的经济增长理论为代表，尽管有一些国家创造了前所未有的增长奇迹，但广大发展中国家却出现有增长无发展，甚至是负增长现象。20 世纪 80 年代，以人为中心的发展观逐渐形成。例如，佩鲁的《新发展观》提出应以人的价值、人的需要和人的潜力为中心，除了经济增长、就业等内容，发展的观念还涉及许多非经济领域。以阿玛蒂亚·森为代表的伦理经济学，建立了基于选择、权利与福利发展的理论体系，阐明发展是一个“个人自由和社会承诺”互相承接的过程，产生了广泛影响。新制度主义则依托产权理论和意识形态理论等揭破制度与经济增长的关系，并尝试解释制度变迁的内在规律和机制。但是，这些分析的超阶级人性假设具有缺陷，而且忽略了外部力量，特别是国际政治经济结构对发展问题的影响。

不同发展观的争执与嬗变还可以通过一些著名学者的论述来考察。刘易斯在《经济增长是可取的吗?》一书中对增长的利弊、发展的目的、福利与幸福等进行了详细的分析①，发展伦理学跨学科研究的先驱者德尼·古莱，基于其本人的发展活动实践，在《发展经济学的伦理分析》等书中，把理性的概念从过度追求实用性的技术理性拓宽为基于美好生活的伦理理性，从而超越了狭义的发展概念。在古莱看来，发展不仅是指经济增长加结构变化，而且有更丰富的内容，自由的实现未必要求财富同步增加，财富有时反倒可能是自由的拖累，商品的相对过剩与绝对不足同样使人生活质量异化。阿马蒂亚·森在《以自由看待发展》一书中认为，自由既是发展的目的（实质自由），也是发展的手段（工具自由），实质自由包括法定权利和赋权，本身就是价值目的，不需要通过对其他手段的贡献，也不需要通过其后果来确证。另外，手段性自由是促进发展的工具和手段，这包括经济、社会机会的分布、制度透明性、保护性保障等②。

另外，从可持续发展角度看，早期发展经济学家并不十分关心资源与环境问题，很少认识到资源和环境对经济发展的重要性。但自 20 世纪 50 年代以来，增长极限论、循环经济思想得以提出并产生广泛影响，但是，这种理论以“增长—资源—环境”为主线，将人置于被动地位，特别是忽视了技术进步的巨大推进作用。近年来，更重视资本主义市场经济导致私人部门污染问题和自然资源配置问题、研究人与自然之间的公正以及人与人之间的代内和代际公正等问题。

---

① 参见郭熙保. 自由发展观评析[J]. 天津社会科学，2014(4). 刘易斯不同意主流经济学的发展观，认为“经济增长的好处并不在于财富增进了幸福，而在于增加了人类选择的范围”。他从增长的角度对自由作了具有一定意义的探讨。增长“使人更能控制自己的环境，从而增加了自己的自由”，这包括增长能够增加财富，使人们从物质匮乏中解放出来，获得经济上的自由；增长能给人们以选择更多闲暇和服务的自由等。

② ［印度］阿马蒂亚·森. 以自由看待发展［M］. 任赜，于真，译. 北京：中国人民大学出版社，2002：31. “自由的工具性作用，是关于各种权利、机会和权益是如何为扩展人类一般自由，从而为经济发展做出贡献的……工具性联系比这样的构建性联系丰富得多。”

三、小　结

经济发展在近年来被看作一个多面维度的、过程非线性的、道路依赖与多样化的、动态的过程。关于发展的研究方法，斯密在欧洲早期工业资本主义诞生前夕所强调的理性、科学、经验主义与进步观念，仍与许多发展中国家密切相关。西方非主流经济学提出的自下而上式发展、可持续发展理念、新政治经济学发展观等具有重要影响，对于发展中各种问题的描述和诊断也具有一定价值。在对与收益递减相联系的主流经济学思想的批判中，人们指出发展中国家存在更多使用原始工具、生产效率降低等经济幼稚化、脱工业化、赢者通吃等问题①。另外，发展中国家自下而上的声音也日益引起重视。将解决贫困、失业、不平等，尤其是基本需求问题作为分析焦点，以超越单纯的经济增长，重视本土知识，关注西方主流经济学背后文化传统和意识形态与发展中国家文化传统之间的张力和冲突，要求重视自下而上的发展方式，在发展中增加公众参与、批评政府失灵等，也具有重要意义。

但是，总体而言，基于西方既有社会发展范式所推动的社会发展实践面临根本挑战，发展理论的演变最充分地揭示了西方经济学的非科学性和局限性。虽然西方经济学试图从人的自由、文化和价值的角度构建新的社会发展范式，但是，由于单纯考察商品世界，无法解决社会发展难题，始终限于从人与物关系的角度考察，其研究方法远未达到马克思主义解蔽物象以考察人与人之间关系的历史唯物论高度②。

西方经济学的发展理论尤其具有意识形态属性与西方中心主义偏见。比如，西方经济学总是忽视对于不平等问题的深层讨论，专注于在所谓范

---

① ［挪威］埃里克·S. 赖纳特. 富国为什么富 穷国为什么穷［M］. 杨虎涛，等，译. 北京：中国人民大学出版社，2013：134.

② 刘新刚，吴倬. 西方发展理论新范式的马克思主义意蕴及审视［J］. 教学与研究，2010（4）. 例如，西方发展理论新范式虽然也认为，在社会发展的过程中如果劳动主体得不到发展，最终会影响生产力的发展，但只能得出关于人的发展状况的一些实效性指标而缺乏本质分析。

式维持艺术中扩充学术性的“注意力转移产品”（赖纳特），于是其解决问题的方案菜单总是不断拉长（包括：使价格正确；使私有产权正确；使制度正确；使治理正确；使竞争力正确；使创新正确；使企业家精神正确；使教育正确；使气候正确；使疾病正确）而莫衷一是，因而要么陷入发展理论的僵局，要么只能强化实用主义修修补补影响下的发展战略的工具性特征，不难发现，广大第三世界国家的发展失败，“低收入陷阱”“中等收入陷阱”的出现，从根本上说明了西方发展理论的失败。从“配第—克拉克定理”、对产业结构的实证归纳，从内向发展战略到外向发展战略，从宏大的发展理论到微观发展经济学、新市场失灵等，尽管有一定解释力但远不成功；新增长理论重新关注了对经济发展问题的分析，但仍然很少或根本不考虑发展中国家的政治、制度、文化、传统在经济发展中的作用。例如，卢卡斯从人力资本积累的角度发展的新增长理论很难适应发展中国家的情况。因为在从人力资本积累的角度解释托达罗等发现的人口流动问题时，他想当然地把在城市积累人力资本当作发展中国家基本的动机，这并不切合发展中国家的实际。再如，西方主流经济学的发展理论是以马尔萨斯式的经济活动为对象的①，强调报酬递减，完全竞争、非熟练劳动力、可逆工资等，并构建所谓自由市场的乌托邦理论体系。根据萨缪尔森的要素价值均等化贸易理论（其目的在于与当时各尽所能、按需分配的社会主义经济思想对抗）对发展中国家产生了极大损害，出现了与哈耶克等新自由主义者所主张的自发秩序完全相反的自发混乱。

第三节　马克思主义经济学与西方经济学发展思想的比较及启示

改革开放以来，面对不同时期的发展机遇与挑战，在把握中国发展

① ［挪威］埃里克·S. 赖纳特，杨虎涛，等. 富国为什么富 穷国为什么穷［M］. 北京：中国人民大学出版社，2013：118，156.

阶段性特征的基础上，通过总结自身发展的实践经验，借鉴西方经济学发展理论的有益成分，以马克思主义经济学为指导的关于发展的科学理论不断丰富和完善。“中国梦”发展目标和五大发展理念就是其中的最新标志。

一、经济理论比较视角下“中国梦”的生成逻辑

国家富强、民族振兴、人民幸福之“中国梦”，具有多维度的依据。纵向比较，“中国梦”是中国特色社会主义发展理念的深化与丰富，将中国传统文化关于美好生活的优秀成分作为民族根脉；横向比较，它是世界各国市场经济发展实践的超越与集成。“中国梦”的提出，是前瞻性、继承性与开放性的统一，在激发人们前进与凝聚民族期盼中具有重大而鲜活的时代价值。

（一）马克思主义发展观在“中国梦”愿景内在的协调发展、共享发展、绿色发展等方面提供了优越的理论基因

“中国梦”的愿景、使命与凝聚力，体现了中国马克思主义经济学的新成果。改革开放以来，中国马克思主义经济学摆脱了僵化教条的“苏联范式”，激活了马克思范式中的人文精神、哲学底蕴和价值判断。对人的终极关怀，是马克思主义中丰沛的人文精神，并以人的生存需要、人的享受需要、人的发展和表现需要为旨归。一方面，人的全面发展是以能力为前提的，其领域包括摆脱自然和物支配的“真正物质生产领域的彼岸”；另一方面，人的发展必然基于现实的物质生产力的发展，基于剩余劳动存在。但是，资本主义发展必然是偏斜与失衡的[①]。从基本经济制度、基本分配制度、社会主义国家职能等方面看，以人民为中心、以人的全面发展为目标、以人民群众的根本利益为出发点，是社会主义经济发展的实质。

---

① 中共中央马克思恩格斯列宁斯大林著作编译局，编译. 马克思恩格斯全集：第 32 卷［M］. 北京：人民出版社，1998，213－214．资本主义“把工人的剩余劳动作为生存条件……一方（资产阶级）的自由发展是以工人必须把他们的全部时间，从而他们发展的空间完全用于生产一定的使用价值为基础的；一方的人的能力的发展是以另一方的发展受到限制为基础的”。

对近现代以来国家富强的理论构想、历史追求与实践经验加以融合，是毛泽东思想这一中国马克思主义成果的重要内容。正是在这一思想的指引下，新中国成立和发展，摆脱了旧中国在资本主义世界体系中的边缘化地位，开始跻身现代化后起国家的行列。改革开放以来，经济发展新路子思想、转变经济增长方式理论、转变经济发展方式理论都是马克思主义经济发展思想的重要发展。党的十八大以来，随着社会主义市场经济的进一步发展，习近平总书记提出了民族振兴、国家富强、人民富裕的“中国梦”，进一步勾画、引领和凝聚了中国下一步发展的美好愿景。“中国梦”是对马克思主义、毛泽东思想、邓小平理论以及“三个代表”“科学发展观”重要思想理论的继承和创新，坚持以人民为中心的发展思想，树立“创新、协调、绿色、开放、共享”的发展理念，以马克思主义生态观、消费观、财产观、发展观和对未来社会的设想为前提，增进人民福祉，促进人的全面发展，朝着共同富裕奋进，因而同马克思主义政治经济学的许多观点是相通的①，也是普遍与包容的，这与共享发展的理念相通，而与西方经济学根本上服务于资产阶级的理念界限分明。对于资本主义市场经济发展过程中“以物为本”、污染环境、浪费资源的异化现象，除了直接给予揭露和批判外，更进一步深刻指出，“人直接地是自然存在物”，这就为绿色发展观打下了坚实基础。比如，马克思的社会再生产理论、两大部类平衡发展理论仍然具有指导意义，按照有计划按比例发展的要求，是解决在市场经济背景下社会主义基本经济规律的实现问题、探索全面协调发展的新路径。再如，马克思区分了生活资料的自然条件和生产资料的自然条件，运用剩余劳动量、生产率等概念，提供了既分析人改造自然，又分析人适应自然、实现绿色发展的话语。

---

① 中共中央文献研究室，编. 习近平关于社会主义经济建设论述摘编[M]. 北京：中央文献出版社，2017：31.

（二）中国传统文化关于美好生活及其实现的思想精粹是“中国梦”内在的共享、开放、创新发展理念的民族根脉

如果说我们承认幻想精神是人类前进的原始动力之一，那么在中国这样一个具有悠久历史文明的大国，考虑到需要所引发的行为的经济社会后果，就必须基于民族振兴与国家富强的价值判断和社会制度，对人的需要进行一定的规范与约束，不应当放任自私自利的“经济人”这样的梦想得到满足，而一般地忘却人类生存的根本意义。这也是中国传统文化关于美好生活的理念（如和谐中庸）与资本主义国家庸俗思潮功利主义价值观的区别所在。

传统的经济社会文化思想是中国发展不可分离的基因，是“中国梦”理念之“根”。以中华优秀传统文化为根基，取其精华、去其糟粕，使之与现代社会相适应、与现代文明相协调，在保持民族性、体现现代性的基础上加以提升，“中国梦”描绘了中国风格、中国智慧、中国气派的辉煌远景。五千年悠久灿烂的中华文化，具有理想主义与现实主义有机结合的突出优点，为“中国梦”的丰富和发展提供了厚土活水。首先，中国文化具有博大精深的包容性，这为最广大人民群众共建共享意义上的“中国梦”提供了极大空间与机遇。无论是拥有知识人力资本的“中产阶层”，还是拥有大量财富的“富裕阶层”，或者是拥有体力人力资本的“劳动阶层”，在共建共享发展理念的指引下，都拥有实现自己美好生活期盼的自由度和选择空间。其次，就实现“中国梦”的动力源泉而言，中华民族有着自己的伟大民族经济精神，其与创新开放的发展理念天然契合。这包括艰苦奋斗的创业精神、吃苦耐劳的工作精神等。“修身、齐家、治国、平天下”的儒家理想，“天行健，君子自强不息”“刚健笃实辉光，日新其德”的自强思想，尽管有一定的片面性和表面性，但是具有显著中国特色的积极进取色彩 。“劳则富”“治国之道，必先富民”，其中包含的劳动创造财富的理念，可以而且正在演变成为创新驱动的发展精神。由此形成万众一心共创民族复兴伟业的发展格局，即天人合一、以和为贵、以人为

本、天下为公、刚健自强、共享共建、各尽其能、各得其所，国家、民族、人民目标愿景的有机结合，体现了人与自然、人与人之间的和谐和协调，体现了经济与人生的关系尤其是以人为本的思想基础。当然，对于其中一些封建主义的糟粕，试图歪曲和否定中国特色社会主义理论的成分，也必须予以剔除。

如果说人民富裕的经济愿望具有不可抑制的历史属性，那么国家富强的宏观层次的民族精神，早已经深深融入中华民族的经济意识、品格和气质之中，成为全国各族人民团结一心、共同奋斗的价值取向，它与人民富裕的微观层次的民族精神，通过多年来改革与发展的伟大实践承接，构成“中国梦”社会主义经济精神准确通俗的表述。改革开放初期曾经把解决贫困问题作为主题，推进民生取向的社会主义发展与建设。在向第三步战略目标迈进的新阶段，中国人均国内生产总值已经达到中等收入国家标准，全面小康社会建设取得新成就，个人与家庭财产普遍增加，社会保障正在健全，人民生活富足度不断提高。以改革开放这一伟业和人民群众的丰富实践为活水厚土，“中国梦”的共享发展、创新发展、开放发展理念的客观现实基础，在中华民族伟大复兴实践中不断得以夯实拓展。在温饱、小康与全面小康、幸福、和谐、“中产梦”等理念的嬗变升华中，“中国梦”的开放性、包容性不断凸显，它以共享、开放、创新、协调等为原则，既有个体广泛性要求，又有国家先进性导向，因而将不断提升人生态度、引领社会风尚。

总之，“中国梦”从当代现实出发，强调大多数人民群众的内在利益，以人的具体性和社会性之辩证统一为特征，超越了封建社会民本主义和空想社会主义，丰富和发展了马克思主义经济学理论。

（三）“中国梦”对资本主义市场经济实践的辩证超越

“中国梦”不仅根源于马克思主义的发展观，而且现当代世界发展理论及主题嬗变是其思想渊源之一。

第一，“中国梦”愿景对西方发展思想中的有益成分加以适当吸收。

纵观近年来世界各国的发展历史，尤其是金融危机以后的状况，拉美等中等收入国家停滞迷惘，非洲、南亚等发展中国家仍为走出“贫困陷阱”而挣扎，日本发展“爬行”，美欧增长复苏缓慢乏力，于是，世界各国的发展观被迫调整嬗变。20 世纪 50 年代，西方发展观认为发展等同于增长。虽然以经济增长为根本的发展观对促进经济增长、迅速积累财富起了积极作用，但并没有带来人们翘首以盼的福祉，一些国家出现了“有增长无发展甚至是负发展”的现象。20 世纪 70 年代初出现了“持续增长”“合理的持久的均衡发展”“循环经济”等概念，但其关注的主线是“增长—资源—环境”，忽视了人把握自己命运和行为的能动作用。从“先增长后分配”的单纯强调增长，到唯物辩证地探求“广泛基础的增长”，从“益贫式增长”或对穷人友善的增长，进而形成从应对严重的贫困挑战转向支持更高和更为包容性的增长，“以包容性增长促进社会和谐”的理念正成为主流。

“中国梦”在构建中华民族的共同愿景时，注意吸收借鉴世界各民族发展中的优长，以更加开阔的视野，使中国的发展不仅根植于民族优秀传统的沃土，而且符合世界进步发展的潮流。在开放发展理念中，不断以世界为舞台，吸收发达资本主义国家的市场观念与思维方法，并加以提炼，对资本主义市场经济的多类模式（如“美国梦”“欧洲梦”等）加以比较参照辨析，吸收创新驱动、开放发展、幸福等要素以自我完善。例如，承认作为一种经济学思想理论，新自由主义对市场经济运作的分析有参考价值，但是必须区分作为政治化运作的所谓“华盛顿共识”“后华盛顿共识”等，并以马克思主义为体，对西方思潮加以批判借鉴和吸收。

第二，“中国梦”思想的提出，超越了资本主义制度约束与意识形态约束，具有重大而鲜活的伦理价值。

伦理范畴是制约人们社会经济行为的非强制性的、内在的隐性制度，对人们的愿景和行为具有柔性但持久的调控作用。如果说制度约束终究是一种他律，意识形态约束或非正式制度约束是一种内在化的他律，伦理范畴则是内在的自律，在一定意义上超越了意识形态约束与制度约束。我们认为，“中国梦”是制度、意识形态与伦理价值的有机统一和时代化，其激励约束功能是单纯制度约束与意识形态约束无法比拟的。在与制度约束、意识形态约束相互促进、相互作用的基础上，共同构建超越性的社会激励机制。19 世纪 20 年代以来，西方国家爆发的经济危机，特别是当前的金融危机，不断验证和说明了资本主义市场经济制度的相对落后性和低效率性，上层建筑与意识形态的庸俗性、片面性、主观性、虚伪性和辩护性。因此，对于西方资产阶级思想的“经济人假设”、市场原教旨主义、华盛顿共识、“美国梦”“欧洲梦”等形形色色意识形态中的错误成分，必须给予充分批判。比如，新古典经济学所强调的偏好与效用概念，是一个脱离社会制度规范的抽象个人主义概念，与“极端经济人假设”互为表里。“美国梦”标榜所谓最大化的个人自由、最先进的物质进步和最平等的成功机会，但过于强调个体，造成了一些人追求个体成功的同时所伴随的严重社会失衡，“中国梦”思想理念的基础是以人为本，最终目的是实现人的全面发展，体现经济、政治、社会、文化、生态等维度的辩证统一。这一理念突破了资产阶级思想中的私有财产观或产权观的局限，不是简单地强调财产的有无多寡，而是强调共享的发展，注重个人劳动和创新对民族复兴和国家富强的贡献，强调共建的发展，而不是剥削与投机。从与资本主义的横向比较中，“中国梦”内化于绝大多数人民群众的认识、美好生活愿景、信仰和价值观之中，从而有利于构建公平公正、共建共享的发展新机制和社会氛围，增强进一步发展的包容性。

总之，“中国梦”强调国家富强、民族振兴、人民幸福的辩证统一，把党和国家全面建设小康社会阶段的目标、民族振兴与个人的福祉相联系，把个体、群体、社会的共同愿望聚合在一起。历经实践检验，既具备令人信服的必然性、广泛性和包容性，又体现创新性和开放性，具有巨大的号召力和凝聚力。在目前我国改革开放进一步发展，社会结构深刻变革、思想观念复杂多变的新形势下，“中国梦”的提出立足于中国，思发千古、放眼世界，具有极强的现实针对性，体现了民族、国家与最广大人民群众的根本利益、共同愿望和普遍追求，是引领社会前进的精神旗帜，也是超越我们以往发展再创辉煌的精神动力。

二、五大发展理念的政治经济学理论基因

当代中国马克思主义政治经济学的经济增长与发展理论，是适合中国国情的占主导地位的经济理论和经济思想。正是在增长与发展理论的创新中，在发展作为解决中国一切问题的关键和基础中，从政治经济学视角广泛研究五大发展理念正成为中国特色社会主义政治经济学的基本内容。

习近平总书记在2014年7月29日的中央政治局会议上指出，“发展必须是遵循经济规律的科学发展，必须是遵循自然规律的可持续发展，必须是遵循社会规律的包容性发展”，在此基础上，产生了创新发展、协调发展、绿色发展、开放发展、共享发展的五大发展理念。从经济增长方式转变到强调发展理念，与生产力发展进入中等收入阶段、全面建成小康社会之后的新时代具有内在联系，超越了西方原有发展观，反映了我们对中国发展规律的新认识。

首先，五大发展理念具有系统性，而不是互相孤立的。创新是生产力发展的第一推动力，是从生产方面对社会主义基本经济规律的高度提炼，在发展中具有决定性作用；协调反映了经济社会协调发展规律的要求，它依托社会主义基本经济规律而与资本主义形成鲜明对比，既是其发挥作用的社会条件和具体体现，又是社会主义基本经济规律作用的必然结果；绿色是人与自然之间物质变换的协调关系，是社会主义基本经济规律在“天人关系”上的自然延伸和深化；开放发展是对社会主义基本经济规律内涵在历史视野的升华和加深以及在国际范围的拓展；共享发展是社会主义基本经济规律所体现的社会生产目的与社会主义的本质要求，因而也是五大发展理念的核心[①]。张俊山认为，从马克思主义的根本立场即以人民为中心的立场看问题，用马克思关于再生产的理论结构，可以将“创新、协

---

① 吴宣恭. 五大发展理念是社会主义基本经济规律内涵的深化拓宽和高度概括[J]. 马克思主义研究,2016(8).

调、绿色、开放、共享”五大理念系统化、充实化①。也有学者从经济增速的适度回落这一生产力达到中等收入阶段的普遍规律出发，提出促进发展必须把五大理念贯穿始终②。有学者从马克思主义政治经济学的系统性发展视角，提出了五大发展理念的整体性问题。比如，通过供给侧改革，实现创新发展和协调发展，不断提高社会主义生产力，并为绿色发展、共享发展等提供动能和支持，同时，通过纲领性、引领性和顶层设计，着力更好地满足人民群众日益增长的物质文化需求、生态环境需求以及自身发展需求，把增进人民福祉、促进人的全面发展作为发展的出发点和落脚点，为共享发展、绿色发展指明方向，因此，五大发展理念体现了马克思主义政治经济学整体推进的必然要求③。

其次，新发展理念各有其政治经济学理论基因。关于共享发展理念。胡守勇（2017）认为，共享发展理念与马克思主义和我国历代中央领导集体的共同富裕思想一脉相承，在不断夯实共同富裕物质基础中，回应人民对公平正义的追求，使发展的内涵和理论特质从全民共享、全面共享等方面得到跃升④。共享发展不仅是中国特色社会主义的必然选择，而且对发展中国家也具有借鉴意义⑤。共享发展首先具有马克思主义经济学的学理依据。马克思经济学的共享发展思想源于对贫苦农民民生困境的关切，实际上，正是由于对农民民生利益的关注，马克思开启了对资本主义经济问题的研究，最终创建了马克思经济学体系⑥。因此，要坚持马克思主义理论创新，着力解决如何筑牢以人民为中心的发展思想、处理好各种利益关

---

① 张俊山. 用马克思再生产理论指导我国的“供给侧结构性改革”[J]. 当代经济研究，2017(7).

② 辜胜阻. 五大发展理念是“十三五”科学航标[N]. 学习时报，2015-11-12.

③ 刘焕明，陈绪新. 习近平治国理政思想与中国化马克思主义的整体推进[J]. 马克思主义研究，2017(6).

④ 胡守勇. 共享发展理念的理论溯源与演进历程[J]. 马克思主义研究，2017(2).

⑤ 韩太平. 中国特色社会主义共享发展：理论渊源、实现机制、世界意义[J]. 马克思主义研究，2017(2).

⑥ 蒋永穆，张鹏. 马克思经济学共享发展思想：缘起、关键、途径与愿景[J]. 当代经济研究，2017(4).

系、充分发挥人的思想道德因素作用等问题[①]，更好地实现共享发展。刘灿（2017）则认为，在西方经济学视角下对公平正义的解读无法解决收入分配不平等问题，在马克思主义视角下，生产力发展作为手段要为人的全面发展服务，要形成和完善以人民为中心的发展思想。有学者认为，共享发展是“以人民为中心的发展思想”的重要内容，它以实现“全体劳动者”的美好生活需要为本质特征，克服了基于抽象的个人的西方“人本主义”思想和无主体性的中国“民本主义”传统的局限，因为人本主义难以遏止地滑向个人主义或极端个人主义，民本主义最终导致民众成为被支配的对象和受害者[②]。有学者将习近平讲话及著作中城乡发展一体化和融合问题的思想加以梳理，将其归纳为八个方面，这包括我国经济发展到全面建成小康阶段的必然要求，必须坚持中国特色，将维护好、实现好、发展好农民权益作为出发点和落脚点，坚持不懈推进农村改革和制度创新，新型城镇化和新农村建设必须协调推进、互惠一体，推进城乡发展一体化必须加强顶层设计和系统谋划等[③]。张赛群认为，习近平精准扶贫思想尤其值得关注。这一思想主要回答了“扶持谁、谁来扶、怎么扶”这三大主题，并形成了精准识别、精准帮扶、精准管理和精准考核“四位一体”的扶贫体系，因而在理论上对马克思主义反贫困理论和人的全面发展理论有所贡献[④]。

关于创新发展理念。有学者从新常态下这一与“中等收入陷阱”既有区别又有联系的概念入手，从发展动力转换视角加以分析。例如，张宇强调，新技术革命蓄势待发，要把握住新一轮科学革命和产业革命的挑战和机遇[⑤]。逄锦聚认为，新常态中我国出现的需求不足是结构性需求不足问

---

① 易培强. 共享发展与马克思主义理论创新[J]. 当代经济研究,2017(3).

② 李怡,肖昭彬. “以人民为中心的发展思想”的理论创新与现实意蕴[J]. 马克思主义研究,2017(7).

③ 蒋永穆,赵苏丹,周宇晗. 习近平城乡发展一体化思想探析[J]. 政治经济学评论,2016(5).

④ 张赛群. 习近平精准扶贫思想探析[J]. 马克思主义研究,2017(8).

⑤ 张宇. 聚焦五大发展理念书写中国特色社会主义经济理论发展新篇章[N]. 光明日报,2015-11-19.

题[①]。洪银兴提出，过去三十多年中，中国经济增长的动力可以归结为："供给推动力 + 国际市场需求"。今后发展动力需要转换，形成"需求拉动 + 国际资源"的新动力。因此，引领新常态需要打造创新驱动新引擎[②]。杨晓玲认为，当代社会生产力发展的驱动力及存在形式主要是产品和产业创新，根据马克思主义经济学关于社会生产力发展的创新驱动理论，在重视技术进步特征及发展趋势分析的基础上，更要着眼于对创新发展的分析，尤其是分析当代技术进步的制度障碍，强调技术进步过程中生产关系变革的重要作用，对包括资本竞争关系、剩余价值分享经济关系，以及劳动者能力全面发展等方面进行研究[③]。有学者指出，从树立创新发展的基本理念来看，在推动全民创业和创新驱动战略过程中，国有企业是我国经济转型的核心力量[④]。

关于协调发展理念。目前，在生产力发展水平上，我国告别了物质文明还不发达的低收入阶段，进入了中等收入阶段，因此，围绕资本主义世界经济秩序中新出现的"中等收入陷阱"问题的政治经济学讨论方兴未艾[⑤]。有学者从经济增速的适度回落这一生产力达到中等收入阶段的普遍规律出发，强调协调发展必须重视新常态下的结构优化问题。例如，逄锦聚认为，转变经济发展方式的主攻方向是调整优化经济结构。优化经济结构的重要环节是优化产业结构。要压缩产能过剩产业，大力发展实体经济和新兴产业，着力推动传统产业向中高端迈进[⑥]。刘伟认为，经济下行压力首先来自需求疲软，但根本在于供给侧的结构性失衡，应对之道在于以

---

① 逄锦聚. 谋划"十三五"经济社会发展需要把握的几个理论问题[N]. 光明日报,2015-07-01.

② 李扬."新常态":经济发展的逻辑与前景[J]. 经济研究,2015(5).

③ 杨晓玲. 创新驱动、经济的非均衡运行与马克思经济学时代化研究[J]. 马克思主义研究,2015(7).

④ 刘志国. 创新发展背景下国有企业转型升级的策略选择[J]. 马克思主义研究,2017(1).

⑤ 宋宇,赵浩. 中等收入陷阱:经济学与政治经济学分析比较[J]. 西大经济评论,2017:196-200;乔晓楠,王鹏程,王家远. 跨越"中等收入陷阱":经验与对策——一个基于马克思主义经济学的视角[J]. 政治经济学评论,2012(3).

⑥ 逄锦聚. 谋划"十三五"经济社会发展需要把握的四个理论问题[J]. 新重庆,2015(9).

供给侧管理和改革为核心[①]。尽管中国落入“中等收入陷阱”的风险并不大，但从协调发展和稳定视角出发，张作云则提醒，我国现阶段多元化的生产关系结构和经济制度结构，为“短缺”性危机和“过剩”性危机，尤其是“过剩”危机在我国的发生提供了制度前提。多元化的经济主体结构孕育和放大了危机的可能性。“过度市场化”的体制机制增大和强化了危机的风险性[②]。

① 刘伟. 经济新常态下供给侧管理的重大意义[J]. 人民论坛,2015(36).

② 张作云. 现阶段必须高度重视我国发生金融和经济危机的可能性[J]. 当代经济研究,2016(12).

第十四章 “中等收入陷阱”：西方经济学与政治经济学的分析比较①

自世界银行《东亚经济发展报告（2006）》一书中提出“中等收入陷阱”（Middle Income Trap，MIT）概念以来，中等收入国家如何向高收入国家迈进的问题得到许多关注。西方经济学和政治经济学（马克思主义政治经济学作为精髓，西方非主流政治经济学也大量存在）都对“中等收入陷阱”问题展开探究，对两大理论体系的相关论述进行对比与总结，明确马克思主义经济学的基本观点、借鉴其他学派的有益成分，对中国经济新常态下顺利跨越“中等收入陷阱”、迈进高收入国家行列具有重要意义。

第一节 “中等收入陷阱”的经济学分析

一、“中等收入陷阱”的界定、表现与存在性之争

（一）对于“中等收入陷阱”的界定

要界定“中等收入陷阱”，首先要界定中等收入。目前对中等收入的界定包括绝对法与相对法。绝对法按照人均收入的绝对水平划定不同分组的门槛，如世界银行对中等收入的界定就采用了绝对法，并根据物价变动或购买力平价作一定调整。例如，在2010年，中等收入经济体是指人均GDP在996～12196美元的国家，而在2015年，是指人均GDP处于1045～

① 本节部分内容已发表，这里有较大扩充。

12735 美元的国家。相对法则按照各经济体的相对某些高收入经济体收入水平确定分组，一般选定的比较对象是美国，以其人均收入水平的 15% ~ 55% 或 15% ~60% 为中等收入的区间。

MIT 主要关注中等收入国家是否向发达国家经济收敛，指大部分国家理论上可以赶超高收入国家但耗时太久（理论研究认为需要一两个世纪）。对于滞留于中等收入水平多久算是陷入了“中等收入陷阱”，学界没有一个明确的定论。例如，Felipe et al. （2012）计算了 1950 年以来各经济体成功跨越中低收入水平和中高收入水平所用时间的中值，认为如果某一经济体停滞在中低收入组的时间超过了 28 年，或者停滞在中高收入组的时间超过了 14 年，就被分别认为陷入了“中低收入陷阱”和“中高收入陷阱”。这一对“中等收入陷阱”的时间界定目前认可度较高。

（二）“中等收入陷阱”的表现与存在性之争

“中等收入陷阱”在经济增长上的表现主要是增速下滑与收敛乏力。增速下滑的主要特征是经济增长难以保持之前的势头，出现了明显的增速回落，显著且持久地偏离其预期增长路径。这种增速下滑有时也包含一些发达国家。跨越“中等收入陷阱”的国家往往有稳定的增长，而陷入“中等收入陷阱”者要么在经历迅速增长后停滞，或者快速增长后下降，甚至是灾难性的下跌，或连续停滞，或持续下降，也称为增长脆弱性强。收敛乏力是指经济体在进入中等收入水平后，长期滞留在本收入组，收入水平无法较快地向高收入经济体收敛。二战以来，大多数中等收入国家的平均增长速度并没有像经济增长理论预测的那样系统性地明显高于高收入国家（如美国）在同等时段里的平均增速，因此也就无力向高收入国家收敛。

也有研究表明，“中等收入陷阱”是一个不存在的概念，如江时学（2011）、刘福垣（2011）认为“中等收入陷阱”只是个例，并尝试通过实证来佐证自己的观点。但是，这些实证的样本选取、判定方法往往是存在争论的。更严格的计量经济学研究指出，当把中低收入阶段界定为相当于美国人均收入的 0. 15 ~0. 3，将中等收入阶段界定为 0. 3 ~0. 45，将中高收入阶段界定为0.45～0.6时，中等收入国家上升为中高收入的概率是7/20，上升为高收入国家的概率是3/40，而且下降的概率较小，据此，似乎可以认为MIT并不存在。但是，二战以来，按照购买力平价计算的世界各国相对于美国人均收入的概率分布呈现出两个峰值：一个峰值出现在相对低收入水平；另一个出现在持续地保持富有的相对高收入水平。前者就是经常所称的“低收入陷阱”，后者则是指主要由OECD经济体构成的富国俱乐部。二者之中间的中等收入国家绝对数量较快增长，相对比例也有所提高①。中等收入国家中有很多的平均增长速度没有系统性地高于发达国家在同等时段里的平均增速。世界银行的数据表明，1960年有101个国家进入中等收入经济体行列，到2008年仅有13个国家进入了高收入经济体行列。Eichgreen et al.（2013）的研究发现，按照2005年美元和购买力平价计算，当一个经济体人均GDP到达10000～11000美元时，经济增速就会有显著的下降。一般认为，这些研究在统计上证实了“中等收入陷阱”的确是客观存在的，或者进入高收入国家面临一个规避中等收入均衡陷阱的严峻任务。

二、“中等收入陷阱”的成因分析

对于中等收入陷阱的成因，经济学界从转型、政治不稳定、发展模式、消费、收入分配、福利赶超、社会流动性等很多角度进行了分析，这里主要从分配理论、产业理论和人口红利理论等视角进行归纳。

分配理论认为，合理的收入分配，以及作为其表现的中等收入阶层的扩大，是保证一个经济体长期持续健康发展的重要条件，如收入差距影响储蓄、教育不平等等人力资本投资和消费，进而影响技术创新，而“拉美陷阱”中的中等收入国家采取赶超战略、投资驱动型发展模式和不合理的税制等因素导致这些国家的收入差距严重偏离了合理水平。以拉美国家为例，收入差距不断扩大不仅会伤害经济激励，还会导致有效消费不足，最

① 张德荣.“中等收入陷阱”发生机理与中国经济增长的阶段性动力[J].经济研究,2013(9).

终造成经济体深陷于“中等收入陷阱”之中。

产业理论认为经济发展是一个产业结构由低端不断向高端攀升的过程，产业升级和转型是一国摆脱贫穷和实现持续增长的重中之重；而中等收入国家的现实特征却是产业升级缓慢甚至趋于停滞。一方面，要素禀赋升级滞后、人力资本稀缺等因素是导致中等收入国家产业升级缓慢长期被低端锁定的主要原因；另一方面，产业结构低端锁定反过来又阻碍要素禀赋和人力资本升级，从而形成了一个不利于经济发展的恶性循环，由此给出了一个关于“中等收入陷阱”的理论解释。产品空间理论则指出，增长放缓这一进入 MIT 的信号，基本上是生产率减速而不是物质资本积累的收益减少的直接后果，人力资本、结构变革与创新是全要素生产率增长的主要驱动力，低端制造业转型失败、研发能力不足和人力资本存在缺陷，加上外部环境的不利变化，使要素禀赋不能动态化，技术要素禀赋不能升级以抵消劳动要素禀赋的不利变化，难以重建比较优势进而实现产业结构高级化。“中等收入陷阱”实际上就是中等收入国家受到“追逐效应”与“压制效应”的影响，即提高低收入国家的劳动生产率会放大中等收入国家与先进国家之间的收入差距，而先进国家的生产率提高，更使它与中等收入国家间的距离放大，这两个不同方向的挤压所致。

人口红利理论认为，大多数的后发展国家的经济发展是在二元经济结构下进行的，呈现出以劳动力无限供给为突出特征的人口流动。一方面，可以通过劳动力城乡之间和产业之间的转移获得资源重新配置效率；另一方面，也可以延缓资本报酬递减现象的产生。但是随着“刘易斯拐点”的到来，人口红利终究会消失，要素成本的上涨会日益普遍化①，原有的要素驱动型增长模式不可持续，而只有全要素生产率的不断提高才是经济可持续增长永不衰竭的动力。Eichengreen et al.（2011）的实证研究发现，全要素生产率的停滞可以解释 85% 的减速原因，如果不能将增长方式由要素驱动型转向全要素生产率驱动型的模式上，经济减速乃至停滞进而陷入

① 蔡昉．“中等收入陷阱”的理论、经验与针对性［J］．经济学动态，2011（12）．

“中等收入陷阱”就会无法避免。因此，人口红利理论强调必须加大人力资本培育、再造人口红利，以此为全要素增长率驱动型增长模式提供强大的人力支撑。

三、“中等收入陷阱”的影响

如果一个经济体长期陷于“中等收入陷阱”之中，无疑会对其经济社会发展造成持久且显著的负面影响。

从经济层面来看，第一，会使得教育和研发水平始终处于落后状态、人力资本发育迟缓，进而阻碍经济体由要素驱动型发展模式向全要素生产率驱动型发展模式的转换。第二，由于迟迟无法完成发展模式的转型，提高投资率似乎成了维持经济增长的唯一途径，而投资率的提高必然会受到资本报酬递减制约，资本收益率下降标志着经济效益不断下降。第三，会导致自主创新能力和技术水平持续低下，产业升级缓慢甚至停滞。第四，会造成资本市场发展长期滞后，使得资本市场不能在新兴产业崛起和技术进步中发挥其应有的职能。

从社会层面来看，第一，伴随“中等收入陷阱”而来的是收入分配恶化之持续，持久性的收入分配不均不仅会诱发消费不足，还会引致两极分化的社会现象，更有甚者，会引发不稳定和社会危机。第二，社会流动性不足也会在“中等收入陷阱”中表现得尤为明显，较高的社会流动性是保持经济持久增长的必要条件。社会流动性不足、社会阶层固化会造成不平等固化，挫伤人们工作与受教育的积极性，阻碍经济、社会的持续进步。第三，由于经济发展的停滞以及大规模人口涌入，过度城市化也会伴随着“中等收入陷阱”而出现并加剧，并造成一系列相关的社会问题，如公共服务供给紧缺、贫民窟问题等。第四，“中等收入陷阱”会导致一般民众信心大降，对经济发展的预期持续走低，从而进一步加大经济下行风险。

第二节 “中等收入陷阱”的政治经济学分析

一、“中等收入陷阱”的普遍性与本质

从马克思主义政治经济学的角度来看，经济发展是一个螺旋式上升的过程，在这一过程中，“中等收入陷阱”虽然客观存在，却并不具有普遍性。“中等收入陷阱”并不表明所有中等收入经济体都会增速下降，而是各中等收入国家的情况因历史和现实的原因存在各种差异，长期增长会出现明显的分化，中等收入陷阱与中等收入阶段不存在必然的直接联系[①]。由此可见，若对所有中等收入国家遭遇的问题均仅用一个空泛的“中等收入陷阱”来描绘，明显是不准确的[②]，会忽视经济发展中各种矛盾的特殊性。

“中等收入陷阱”的本质是生产力提高放缓、生产关系落后和经济制度难以变革、国家能力低下。一方面，当前的世界体系依然以中心—外围关系为根本标志，后发展国家因承受国际政治、经济体系的两重制约而处于边缘地位。“中等收入陷阱”就是这种不发达问题的一种重要表现。另一方面，新政治经济学认为“中等收入陷阱”的本质是国内既得利益集团势力强大并进而阻碍经济发展条件的改善，产生无效率政策，尤其是有利于结构调整的升级联盟培育滞后，最终导致经济绩效下降。比较政治经济学指出“中等收入陷阱”的本质是政府力量孱弱，国外资本和国内资本力量持续做大进而使经济发展陷于困境的现象。

二、“中等收入陷阱”的成因

对于“中等收入陷阱”的成因，目前政治经济学主要有四种范式的解

---

① 中共中央马克思恩格斯列宁斯大林著作编译局，编译. 马克思恩格斯选集：第 3 卷[M]. 北京：人民出版社，2012：525.

② 华生，汲铮. 中等收入陷阱还是中等收入阶段［J］. 经济学动态，2015（7）.

释，分别是马克思主义的中心—外围范式、新政治经济学的社会联盟范式、集体选择范式（Olson，1982；Acemoglu，2010），以及比较政治经济学的国家主义范式（Evans，1995）。中心—外围范式认为，“中等收入陷阱”源自不平等的资本主义世界体系自身。自工业革命以来，西方发达国家率先实现了现代化，在世界体系中居于核心地位，后发展国家因为自身生产力发展缓慢而长期位于世界体系中的边缘地位。这样就形成了中心与外围相分割、相对立的资本主义世界体系。正如当年马克思分析德国问题时所强调的那样，外围国家“不仅苦于资本主义生产的发展，也苦于资本主义的不发展”。①资本积累的一般规律在国际领域的表现就是富国穷国之间贫富差距两极分化，强者恒强，弱者恒弱。因此，虽然少数外围国家能够迈向中心国家行列，但这些国家各有其特殊的国际政治经济机遇，多数国家会陷入资本主义国际经济秩序导致的“中等收入陷阱”的泥潭中。这对于我们认识今天的“中等收入陷阱”问题仍然有重要启发。

社会联盟范式的核心是增长友好型政策，需要依靠社会联盟推动。随着经济体迈入中等收入水平，会不可避免地遭遇比较优势真空，即与低收入国家相比，在劳动力和土地等要素上不占优势；与高收入国家相比，在科技、创新上又处于劣势。如果经济发展的驱动因素不能转向创新驱动，经济就会陷入“中等收入陷阱”之中。社会联盟范式认为，较之于之前推动各国由低收入迈入中等收入所实施的要素驱动型的增长政策，旨在提高技术能力、研发水平的政策是更难制定与实施的，要求更多社会群体的参与。这些特点决定了要有更为复杂的制度设计来推动新政策的实施，如职业化的公共机构、高效的官僚体系、紧密高效而又廉洁自律的政企合作等。当这种升级联盟难以形成时，中等收入国家处于一个由路径依赖所导致的陷阱之中，其传统增长机制已不能持续，企业劳工之间、富人穷人之间、正规部门非正规部门之间都有明显不同的利益诉求，收入分配差距的持续扩大使得这些利益冲突进一步激化，增长友好型升级联盟未能成形，

① [德]马克思.资本论:第1卷[M].北京:人民出版社,2004:9.

制度改革停滞不前，许多升级转型政策无法得到有效实施，产业结构被低端锁定，由此给出了一个“中等收入陷阱”形成的机理。

集体选择范式认为，利益集中、规模较小的利益集团并不为整个社会的利益考虑，而会以本集团利益最大化为目标。由此从集体选择的角度给出了“中等收入陷阱”的三个理论成因：第一，中等收入国家的劳动密集型产业和社会不稳定会导致利益集团阻止经济发展条件的改善。第二，资本份额上升到一定程度时，政府和利益集团的收益可能会随着产业的进一步升级而降低，从而促使它们阻碍产业升级。第三，人力资本的提高有助于民众集体行动能力的提高，进而可能会降低利益集团所能获得的租金，因而既得利益集团对人力资本投资兴趣不大甚至还会阻止人力资本的提高。由此，集体选择范式认为，一定要进行政治体制改革以限制和监督利益集团和政府的权力，为产业进一步升级构建良好的政治环境。

国家主义范式或所谓发展型政府理论则是基于韩国等经验教训，强调政府的重要性，认为一个强有力的政府是跨越“中等收入陷阱”的关键。只有政府起主导作用，特殊利益集团和其他社会力量都难以改变政府决策，政府在制定发展战略时才能考虑全局，在执行战略时方可坚持不懈，不断引导产业升级。例如，由于特殊的政治、历史、军事等因素，韩国、新加坡等国家和地区的政经生态中，政府在国外资本、国内资本和劳工的三角关系中起主导和调节作用是这些国家快速成为高收入国家的关键。而一些拉美和东南亚国家之所以陷入“中等收入陷阱”，则是因为国外资本在三角关系中起主导作用。

第三节 两种关于“中等收入陷阱”分析的比较

一、两种分析的相通之处

第一，两者都认为“中等收入陷阱”是客观存在的，是中等收入国家所要正视与克服的。

经济学经济增长理论以中等收入国家普遍存在的增速下滑、收敛乏力等现象论证了“中等收入陷阱”的存在，认为“中等收入陷阱”是一种超稳定均衡的经济状态。政治经济学则从中心—外围理论着手揭示了“中等收入陷阱”是处于资本主义世界体系边缘地位的后发展国家欠发达问题的一种具体表现。

第二，两者都看到了“中等收入陷阱”并不具有完全的普遍性。

经济学经济增长理论认为“中等收入陷阱”对于中等收入经济体意味着一个增长分化的问题，大部分经济体进入中等收入水平后会长时间滞留于中等收入水平，甚至一部分会重返低收入水平，但也有一部分能顺利跃升至高收入水平。政治经济学则强调中等收入国家的一些问题其实与“中等收入陷阱”没有直接关系，并不意味着所有中等收入经济体都会出现增速下滑。

第三，两者都强调要充分发挥政府在跨越“中等收入陷阱”中的关键作用，对市场调节持保留态度。

经济学认为，随着收入分配差距持续扩大、协调失灵与信息失灵等因素导致产业升级进入“瓶颈”，人口红利消失，经济增长原有的动力消失殆尽，政府应实施相应的措施缩小收入分配差距、推动产业持续升级、提高人力资本水平，从而使经济增长完成动力机制转换，以顺利进入高收入国家行列。政治经济学揭示了强有力的政府的必要性，在持续推动政治经济体制改革、约束利益集团、为经济发展创造一个良好的条件中扮演关键角色。不仅如此，制度和产业升级也需要大量的企业和个人都无力承担的投资，故而政府角色不应弱化。

二、两种分析的不同之处

第一，两者的理论逻辑不同，经济学分析侧重于经济运行分析，从收入理论、产业理论、人口红利理论等视角研究资源配置以及各经济变量之间的关系，认为收入分配不均、产业升级滞后、人力资本薄弱等因素相互作用、互相强化，从而导致中等收入国家陷入“中等收入陷阱”。政治经济学侧重于分析经济变量所体现出的利益关系特征，既考虑生产力落后、产业结构低端锁定、人力资本薄弱等经济因素，又考虑经济变量背后的资本主义世界体系、社会升级联盟、利益集团等非经济因素的影响。把政治、社会、意识形态等非经济因素纳入经济研究的内生变量中，揭示了资本主义世界体系、利益集团、社会联盟、政府对于经济发展的综合影响，强调“中等收入陷阱”是由中等收入国家内在的和外在的政治经济生态所造成的。马克思主义经济学强调，就内在政治经济生态而言，从价值创造、分配与实现角度看，过高的剩余价值率导致工资份额没有随着经济发展而相应上升①、资本有机构成不断提高以及与此相联系的利润率不利变动，会降低研发投资的积极性，降低社会总产值和经济增长率。就外在政治经济生态而言，资本主义国际经济秩序不合理，特别是由于国际价值规律的作用，发达国家的国际贸易、国际投资中的垄断地位，是发展中国家总是难以摆脱落后地位的制度原因。两方面因素共同作用，是导致“中等收入陷阱”的基本原因。

第二，两者研究的基本问题与焦点不同，经济学分析主要从资源配置角度，以收入分配、产业结构、人口结构为研究对象，分析了经济体被“中等收入陷阱”锁定的机制，解读了哪些政策可以推动经济体顺利进入高收入行列。而政治经济学则深度更深、广度更广，关注经济现象背后的政治经济力量是如何运作的。马克思主义政治经济学十分重视国际政治、经济结构、历史演变等宏观变量，从国际领域资本积累的一般规律和国内生产力与生产关系的视角分析了“中等收入陷阱”的内在机理（比如，对于前述人口红利假说，马克思主义经济学的分析是，尽管单位劳动力成本上升可能导致对外贸易之竞争力下降，但却意味着劳动者收入份额可能上升从而改善收入分配，未必导致“中等收入陷阱”），而新政治经济学和比较政治经济学则以利益为中心，从利益集团和社会的构成的视角解读了“中等收入陷阱”。

① 乔晓楠，王鹏程，王家远. 跨越“中等收入陷阱”：经验与对策——一个基于马克思主义经济学的视角[J]. 政治经济学评论，2012(3).

第四节　两种关于“中等收入陷阱”分析比较的启示

一、对于“中等收入陷阱”的分析要实现长期制度分析与短期技术分析范式的结合，以更好理解其根本原因和特殊性

西方经济学对“中等收入陷阱”的分析只是将“中等收入陷阱”看作一种经济现象，侧重于经济运行分析，对于“中等收入陷阱”的制度原因没有加以深入说明，缺乏对“中等收入陷阱”形成过程整体的、历史的考察。而新政治经济学则从社会联盟、集体选择的视角分析了中等收入国家制度建设滞后背后所蕴含的利益机制，但是缺少对“中等收入陷阱”背后的国际环境和历史演进的探讨。比较政治经济学从政府与资本的关系角度提出了只有强政府才能引导一个经济体跨越“中等收入陷阱”的结论，却无法解释某些强政府国家依然陷入了“中等收入陷阱”的情况，具有较明显的片面性。马克思主义政治经济学基于对资本主义制度的深刻剖析，侧重于资本积累一般规律的、历史范式与逻辑范式有机统一的“中等收入陷阱”研究。但是，尽管马克思主义政治经济学对“中等收入陷阱”形成的原因分析深刻，但是对其形成机制和经济运行分析探讨较少。因此，要立足于马克思主义政治经济学，以其他政治经济学流派和经济学为借鉴，从生产力和生产关系两个方面对“中等收入陷阱”展开分析，既要剖析其利益机制、制度、历史、政府影响等长期因素，又要把握其短期经济运行机制，建立长期制度分析和短期技术分析有机统一的新范式，以求更为全面深刻地认识“中等收入陷阱”。

西方经济学对“中等收入陷阱”很多表象进行了分析和描述，但主要从实证的角度对“中等收入陷阱”问题的历史和现实进行现象概括，认识问题的角度比较狭隘，也就使其解释力大打折扣，特别是所暗含的假设是资本主义制度是最为合理的理想制度，忽视了资本主义世界体系本身的不合理性。政治经济学尤其是马克思主义政治经济学在对“中等收入陷阱”

各种表象完整把握的基础上进行本质分析，不仅仅限于实证分析，还使用规范分析，在指出资本主义制度的不合理性后，指出少数发达国家与发展中国家的经济剥削与不平等的，国际经济秩序是造成发展中国家落后的根本原因。考虑到"中等收入陷阱"有丰富的表现形态和特殊性，如"中等收入陷阱"包括增长停滞、分配不公、过度城市化等现象，我们应该对经济发展的各种情况进行界定和具体分析，不应把中等收入问题过度放大，也不可忽视其可能产生的风险和复杂根源。

二、要根据现实的发展对马克思主义经济学发展理论进行完善和创新，在规避"中等收入陷阱"的实践导向中要注意不同方法的结合

对"中等收入陷阱"概念的认识是有一个过程的，是随着世界经济的发展而不断演进的（曾经提出贫困陷阱、福利陷阱等概念）。西方经济学和政治经济学也在不断地更新理论、提出新的有价值的思想。因此，我们要根据现实的发展不断完善和创新马克思主义经济学关于发展陷阱的理论。马克思主义经济学的发展陷阱理论更多侧重于对经济现象的本质以及政治经济秩序的研究，加强对经济结构演进、经济运行、政府与市场的关系、技术对后发展国家的影响等因素的研究。

需要看到的是，经济学的"中等收入陷阱"理论论述了摆脱"中等收入陷阱"的路径是缩小收入分配差距、推动产业结构优化升级、提升人力资本质量，强调处理好公平与效率的关系、建立创新机制、加大人力资本培育是中等收入经济体迈入高收入经济体的基石。政治经济学则指出要想使政策充分发挥作用，在制定经济政策时首先应该关注其政治经济学基础。马克思主义政治经济学揭示了要想"摆脱中等收入陷阱"，一是需要推动国内生产力和生产关系的发展，二是需要改造资本主义世界体系，建立公平、合理的世界经济新秩序。新政治经济学和比较政治经济学则是认为中等收入国家处于一个由路径依赖形成的陷阱之中，强大的既得利益集团会使得弱势的政府在政策制定时可能丧失其独立性，在政策实施时一些

政策也可能会被扭曲从而无法产生良好的政策效果。加之未发育的国内升级联盟无法对利益集团进行制约，导致中等收入国家陷入“中等收入陷阱”的困境之中。由此要推动政治体制改革，培育利益相近的升级联盟方可推动经济持续发展。因此，政策实践中我们要全面分析问题，注意两种方法的有机结合以求更有效地促进经济社会的发展。

中国经济新常态的提出就是对西方经济学“中等收入陷阱”理论的突破和创新。西方经济学仅从增长速度的下降判断发展的成败，是极其片面和表象性的，不利于在稳中求进中保持战略定力和平常心。旧有的增长动力日趋衰减除了全要素生产率下降外，马克思主义政治经济学更强调“中等收入陷阱”的原因在于资本生产率及其回报的下降，这取决于利润率长期下降规律①，由于起飞阶段的资本积累模式已不能适应中等收入阶段的新变化②，面临陷入“中等收入陷阱”的风险，亟待转换增长动力机制，培育新增长点，收入分配差距扩大、产业升级相对滞后，人口红利正在趋于消失的问题不容忽视。因此，我国亟待推动产业升级、建立创新机制，来推动经济可持续发展。但是，既得利益集团在渐进式改革中得以膨胀，试图维护现有利益格局并使之定型化，这使我国的制度改革有可能出现奥尔森所说的“制度惰性”。在此情况下，更要看到和发挥中国的社会主义制度优势，超大国经济的多样化、异质性集成优势，从摆脱资本主义世界体系所强调的落后宿命、实现中华民族伟大复兴的高度看，坚信中国跨越“中等收入陷阱”的必然性在于坚持中国特色社会主义道路。因此，一方面要加强社会建设，培育中产阶级，建立橄榄形社会，从而壮大社会升级联盟；另一方面要有壮士断腕的决心推进法治经济与现代化经济体系建设，构建“亲”“清”新型政商关系，以体制改革再造社会活力和厚植优势，依靠广大人民，在广泛民众参与、共享发展的基础上，进行改革的顶层设计，更顺畅、有效地推动有利于经济发展、社会进步的措施实施，从而顺利跨越“中等收入陷阱”。

---

① [法]玛莲·戈玛尔，张嘉昕. 中国的“中等收入陷阱”：一种马克思的观点[J]. 海派经济学，2016(3).

② 陈享光，李克歌. 跨越“中等收入陷阱”的积累模式探讨 [J]. 教学与研究，2015 (2).

第十五章　马克思主义经济学与西方经济学转型理论比较

自20世纪后半叶转型作为一个经济学问题和研究领域出现以来，曾经经历了一段时间的迅速发展，但此后面临时代提出的各种挑战和难题。由于中国改革为世界提供了一个开放与改革双重引擎推动的发展典范，其成功经验被冠以“中国模式”“中国道路”等诸多称谓，在转型研究中具有极其重要的地位。因此，结合中国经验，对西方经济学范式与马克思主义经济学范式加以比较具有理论与实践、历史与未来等多重意义。

第一节　西方经济学的转型理论

西方经济学对于转型的两种方式和路径、转型国家的经济绩效与其转型方式之间所存在的紧密联系、转型的特征性事实等作了一系列有意义的探讨。例如，热若尔·罗兰在其颇有影响的《转型与经济学》（2000）一书中，归纳了当时的主要研究内容，指出伴随着传统社会主义国家的计划经济体制向现代市场经济的转型，对转型的两种不同方式和改革策略的争论成为焦点。转型理论把转型大体分为两种：大爆炸或休克疗法以及渐进主义或增量改革，正如罗兰所言，这其实是西方“经济学界对转型任务”毫无准备的表现[①]，因而只是片面强调稳定而忽视制度变迁。

① ［比］热若尔·罗兰.转型与经济学[M].北京:北京大学出版社,2002:17.该书把转型定义为“大规模的制度变迁”,就具有启发意义。

大爆炸与休克疗法的理论基础是“华盛顿共识”、标准的新古典价格理论、标准的宏观经济学和宏观稳定性政策的经验，以及西方比较经济学关于社会主义经济的一些理论等；渐进主义或增量改革的理论依据是现代微观经济学所提供的制度观点，如基于非合作博弈理论的方法、演进经济学方法等，以及受波普尔与哈耶克的影响，强调人们对经济与社会系统的相对无知、社会工程的不稳定性等的演进方法。

新古典经济学只是关于市场如何运作的绝非完美无缺的理论（比如，主流经济学关于制度作用持续几个世纪的争论就延伸到关于转型目标的争论中），而不是市场发展的理论①，因此，由于抽象掉时间、制度、政治、文化等重要因素的作用，无法对转型结果问题中极大的不确定性、互补性等加以有效解释。虽然也意识到了制度的作用，但制度分析被隔离出来而过于简化，并不能理解制度变革的真正意义②。与此相类似，新制度学派的研究范式虽然在产权分析和制度变迁分析中有所发展③，但在试图将产权、激励等因素纳入转型国家的制度变迁分析中，陷入了科斯“产权神话”的缺陷之中，政策建议也与新自由主义范式并无二致。

不难理解，主流经济学一直存在的关于制度作用持续几个世纪的争论必然延伸到关于转型目标的争论中。凯恩斯主义者如斯蒂格利茨等认为，“有些拥护自由市场论的人说，成功的第一步就是使国营企业私有化。他们的观点对与否我不敢妄加评论，但我知道他们的这一结论没有科学依据”④。就长期动态而言，企业与市场是相互补充的，而不是新制度经济学静态分析的相互替代关系。私有化对于提高效率并不是必要的，在适当的

① 冯志轩. 中国经验对于经济学理论的贡献[J]. 政治经济学评论,2013(1). 以罗斯托起飞理论为例,新古典的框架(包括新制度经济学等)实际上仅仅反映进入大众消费阶段的发达资本主义国家的现实;“这一理论首先是没有历史的,在其理论框架当中,市场是永恒而不是历史的,因此市场从何而来,又将向何处去在理论中没有得到展现,市场经济所经历的不同阶段也没有得到反映”。

② 正如提出宪政经济学的布坎南所言,转型的实质是人们在制度约束之间的选择,如果说我们的确需要能促进自由交易的制度结构和具备市场理念的个人,这些制度与理念不可能一蹴而就。因为这些制度结构和市场理念是过去长期历史发展的产物。

③ 孙景宇. 十字路口的转型经济学[J]. 天津社会科学,2010(5).

④ 转引自阮震. 斯蒂格利茨的经济转型理论述评[J]. 经济评论,2003(2).

环境下，国有企业也可以对市场作出积极反应①。但是，斯蒂格利茨等同样没有超越主流经济学范式的局限性。

与新古典主义理论不同，归入演进主义的各个学派和理论之间存在很大的差异，理论源流、研究方法等大相径庭②，但制度经济学、演化经济学和比较经济学等都可以归入这一类范式。由于从不同的经济体制中总结出若干基本的经济体制模式，在此基础上进行比较，这主要是一种基于事实的历史归纳研究。另外也有一些共同的特征，如坚持制度、法律和市场是自发演化生成等。演进主义分析可以划分为三个层次，即演化经济学、保守主义政治意识形态和不可知论③，比如受不可知论哲学影响，一些学者把转型作为演化过程的一个阶段④，以揭示资本主义市场秩序自发演进的特征，并产生重要影响（如哈耶克的自发秩序思想为人们普遍接受的“整体大于局部”的经典思想提供了新的论证，但是，其认识论悲观主义

---

① 英国经济学家彼得·诺兰论证说，经济转型过程不确定性更大，私人行为更趋于短期化，市场失灵更普遍，于是有效的政府干预（包括支持大企业发展）是解决市场失灵和推进转型的基本手段。阿木斯坦和泰勒强调，向资本主义过度更多需要的是“看得见的手，而不是看不见的手”。因为转型有赖于能够支持长期投资和承担风险的制度，这包括明确的产权和契约法律、能够胜任的私人及公共组织等，国家在其中必然具有不可替代之作用。张宇. 过渡经济学的回顾与反思[J]. 经济学动态，2003(5).

② 吴垠，刘灿. 转型经济学的研究范式与发展方向[J]. 经济评论，2009(4)；周冰. 转型经济学在中国的兴起和学科定位[J]. 社会科学战线，2009(7)；孙景宇. 十字路口的转型经济学[J]. 天津社会科学，2010(5).

③ 张宇，王升华. 马克思是建构理性主义者吗——评哈耶克对马克思的批评[J]. 中国人民大学学报，2003(1). 由于与个人主义和主观主义相联系，由于在社会发展过程的可知性问题上给出了否定的答案，哈耶克坚持人类的智识不足以综合一系列广泛的实质性事实及为伦理学提供理论基础。

④ 比如，演进主义者麦克米伦和诺顿认为，如果计划经济之所以缺乏效率在于计划者不能充分而准确地获取信息，市场经济中的必要信息都在市场价格中反映，向市场经济的过渡，根据一个预定的时间表进行“一揽子”改革时，设计人和执行人同样面临着信息不足的难题。因此，改革者只能渐进式地走一步看一步，任何社会改革方案最初都是以旧体制下获取的信息为基础的，这些信息又是一个累积过程，从机制设计视角看，渐进改革的成功之处在于，把社会（不仅是市场或政府）看作一种信息加工手段，转轨经济学家青木昌彦认为，经济体制是一个复杂的进化中的博弈均衡所确定的内生性规则，制度多样性、经济复杂性等因素存在，即使由于技术或市场诱导的总方向已经确定，大规模经济改革的结果和过程也与文化基因的编程有关，如政治事件和制度企业家等新奇性与随机性因素也有重要影响，因而制度转轨有很大不确定性；葛雷卜（GRABBER，1998）认为，从进化论观点看，没有多样性就没有选择，制度和组织的快速变化，往往会牺牲长期效率，相反，旧体制的存在、制度变迁中的摩擦会保留制度的多样性，为新制度的选择和产生提供广泛的空间。参见张宇. 过渡经济学的回顾与反思[J]. 经济学动态，2003(5).

断言人类难以掌握足够的知识重建制度，最好的事情就是简单地相信进化，却受到了许多批评)[①]。但是，演进主义侧重于经济过程的动态性、复杂性和混沌特性，以及外在环境的不确定性带来的挑战，否定了人类社会认识和控制社会的可能性，从而错误否定了社会变迁中客观规律的存在性。

近年来的一种观点是，转型经济学是一门“新”视角的发展经济学，原有发展经济学的一系列命题、主张、分析方法在转型分析的框架之下具有新的含义，不仅大大拓展了转型经济学研究的层次和领域，而且从经济发展的若干重要命题的以往研究中吸取了有益成分。

总之，由于西方经济学采取的历史唯心主义方法否定社会整体客观性和历史唯物论的科学性，错把交易过程当作人类经济生活的基础，进而错误地把社会制度的变迁看作个人心理偏好或文化问题，得出资本主义制度是唯一合理的结论。因此，他们把转型问题等同于从社会主义到资本主义的转变更是根本错误的。

第二节　马克思主义经济学的转型理论

首先，马克思主义政治经济学（包括古典经济学中的科学成分）为关于社会主义社会改革发展[②]、转型目标的论证、道路与方案选择提供了关于转型研究最重要的理论资源。比如，马克思主义经济学对于生产目的、商品生产、价值规律、重建个人所有制的探索，是从计划经济向市场经济的转型中最重要的理论资源[③]。马克思、恩格斯在谈到价值规律时，曾经转用亚当·斯密的论述“这种关系就像古代的命运之神一样，逍遥于环球

---

① ［美］布鲁斯·考德维尔. 哈耶克的挑战［M］. 北京：商务印书馆，2018：427.

② “所谓‘社会主义社会’不是一种一成不变的东西，而应当和任何其他社会制度一样，把它看成是经常变化和改革的社会”. 中共中央马克思恩格斯列宁斯大林著作编译局，编译. 马克思恩格斯文集：第 10 卷［M］. 北京：人民出版社，2009：588.

③ 张卓元. 中国经济学 30 年［M］. 北京：中国社会科学出版社，2008：107.

之上，用‘看不见的手’分配人家的幸福和灾难”[①]；恩格斯在《反杜林论》一书中说，“价值规律正是商品生产的基本规律”[②]。中国学者继承马克思主义经济学传统，向《苏联社会主义经济问题》等贬低商品生产和价值规律的错误观点提出挑战，先后出现以孙冶方为代表的价值规律宽派，以孙冶方、卓炯为代表的商品生产宽派等。尤其是改革开放以后，探索价格改革、探索企业改革的两权分离迅速展开[③]。1992 年社会主义市场经济论确立。以上分析不断增强了马克思主义经济学关于转轨问题讨论的科学性，总结了中国转型的经验和规律性。

由于马克思主义政治经济学具有完整和严密的理论研究范式，而且它就是以社会的经济组织（生产方式）和制度（生产关系）为研究对象，从生产方式对立统一中分析社会形态的演变，在历史的、整体的结构中分析个人行为，通过社会实践实现规律与目的的统一，这与转型经济面临的问题和研究对象是最为一致的[④]。这构成了马克思主义经济学方法论的突出特色。但是，马克思主义经济学并不认为制度是一种抽象和孤立的存在，强调要在社会经济运动全过程中加以把握，从基本制度和社会形态层面加以把握。因此，中国学者强调改革的目标和宪法制度对改革道路的决定性作用[⑤]。

马克思主义坚持社会历史发展过程的客观必然性规律存在，这与历史唯心主义的社会历史过程非决定论截然不同。因此，以唯物史观为基础的实践理性主义，坚持主观与客观、目的性与规律性的统一，为转型问题的解决奠定了认识论的基础，这既超越了演化范式，又超越了新古典经济学。

---

① 中共中央马克思恩格斯列宁斯大林著作编译局，编译. 马克思恩格斯全集：第 3 卷[M]. 北京：人民出版社，1960：40.

② 中共中央马克思恩格斯列宁斯大林著作编译局，编译. 马克思恩格斯选集：第 3 卷[M]. 北京：人民出版社，1972：351.

③ 张卓元. 中国理论经济学 60 年的重大进展[J]. 社会科学管理与评论，2009(3).

④ 周冰. 转型经济学在中国的兴起和学科定位[J]. 社会科学战线，2009(7).

⑤ 张宇. 过渡经济学与中国的转型模式[J]. 政治经济学评论，2005(2).

其次，基于对市场社会主义思想的吸收，苏东国家转型实践中以马克思主义经济学方法为工具的理论探讨也产生了重要影响。

按照罗默等的概括，迄今为止以市场社会主义或向市场经济转型的理论为标志的发展已接近百年，仍方兴未艾。例如，波兰经济学家布鲁斯最早把市场机制引进社会主义经济，指出“生产关系的性质本身决定经济运行机制的若干基本因素”①。社会主义的经济模式作为社会主义经济制度的具体表现形式和实现形式，各国应根据自己的生产力水平、具体国情和社会经济文化背景，通过对各种经济体制模式进行比较，探索出适合自己国家的经济体制模式。布鲁斯对从集权模式过渡到分权模式作了论述，他批评了资本主义市场机制的垄断缺陷，引入市场调节概念，指出市场机制不适用于经济发展的方向和比例关系的决定，在社会主义条件下政府和管理部门对经济发展大局的宏观决策和调控是非常必要的。这些研究在理论上丰富了社会主义经济理论研究的内容，开辟了社会主义经济研究的一个广阔领域，为改革传统的苏联模式、探索和建立适合本国国情的经济模式提供了理论基础。捷克经济学家奥塔·锡克提出了宏观收入分配计划下的市场经济模型，其在对计划与市场功能进行比较的基础上，提出了“计划与市场相结合”的模式，主张通过宏观分配计划实现对社会主义市场经济的调节和控制，以实现社会主义经济的基本原则，克服市场机制自发起作用所产生的弊端。锡克认为，一方面，要有真正的市场机制；另一方面，在发挥市场机制作用的同时，需要一种和指令性计划不同的国民经济宏观分配计划。由于苏联计划经济的运行表明，由中央以计划指令的方式配置资源不能完全实现宏观经济的平衡，锡克提出了一种资本中立化的社会所有制，试图克服资本主义私有制和计划经济国有制的弊端，使资本的运营有人负责，实现民主的社会主义原则。

最后，中国学者对社会主义市场经济目标模式等的探讨卓有成效，方兴未艾。

---

① ［波兰］弗·布鲁斯.社会主义经济的运行问题［M］.北京：中国社会科学出版社，1984：4.

中国经济体制改革已经进行了40多年。这一伟大的体制变革与中国现代化和经济转型的历史过程互相关联，共同构成了20世纪后半叶以来全球发展中最引人关注的一个大事件。在这一过程中，中国学者以马克思主义经济学转型理论为指导，结合西方经济学转型理论，基于转型实践，对转型的路径方式加以探讨。这包括：吸收西方新古典经济学、制度变迁理论的合理成分，结合中国传统文化，深化对转型出发点特别是体制特征、条件的认识，分析渐进式改革、激进改革的利弊得失，以及政府的角色等。

马克思主义经济学转型理论认为，经济转型的根本动因在于解放和发展生产力，需要冲破旧的生产关系，在改进财富的生产和分配中解决市场经济运行的深层次问题。马克思主义经济学早已雄辩地证明，资本主义存在局限性，经济要进一步发展，就必须进行资本主义制度环境的转型，因此，中国学者强调，西方经济学转型理论把转型问题等同于从社会主义到资本主义的转变，这是完全错误的。因而不断从规范分析角度论证中国社会主义市场经济体制的新内涵、新发展，正是社会主义制度自我完善的思想表现，而不是转向资本主义的错误观点①。

因此，中国转型经济学尤其关注中国经济转型所体现的中国道路、中国经验和中国模式，尤其是其中所体现出的中国“特色”，对把转型经济学看作政治经济学基本理论的新发展都有积极影响。

第三节 马克思主义经济学转型理论与西方经济学转型理论的比较及启示②

中国的改革为世界提供了一个开放与改革双重引擎推动的发展典范。其成功经验被冠以“中国模式”“中国道路”“中国特色社会主义”等诸多称谓。其中，改革的核心要素、改革的特殊性与普遍性等问题一直困扰着

① 周冰. 转型经济学在中国的兴起和学科定位[J]. 社会科学战线，2009(7).

② 本章部分内容前期已发表，这里有扩充。

决策者与实践者，并成为诸多学术争议与经济意识形态的焦点。经济意识形态是经济发展必要的条件，任何一种经济发展模式都需要说明人们遵循它的合理性，这离开一定意识形态的解释是不可能的。中国的经济体制模式必然包含着思想的发展或创造，这突出体现在政治经济学范式的不断创新中。正是人们对社会主义的坚定信念，依托中国马克思主义经济理论的不断创新而增强科学性，为中国经济体制改革中一次又一次的突破提供了强大的思想基础。

因此，尽管伴随着对外开放的进程，前述西方经济学范式产生了一定影响，但是，以马克思主义理论为指导的政治经济学范式，在体现中国经济现代化和市场经济发展一般规律的基础上，更好地反映了中国特殊的制度、国情和历史阶段的要求，成为中国经济改革的主体性理论支撑，对中国社会主义基本经济制度在改革、发展和开放的伟大实践中加以展开、实现、完善，具有重要的指导意义。

一、以发展着的马克思主义经济学统领经济改革实践中的思想认识，在上层建筑与经济基础和生产力变革的协调适应中，不断增强理论自信

随着中国经济的持续发展并引致经济基础相应发生改变时，由于原有的上层建筑与意识形态已不能适应新的经济基础，互相之间处于复杂与深刻的矛盾抵牾之中，这尤其表现为以经济学理论为典型的诸多思想认识上的分歧与争论。如果缺乏正确的导向，将会导致社会成员的认同度和社会凝聚力趋于下降。

马克思主义经济学是中国改革开放的基本思想灵魂，它义无反顾地提供了一种用以说明中国经济制度合理性的“意识形态”，因而有助于坚持改革的社会主义方向。马克思分析资本主义的某些原理、范畴能够被用于分析社会主义市场经济竞争中的不少问题。比如，在面向经典文本，深度挖掘经典著作话语体系中蕴含的精神实质与核心内涵后，从马克思主义经济学自身的内在逻辑出发，只要坚持科学的劳动价值论，就可以分析近年

来各种非劳动收入的性质并进行价值判断。尽管《资本论》《〈政治经济学批判〉导言》等马克思主义经典著作中，对资本、价值增值等范畴都有否定和肯定的二重性分析，政治经济学范式与经济改革的伟大实践相呼应，更多重视以往被忽略的原理范畴的肯定面。在对技术人员、管理人员的劳动性质加以科学分析中，澄清了生产性劳动的内涵与外延，特别是回应了生产力飞速发展的时代变迁，阐述了技术性劳动者、管理性劳动者属于先进的生产要素与复杂劳动，总之，通过区分价值创造与财富创造，考虑生产过程的要素质量，如技术和知识等的先进生产要素性质，特别是在社会主义基本经济制度下全面认识资本并将其并入生产过程，从而把马克思主义政治经济学理论从批判的武器转化为建设的武器，为劳动、知识、技术、管理、资本等诸多生产要素的活力迸发，社会财富创造的源泉充分涌流提供坚实的理论支持。

再如，关于社会主义与市场经济之间的关系，一直被许多学者认为是“第一重大问题”，建立社会主义市场经济体制，已经在体制机制、发展运行层面形成较为系统的理论，虽然早期马克思主义学者也把市场经济等同于资本主义，但随着中国道路的不断拓展和辉煌成就，目前许多马克思主义学者已经改变了过去的观点①。但西方主流经济学仍然怀疑社会主义与市场经济能否有效结合。从创造性转换的马克思主义经济学看，其错误根源在于，混淆了生产资料私有制与市场经济运行的不同层次，结果看不到市场经济、计划经济与公有制、私有制结合的可能性。

二、适时引入、吸收和超越比较经济学范式、转轨经济学方式（包括经济社会学范式），形成既有特殊性，也有普遍意义之改革理论的政治经济学范式，对中国特色社会主义市场经济制度在现实经济社会中的展开和完善献计献策

当代世界是一个形形色色经济学理论、观点、思潮百家争鸣，相互激

---

① 程恩富. 经济思想发展史上的当代中国社会主义市场经济理论[J]. 学术研究，2017(2).

荡的时代，作为不同程度上的理论自觉与提升，分别从不同的角度、不同的侧面，对时代性、世界性的经济学问题加以思考和解决，其中也存在某些合理性的成分，并提出具有启发性、深刻性与借鉴性的问题，以及解决问题的方式和思路，因此，吸收、包容西方经济学中的合理性因素，丰富和促进中国马克思主义政治经济学的科学发展，具有重要意义。

如前所述，源于苏东学者关于社会主义经济体制的理论，具有重要影响，引发了中国学术界对经济体制改革目标模式或蓝图的系统认识。实际上，这一范式对于正确借鉴国外的经济模式具有重要参考价值，对于摆脱传统计划经济理论的束缚、探索中国经济体制改革的目标模式启发卓著。但是，由于存在过分抽象和简化的成分以及分析视角的静态性因素，与中国的现实经济生活存在明显距离，特别是由于没有彻底坚持历史唯物主义和辩证唯物主义的科学思想，忽视了社会主义生产关系的特殊性，忽视了不同历史阶段和社会制度下经济规律的根本差别，难以揭示中国经济改革与经济发展的动态过程和内在逻辑。随着社会主义市场经济体制改革目标模式的确立，过渡经济学或转轨经济学开始对中国的改革产生一定影响。以私有化和自由化为核心的“华盛顿共识”与“后华盛顿共识”、以激进的“休克疗法”为代表的新古典经济学范式、以不完全信息理论为指导的渐进式改革的新凯恩斯主义范式，以及强调试验与演进方法逐步推进的社会经济学范式一时颇为流行。应当承认，这些范式揭示了中国经济转型历程的某些方式和特点，丰富了对经济转型过程的认识，但是，其在根本上属于西方经济学传统的延伸和变形，因而只有抽象空洞的市场经济概念，不能分析具体的历史的社会主义市场经济实践，特别是忽视了社会主义制度的自我完善这一根本性质。

政治经济学范式吸收和包容了上述研究的有益成果。比如，政治经济学并不否认各种私有产权具有不同的效率，但否认了某种私有产权具有最高效率，在政治经济学范式的综合创新中所提出的公有制高绩效假设，为公有产权的发展夯实了理论基础。这样，通过强调在社会主义经济制度的自我完善中发展多种经济成分，政治经济学范式超越了西方经济学的狭隘认识。在政治经济学范式的创新中，始终以超越西方主流经济学的狭隘视野、价值偏见和思维定式为学术旨趣，体现了唯物史观和马克思主义哲学关于生产力与生产关系、经济基础与上层建筑以及历史与逻辑、理论与实践的辩证关系认识的精髓，反映了中国社会主义市场经济历史进程中所探索的真知灼见。比如，政治经济学范式坚持以生产资料所有制为经济制度的核心，而西方制度经济学仅仅把私有制的具体表现如产权制度作为核心，前者侧重于从不同社会的经济形态与阶级关系上分析制度，后者仅仅在抽象意义上分析制度，忽视研究制度的社会性质，结果把制度降低简化为一种与劳动、土地、资本等同的稀缺资源；再如，政治经济学范式强调经济体制、经济机制建设的重要性，不断从体制改革层面为增长、发展与稳定增加更强的动力源泉和风险化解力量，从而使增长更有质量和效益，使社会更加稳定与和谐，在不断突破传统体制的同时，适应新的条件以创造更好更新的体制；政治经济学范式肯定新中国改革开放 40 多年来发展取得的伟大成就，并在理论思维的前提层面警惕或破除各种错误观念或思潮。既反对那些通过夸大中国经济社会发展中存在的矛盾或过去遗留的问题，来否定改革开放的极“左”思潮，也反对不加批判地以西方经济学来构造中国改革发展的理论，特别是主张“全盘西化”实则模仿的错误学术思维和学术志趣。

三、实践为本，从改革实践中总结鲜活经验，在为改革进行理论论证、设计和咨询的基础上，不断丰富和发展经济体制改革的政治经济学分析

重视改革与发展中现实问题的研究是中国经济学的优良传统，而改革的实践与实施反过来丰富了人们对改革的理论认知。国际上不少著名经济学家认为，中国的政治智慧对中国经济体制改革有重要贡献。比如，中国一直强调建立推进全面改革的权威领导制度，特别是不断加强和改善党对全面深化改革的领导，这是其他转型国家所难以比拟的。对改革中的实践经验进行理论概括，是政治经济学范式题中应有之义。比如，国有企业特

别是垄断行业的改革问题，既涉及国有经济这一社会主义基本经济制度的地位和主导作用，也涉及公众利益与优化资源配置，涉及引入市场机制的速度和顺序，也涉及社会主义基本经济制度与宏观调控监管体系的完善等诸多问题。转轨经济学范式的研究发现，中国改革进程具有若干特点，诸如渐进性、局部性、不完全性、差别性、双轨制过渡和周期性等，这丰富了人们对于各种改革方式利弊等问题的认识。但是，只有从改革的政治逻辑上来认识，才能深刻揭示其背后政治家与改革者动员人民群众，壮大支持改革的力量，克服反对改革的既得利益阻碍，并依靠改革的不断成功，赢得相应的意识形态支持，推进市场经济体制发展的综合创新过程。

与实践为本紧密关联的是政治经济学范式努力实现马克思主义经济学的本土化，进而生成一种具备中国特质的马克思主义政治经济学理论范式。由于扎根于中国人的文化心理结构这一基础，不断丰富中国马克思主义政治经济学的独特品质，使诸多从中国改革开放实践经验中凝练、升华的政治经济学理论成果具有普遍性价值。以供给侧结构改革为例，具有根植于中国特色社会主义政治经济学的理论基因，与西方供给学派等的理论与实践逻辑根本不同。当代中国马克思主义政治经济学坚持发展公有制经济，而不是以供给学派为代表的西方经济学的私有化，是更好地发挥政府作用与市场的基础性作用的统一，而不是迷信市场；基于技术创新和制度创新培育新动能，基于制度性成本降低优化营商环境，进一步推进国企改革和去产能，而不是局限于减税的政策刺激。等等，

四、历史分析，对中国经济体制改革中的深层次问题追踪研究，推进重大理论突破与创新，是中国经济改革理论实现动态发展的一个重要使命

按照马克思主义经济学的制度变迁范式，改革在根本上是一场革命而不是局部改良。中国经济体制改革一般有两个环节：一是新体制的建立这一基本环节，如进行产权制度改革、现代市场经济改革、收入分配体制改革和宏观经济体制与调控的改革等；二是新体制的磨合环节。需要更多地

关注民生问题、发展观问题、社会和谐问题和公平公正问题等。新体制大规模建立环节的革命性尤为突出。这表现为，改革要不断将以往经济理论所批判的理论和体制引入中国特色社会主义经济理论体系中，吸收到有中国特色的社会主义经济体制中。比如，非公有经济与社会主义经济的理论从对立到统一、市场经济与社会主义经济从对立到统一等。至于所谓体制磨合期的矛盾，从基本性质上看，按照唯物辩证法，主要属于“非对抗性”的，而不是“对抗性”的，可以在推进经济基础改革的过程中，通过改革和完善上层建筑来加以解决。在这一阶段，为巩固和完善新体制，要在上层建筑和体制运行环境的完善中，更多关注和谐社会、科学发展、理想导引、民生问题、社会公平等问题。对这类重大问题的科学认识，必然要经历一个历史过程，并依靠历史分析的方法长时段把握，以不断深化认识。

改革开放的实践表明，社会主义基本经济制度与体制、组织结构是中国经济制度的主体，但又具有与时俱进的表现形式。对于其中各种复杂的组织结构的运行机制，可以借助吸收比较经济学的有益成分来更好地认识。同时，市场配置资源是社会主义市场经济制度的基础，可以用吸收转轨经济学有益成分的政治经济学范式来全面把握。这样，基于综合创新的政治经济学范式，对于中国地方政府之间的竞争、国有企业与民营企业之间的竞争以及各种性质企业内部的竞争所形成的中国特色市场经济竞争格局，能够从历史分析的视角更好地把握。中国经济改革的这种实践探索，最大限度地调动起了各种要素的潜力与活力，历史性地证明了政治经济学关于社会主义与市场经济可以有效结合这一论断的真理性。通过以现代产权制度改革为标志的经济体制基础性改革，树立“公有制经济财产权不可侵犯，非公有制经济财产权同样不可侵犯”之观念，并与其他诸多配套改革相结合，由此启动深化收入分配体制等改革，为中国经济又好又快发展，建立小康社会、和谐社会和实现“中国梦”奠定基础，在经济社会的历史性发展中功不可没。

五、辩证思维，使政治经济学范式对中国经济体制改革中的难点与关键点问题予以科学解答，建立改革、开放、发展、稳定、和谐的互促正向变动关系，是完善社会主义市场经济体制的一个有力武器

中国的改革是世界社会主义发展和改革的基本组成部分，因而需要在更加广阔的背景中作为社会主义基本经济制度的辩证发展来全面理解。马克思主义政治经济学认为，经济基础决定上层建筑，而在经济基础中，基本经济制度又处于核心地位。以公有制为主体、多种所有制经济共同发展的基本经济制度在中国经济体制改革中处于核心地位，社会主义市场经济体制是与社会主义基本制度相结合的新型市场经济，公有制为主体、多种所有制经济共同发展的格局正是社会主义在当代中国经济中科学发展的现实形态，而不是对社会主义的背离。把体制改革和创新作为动力，以辩证思维为指导思想，有助于对中国发展中的诸多难点问题给出科学回答。

政治经济学范式不仅关注改革中的当下问题，更关注下一步改革的方向，这一范式对于改革基本性质的把握、改革共识的达成具有促进作用。比如，社会主义市场经济是一个共识，但这一共识的达成并不是自然而然的，曾经是很多争论的焦点。中国的改革不断超越以前传统社会主义以及西方经济学中非此即彼的形而上学认知逻辑，不断实现社会主义与市场经济的有机结合。正是坚持从社会主义的特殊性质和历史意义这一根本因素出发，不断深化对社会主义特点和优势的认识，才能更加明确社会主义市场经济体制的根本价值和独立意义，在克服传统计划经济和资本主义市场经济的弊病中，找到社会主义市场经济的正确改革方向。相反，那些基于西方经济学的思潮观点，看不到市场经济的历史局限，尤其是其在效率方面存在严重缺陷，就不能理解社会主义市场经济的实质和意义。一些新自由主义的代表人物，片面地认为中国经济体制改革存在的问题在于私有化、自由化和国际化的程度不够，总是得出要减少与取消政府干预和社会调节的结论；而各种“左派”的观点，认为要改变市场经济的改革方向以

及相应的所有制和阶级结构，从而在根本上否定了中国经济体制的价值与意义。实际上，只有按照以马克思主义哲学为指导的政治经济学，才能科学理解公有产权的理论基础，理解在发展生产力的基础上追求社会的公平与正义，理解社会主义的改革方向，理解市场决定性作用与政府驾驭市场的辩证关系这一核心问题，科学认识目前市场化改革不彻底不深入与社会主义基本经济制度、宏观调控不完善不到位并存，以及向更有效的政府与更完善的市场在配置资源与宏观调控中正向互促变动等问题，并自觉划清与形形色色错误观点的界限。

马克思主义经济学关于改革的性质、改革的理论基础、改革的目标、改革的对象、改革的依靠力量、改革的方式、改革的原则、改革的效果和前途等问题的讨论与判断，具有高屋建瓴的统筹指导意义。比如，改革的性质是社会主义生产关系（基本经济制度）的自我完善，目的是通过改善社会主义生产关系中不适应生产力发展的某些环节、部分，使社会主义生产关系适应并促进社会生产力的发展。因此，既要充分发挥市场经济在效率上的优越性，又要正视市场机制存在的根本缺陷。改革、发展与转型的目标尽管是动态的、历史的，但从建设小康社会、和谐社会到富民强国的"中国梦"，由于更好地体现了"人的全面自由发展"的社会主义核心价值观，努力实现共同富裕和社会公平正义得以一脉相承、层层升华。就改革的原则与方式而言，以人为本、促进人的全面自由发展，使人民群众共享改革发展的成果不仅是基本理念，而且意味着要注重各种改革主体的结合，将改革变成一场伟大的群众性社会实践。

总之，在人类历史的发展长河中，中华民族从来不是，现在更不应当仅仅充当先进文明的复制者和追随者，总是以有所发明、有所创造、有所贡献而屹立于世界民族之林。根植和依托于 5000 年灿烂辉煌的中华文明史，中国经济体制改革和发展向人们提供了一个范例：那些被西方文化视为相互对立、矛盾冲突的因素创造性地构成相互补充、融合、交往、促进和发展的格局。这包括理他与利己、公有与私有、效率与公平、国家与市场、自由与和谐、集权与分权、发展与稳定、传统与现代、自主性与全球化等。中国的经济改革将依托对战略性、全局性、长远性问题的谋划，推进社会主义基本经济制度与市场经济的结合，不断探索政府与市场的互动关系，在全面建设小康社会的基础上，规避“中等收入陷阱”“资源诅咒”“福利陷阱”等误区，突出改革特别是制度创新的核心作用，挑战资本主义优越性和普遍性的意识形态等西方优越论，为实现中华民族伟大复兴的“中国梦”提供更加有力的制度基础。

第十六章　总结与展望

一、比较综合视角下当代中国马克思主义经济学创新发展的逻辑

本书试图从比较综合视角探讨当代中国马克思主义经济学的创新发展，一方面，是根据一般科学尤其是社会科学、经济学自身发展与创新的理论逻辑；另一方面，是从经济思想史、政治经济学思想史角度归纳我们所观察到的经济学发展特征、规律，以及其后蕴藏的经济学发展的实践逻辑。在此基础上，弄清以往马克思主义经济学创新发展的理论逻辑和实践路径，探讨比较—综合的研究路径的坚持与探索、马克思主义经济学创新和发展中比较研究的意义和作用，

（一）比较综合方法是马克思主义哲学本体论中的重要成分，对马克思主义经济学研究路径的创新具有启发和引导功能

历史唯物主义的哲学信念、本体论预设等作为经济学思维发展上的战略制高点，一直是马克思主义经济学坚持遵守的共同预设和约定。马克思主义哲学的总体性、批判性、导向性等根本特征使其自然成为马克思主义经济学思维活动的调控源，在克服西方经济学的思维局限、思维惯性和教条化问题中具有指导作用，在理论本体与实践本体的辩证统一中成为典范。

马克思和恩格斯在对哲学和其他社会科学的比较综合式创新中，创立了马克思主义经济学的本体论和方法论基础。具体而言，从“历史意识”

探讨中，从比较综合式创新中升华出历史辩证法这一马克思主义哲学社会科学的基本方法；从对“自在之物”的探讨中，通过比较综合式创新坚持经济规律客观性，这就揭示了资产阶级经济学将“物”的社会属性与自然属性混同的认识论根源。从对“实践”的探讨中，通过比较综合式创新发展了马克思主义认识论；从对“人”的探讨中，通过比较综合式创新丰富和完善了马克思主义经济学的人性假设。这为马克思主义哲学社会科学创新发展指明了根本方向。

马克思主义经济学的比较研究，与西方经济学相比主要是所谓评价性、裁决性的比较，也曾经具有一些启蒙性、反思性比较的色彩，但更多的是进行分析性比较，从而增强了马克思主义经济学的科学性。相反，在经济学发展中，有些比较研究只是强调社会主义经济学之范畴与资本主义相应内容的正误对比，分析性比较欠缺，在事实层面分析中没有坚持和发展经典作家重视数学和定量分析的优秀理论基因，也没有坚持和发展马克思主义经济学从现象到本质的研究路线，结果是肤浅和似是而非的。

这里，实际上可以重新进行一些基于比较分析的方法论探讨。那就是，首先通过创新性的求同比较，表现为隐喻、类比等，使马克思的辩证法具备新意象、新表述，寻找马克思主义经济学创新的概念范畴突破[①]，从而对人们似乎熟悉的社会经济现实有新认识和提出新假说。比如，混合所有制作为社会主义基本经济规律的重要实现形式，其理论分析在中国特色社会主义政治经济学中得以创新，与对西方经济学的批判性比较有一定联系，尤其是通过资本概念原有内涵的发展与丰富，也体现了对于传统马克思主义经济学的创新发展和新表述。同时，马克思主义经济学的内在机制[②]分析等方法，更好地体现了从现象到本质的科学路径。在这方面，比

---

① 贾根良的研究认为，类比与隐喻是最富有创造性的科学发现和理论创造的方法，原因就在于它不自觉地应用了辩证法，显然，没有理由认为这不适用于马克思主义经济学自身发展中与西方经济学等的类比，尤其是进行原有概念的发展、引入概念的转换、潜在概念的激活等方面，参见贾根良. 溯因法和回溯法：演化经济学的科学创造方法[J]. 演化与创新经济学评论，2014(1).

② 西方经济学哲学中机制分析的探讨，参见贾根良. 溯因法和回溯法：演化经济学的科学创造方法[J]. 演化与创新经济学评论，2014(1).

较方法与西方经济学中盛行的回归统计分析、实验方法等有相通之处①。但是，马克思主义经济学中以比较分析为基础的机制分析，具有从现象到本质的特征，与西方经济学始终在现象层次兜圈子具有根本差异。因为马克思主义哲学思维，尤其是主体与客体的统一、历史与逻辑的统一，在具体经济问题分析时的精髓和总要求，这绝不是西方经济学基于实用主义的功能联系分析，不是形而上学的数量分析，也不是西方实证主义对自然科学进步的盲目乐观和教条模仿②，而是以因果关系分析、趋势分析等中间层次分析为体现的，建立于经济生活本质至上的，具有强大实践性旨归的经济规律揭示③。因此，我们可以吸收西方经济学中的一些有用成分，充实因果关系分析、趋势分析等中间层次分析的内容。正因如此，马克思为了揭示价值规律、利润率下降规律等资本主义市场经济的本质，需要借助于资本主义生产方式这一结构性分析，才构成了完整科学体系④；再如，与马克思主义具有一定联系的法国调节学派⑤，吸收凯恩斯主义关于国家调节的观点，从制度形式、积累体制、调节模式等中间层次分析中，对马克思原创的概念加以丰富和深化，从而拓展了马克思经济理论的延展性和具体性，在全面理解当代资本主义经济危机的发生机制等问题中作出了重要探索。当然，法国调节学派具有不容忽视的改良主义色彩，对此应加以批判澄清。因此，应以中间项和中观分析作为当前马克思主义经济学创新

---

① 关于比较方法与西方社会科学中的回归统计分析的相通之处，参见［美］尼尔·J. 斯梅尔塞. 社会科学的比较方法［M］. 北京：社会科学文献出版社，1992；关于比较方法与实验方法，参见［美］迈尔. 生物学思想的发展［M］. 长沙：湖南教育出版社，1990. 以及劳森等批判实在论者的论述。

② 孙伯鍨，张一兵. 走进马克思［M］. 南京：江苏人民出版社，2001：548－551.

③ ［俄］列宁. 唯物主义与经验批判主义［M］. 北京：人民出版社，1956. 讨论了认识源泉这一被实证主义所忽略的重要问题，强调认识的客观性和实践观点这一唯物辩证法的根本逻辑。这一点也需要贯穿到马克思主义经济学创新的科学体系架构中。

④ 这一点源于［英］布朗. 批判实在论与马克思主义［M］. 南宁：广西师范大学出版社，2007. 转引自吕守军. 抓住中间层次剖析当代资本主义——法国调节学派理论体系的演进［J］. 中国社会科学，2015（6）.

⑤ 关于调节学派对马克思的继承，可参见杨虎涛. 马克思经济学对法国调节学派的影响［J］. 马克思主义研究，2009（9）；关于调节学派的改良主义色彩，参见李其庆. 法国调节学派评析［J］. 经济社会体制比较，2004（2）.

发展的突破口，探索当代中国马克思主义经济学制度范式拓展中政治体制和经济体制的内在一致性和协同演进。

（二）马克思主义经济学理论基因、理论“硬核”仍需要在比较研究中确立与不断强大

马克思主义经济学从最初的《资本论》、列宁的《帝国主义论》开始，经过苏联社会主义政治经济学的重要探索、毛泽东等老一辈无产阶级革命家的理论发端，改革开放以来中国特色社会主义政治经济学的创立、发展，理论基因和理论“硬核”得以不断强大。

第一，马克思主义经济学理论基因的确立。17 世纪中期，资本主义生产关系得到了迅速发展，代表产业资本家阶级利益的古典政治经济学应运而生，产生了劳动价值论这一古典政治经济学的最积极成果。然而，由于社会、政治和经济条件的制约，资产阶级经济学总是把资本主义社会制度说成是永恒的社会制度，包含着为资本主义剥削制度辩护的庸俗成分，不可能真正地认识资本主义发生、发展和灭亡的规律，马克思和恩格斯扬弃了其中的消极成分，在比较与综合的基础上创造性地提出了科学的劳动价值学说和剩余价值学说以及再生产等理论，不仅解析了资本主义经济的运行规律，还揭示了无产阶级与资产阶级对立的经济根源，这构成了马克思主义经济学的最基本理论基因。这包括商品二因素观点、交换价值与价格观点等的比较与综合，劳动是价值源泉原理的比较与综合式创新，马克思对商品价值和劳动生产率关系原理进行比较与综合式创新。这既为理解社会财富的增长提供了分析视角，又为揭示资本积累一般规律提供了理论武器。

第二，列宁、斯大林对马克思主义经济学理论基因的强化。列宁、斯大林，以及原苏联、东欧国家的学者从当时社会历史条件出发，结合本国的国情和社会主义实践，将马克思主义经济学的基本原理与具体实践相结合，不断深化和发展着马克思主义经济学的理论基因。主要包括：列宁对马克思“非资本主义发展”理论的比较综合创新，对马克思“未来社会发

展阶段”理论的比较综合创新，斯大林有关资本主义向社会主义过渡问题上的比较综合创新、关于社会主义基本特征问题上的比较综合创新、关于社会主义建设问题综合创新，等等。

第三，中国社会主义建设中对马克思主义经济学理论基因的发扬与再创新。新中国成立以来，作为中国特色社会主义经济建设的理论镜像，当代中国马克思主义政治经济学理论创新的过程不断深入。实践与理论二者良性互动，既为实践提供了强大的理论支撑，又强化和丰富了自身的理论基因。当代中国马克思主义政治经济学的创造性发展中不仅探索了一些适合中国实际的经济学理论，更是坚持和发扬了马克思主义政治经济学的思想方法，结合我国实际不断进行一系列方法论探索。首先，有学者提出区分不同类型，即基本原理、理论判断、教条式理解和表面上的马克思主义①，为创新发展马克思主义经济学提供了重要参考；有学者强调马克思主义经济学要在应用中创新。比如，邓小平提出的“生产力中也包括科学”的观点，很早见于马克思在《1857—1858 年经济学手稿》中论述的“科学技术是生产力”，尤其在中国发展中得以突出体现，使人们从解放与发展两方面“讲全”生产力，使生产力这一经典范畴得以丰富。马克思主义经济学在改革实践中的应用反过来促使人们不断在《资本论》中挖掘理论资源，这包括国有资本概念对资本概念的延伸，市场经济、产权制度、混合所有制、资源配置、协调发展、虚拟经济、按要素分配、金融制度、创新等新范畴对于商品生产和交换、所有制、股份公司、社会劳动分配、社会再生产、虚拟资本、信用、科学技术等原有范畴的创新，关于生产关系的话语（如所有制、工资、利息、地租等分配范畴），关于社会主义制度的预见（公有制、按劳分配、有计划按比例分配社会劳动），关于市场经济原理的分析（商品、货币、竞争、价值规律、资本循环和周转、社会总产品、经济周期理论等）。其中最为重要的是社会主义初级阶段的基本经济制度和基本分配制度、经济发展理论与生产力、生产关系原理，社会

① 顾海良. 开拓当代中国马克思主义政治经济学的新境界[J]. 经济研究,2016(1).

主义市场经济体制理论与市场经济原理的分析。除此以外，理论工作者还挖掘出、发展出新论断，如人的全面发展理论对《1857—1858 年经济学手稿》中人的三大发展形式理论的论述，《德意志意识形态》对资本主义社会“人性异化”的政治经济学批判，《共产党宣言》对“自由人的联合体”的分析，列宁在《帝国主义论》中关于金融资本与垄断话语和分析，占有和利用商品经济、股份资本、金融资本等资本主义“积极的成果”对于马恩“跨越卡夫丁峡谷”的思想①，绿色发展理论与人与自然和谐发展论述②。

当前，中国经济发展进入新常态以来，马克思主义经济学的发展更是呈现出前所未有的良好态势，尤其是在《习近平关于中国特色社会主义经济建设论述摘编》（2017 年）、《习近平治国理政》中，更是多次论述马克思主义政治经济学的根本立场和观点。比如，生产力的“整体跃升”论，包含了全面、协调、持续发展，提出了当代保护与发展生产力的辩证内涵（如科学技术转换为生产力）和当代意义的新论断。我们相信，作为马克思主义政治经济学的新发展，中国马克思主义经济学将继续依托于在改革开放实践，在社会主义市场经济发展中，提供把握规律性、富于创造性的理论指导，丰富和优化马克思主义经济学的理论基因。

（三）对西方经济学的选择淘汰和消化吸收必须结合其在中国的实践检验来进行

除了马克思主义政治经济学外，以西方经济学为代表的非马克思主义经济学在其长期历史演变过程中也产生了大量成果，如建立在稀缺性、理性等具有一定公理性质假设基础上关于资源配置的学说，在当今世界普遍面临继续发展现代市场经济的共同任务中，也为中国特色社会主义政治经济学提供了重要理论借鉴。

西方经济学的发展，与其研究范式的科学化、规范化，研究工具的不

---

① 中共中央马克思恩格斯列宁斯大林著作编译局，编译. 马克思恩格斯文集：第 3 卷[M]. 北京：人民出版社，2009：571.

② 程恩富，王中保. 论马克思主义与可持续发展[J]. 马克思主义研究，2008(12).

断更新具有直接关系。比如，尽管其结构具有封闭性，但聚焦于单一问题的深刻性，引致方法的开放和创新却具有一定的理论生命力。比如，马克思曾经指出，英国重商主义者图克在流通领域中有一些较为深入的分析和新发现。相反，苏联社会主义政治经济学由于自我封闭、缺乏方法创新等因素最终趋于萎缩。中国马克思主义经济学正是在坚持马克思主义基本原理的同时，不断吸收借鉴西方经济学的研究方法、分析工具与话语方式（如马克思主义政治经济学中一些被实践检验的原理、公理，也在探讨尝试以理论假设的话语方式发展），不断提高中国政治经济学理论体系的完整性、逻辑严密性，既重视研究结论的正确性，又强化研究过程的科学规范性，努力促进中国马克思主义经济学的新范式的加速形成与发展。

我们应当承认，西方经济学中的新古典理论等，对于数学方法、统计方法在经济学中的应用做出了很大贡献，西方经济学的诸多流派包含着一些正确的、科学的因素，这些理论的发展程度，在个别问题、个别维度所达到的深度和水平，是值得关注的。西方经济学直接描述或概括日常经济社会得出的术语，较为容易理解，可以把其看作认识过程的一个必要环节加以把握。比如，资源配置原理、二元结构分析、可持续发展思想、经济全球化理论、全要素生产率分析、“中等收入陷阱”研究、知识经济理论、创新体系理论等，以及市场失灵和宏观经济不稳定、经济政策实施的知识观点，在国际经济领域也积累了一些有实际意义的经济学知识。应该对西方经济学中这类现象形态的分析经过适当加工和批判吸收，为马克思主义提供经济学归纳—比较—综合—创新的思想材料和有益借鉴。

我们应当承认，西方经济学的非马克思主义异端经济学也产生了诸多有价值的经济思想，提供了一些更好理解和发展马克思主义的不同视角，与其加以比较，对于马克思主义经济学发展的价值甚至比与主流经济学的比较价值更大。正如贾根良教授所言，在现有国内诸多马克思主义经济学与西方经济学的比较论著中，不应忽视西方非马克思主义异端经济学其他流派的独特价值，更不能有意无意地把纷繁复杂的西方经济学与主流经济学画上等号。

我们必须看到，一些所谓创新的实质是带有调和性质的似是而非的表层观点和主张，有时具有理论与方法论的双重庸俗化倾向。由于直接套用西方经济学生产要素理论逻辑、沿用新古典的概念工具，会产生诸多混乱与错误（比如，西方经济学生产要素理论对活劳动和物化劳动的不加区分，直接把生产条件和生产要素等同这一错误在近年来的一些研究中仍时有发生），在克服以往忽视数学方法的不足的同时，又在一定程度上出现过度数学化的倾向，甚至滥用数量分析方法歪曲经济事实等。这种问题有蔓延且被忽视的危险。同时，对于西方经济学中反映资本主义社会经济关系和经济制度本质的理论观点，必须加以批判，以明辨是非。

总之，中国马克思主义经济学的创新发展既要坚持马克思主义基本原理，也要在批判与借鉴西方经济学的基础上，丰富和发展自身的研究范式和学术工具箱，对于当代中国马克思主义政治经济学的因为研究方法、思想观点等不同所形成的诸多流派，应鼓励和包容其百舸争流，强化马克思主义经济学的创新发展的良性格局。

（四）当代中国马克思主义经济学既要采取突破式创新，也不能忽视渐进式常规创新

按照科学哲学原理和经济思想史的事实归纳，在马克思主义经济学的创新发展中，理论“硬核”的设定、巩固、发展，需要构想并提出一个自足的，逻辑自洽的，能解释目前中国之重大问题、人类发展中新的经济学现象、事件，有能力预见重大问题，有丰富的可延伸性和包容性的理论结构，从而在理论和经验两方面螺旋式上升中进化的研究纲领。在新的现实问题不断出现、西方经济学理论本身仍不断发展的情况下，马克思主义经济学必须突破旧范式、创新研究纲领，特别是在强健理论“硬核”和回答时代课题中，既要采取突破式创新，也不能忽视渐进式常规创新。

一方面，由于传统马克思主义经济学与西方经济学都无法圆满解决中国问题，于是，各种属于不同经济理论体系的概念术语、方法被混杂使用，不可避免地存在某种程度的相互抵牾和混乱。例如，改革初期，在关于农村雇工问题的争论中，仿苏倾向的学术观点，把《资本论》中有关剩

余价值率、资本积累率的假定绝对化，从理论上不完整和僵化理解雇佣劳动，难以科学分析社会主义条件下私营经济的剥削问题，显然不能适应社会主义市场经济发展的客观要求；再如，在产权改革问题中，一些人把围绕西方产权理论的理解延伸到“委托—代理”理论，提出基于西方市场理论的所谓“冰棍”理论，其貌似技术化、形象化的讨论，症结仍不脱产权问题的意识形态说教和形而上学思维。今天来看，这类问题的解决需要一个认识过程，其中渐进式理论创新与改革开放的伟大实践一起创新，通过术语、范畴的转换、再解，新范畴的引入等，逐渐得以确立。

另一方面，当代中国马克思主义经济学形成了在理论和经验两方面螺旋式上升进化的研究纲领，其中许多包括了突破式创新的重大贡献。

例如，生产力与生产关系统一这一基本原理，在中国特色社会主义政治经济学的发展中，转换为新时代社会主要矛盾及其解决这一主线，在提升社会主义政治经济学基本纲领、概括社会主义目标和使命、创新新时代经济发展的理念和战略，在形成新的国际经济秩序中实现“中国梦”与走向世界舞台中央的统一中，具有极其重要的理论意义。螺旋式上升进化的研究纲领还表现为，首先与中国道路的不断拓展一致，我们提出了不少具有原创性的新范畴（如新常态、发展理念、人类命运共同体），然后，也有许多批判性继承的范畴创新，或者说是经典概念的创造性转换。

再如，在按生产要素分配与按劳分配的关系中，一方面，有些学者着眼于传统马克思主义经济学，通过拓宽获得活劳动概念等诸多尝试，试图论证按劳分配与按劳动力价值分配的一致性，与西方经济学的生产要素分配论沟通，这一马克思主义政治经济学问题与当时经济现实的整理和组织虽然并不一帆风顺，但毕竟有助于对于现代市场经济新特征的认识，此后，面对经济发展中出现的很多新事物、新现象，马克思主义政治经济学理论问题的焦点适时转换，从更广阔视角把效率与公平问题的对立统一作为核心。比如，按劳分配原则在改革的政治经济学中，承认科技、管理、知识劳动的权利，更主要是作为激发劳动者积极性而提出的，而不是追求脱离社会发展阶段的绝对收入平等，但有些学者错把理论本体当作事实本体，要么混淆了物化劳动与活劳动，要么过度扩大了资本范畴的内涵（如技术、管理与资本相混淆），也难以与按要素分配的现实情况相适应；由于当时有些人没有错把事实本体当作普遍真理，接受了阿瑟·奥肯、萨缪尔森等西方经济学者观点，把效率与公平对立起来，把西方的发展经验当作普遍真理，认为收入分配与不平等是“自然的、正常的现象”，市场机制自然能解决，结果曲解了社会主义市场经济的分配属性。

事实上，从经济理论比较中不难发现，突破式创新和渐进式创新各有其作用，不可偏废。我们这里要强调的是，渐进式理论创新表现为经济发展不时出现的各种综合的尝试，对经济学知识的积累和进步不可缺少，也是突破式创新转变成常规科学知识的必然延伸和要求。突破式创新则往往基于对不同时代重大问题的创造性回答，它往往也与已有理论资源中被人们忽略的成分不无关系，它绝不是空穴来风，尽管理论突破究其本意而言必然有全新的因素，因而更能够体现螺旋式发展中的进步性。总之，增强理论延展性是马克思主义经济学创新，尤其是渐进式创新的必然要求。上述按生产要素分配与按劳分配这些问题，正是在以马克思主义为分配理论的延伸性讨论中，在结合中国文化、中国道路特色中对公平与效率的更好理解才得以解决。比如，国内学者按生产要素分配的提法，以“按生产要素的贡献分配”，在马克思主义经济学劳动价值论的基础上展开，尽管一度怀疑其与西方经济学“三位一体”公式的关系，但最终形成了在非公有制经济中实行按要素分配，并与公有制经济按劳分配结合的创新，提出“按劳分配为主体、多种分配方式并存”的分配制度，坚持各种生产要素按贡献参与分配。事实上，如果这是一种实证分配理论的创新①，那么我们提出的公平与效率关系的讨论，则是规范性分配理论的创新，由此构成当代中国马克思主义经济学实证与规范分析结合的理论特色。在改革的政

① 加强实证性分配理论，使人们对收入分配现状的了解更全面和直观，实现从事实本体到理论本体的跃升。比如，尽管20世纪80年代末期才开始收入分配的实证研究，而且研究的焦点有所转换，但正是吸收西方经济学有益成分之后，正是基于基尼系数常规化公布，对收入分配状况恶化的忧虑产生，进而提出共享发展和共同富裕等理念，

治经济学中，公平与效率关系的讨论表现为“效率优先，兼顾公平”，或者说，实际执行上是较少顾及公平的，加之与按生产要素分配相联系，所以面临收入分配的不良变动时，暴露出了问题。此后提出“初次分配注重效率，再分配注重公平”“初次分配和再分配都要处理好效率和公平的关系，再分配更加注重公平”“效率与公平并重”，尤其是习近平总书记提出以解决社会公平正义问题为目标的共享发展理念，重视扶贫脱贫，打击非法非正常收入，规范收入分配秩序，体现了分配理论上实证与规范分析结合的理论特色，并以远超以往的对经济生活事实的定量分析为支撑，表明了当代中国马克思主义经济学的重要发展。

相反，有些关于马克思主义经济学如何创新发展的讨论，只是基于形而上学唯理论本体标准进行的抽象讨论，或者仅有一大堆数据的堆砌，不重视理论本体与事实本体的有机结合，是注定难以成功的；有些讨论仅强调突破性理论创新的作用，没有看到渐进式理论创新、增强理论延展性的重要性，容易滋长浮躁冒进的学风，长期而言，是不利于马克思主义经济学研究范式的真正进步的。

二、本书的探索性结论

改革开放以来，中国经济发展中出现了诸多重大问题，经历过不同理论体系的交叉和斗争的系列争论。如果说改革开放以前，人们在遇到新问题时总是从马克思主义经济学中寻求理论源泉，并且努力通过对马克思主义经济学的创新使其更接近现实，随着改革开放进程的推进，西方经济学大量涌入并用于解释诸多现实问题，出现“仿美”倾向之泛滥，与此前存在的机械式“仿苏”倾向一起，成为中国经济学研究中“苏联范式”和“美国范式”的翻版。“仿美”倾向与“仿苏”倾向表面上看似截然相反，实际上都是教条主义、本本主义研究路径的反映，造成了一系列不良后果①。

在这一背景下，对马克思主义经济学的创新与发展的探索颇为活跃，并在流派化、国际化、数学化等学术方向上形成了一定共识。但与中国经济学发展的现实状况对比，与马克思主义经济学比较研究曾经的历史辉煌相比，仍存在一些值得探讨的问题。

（一）以唯物辩证法为指导进一步进行比较研究，是马克思主义经济学创新发展的重要内容

由于种种原因，对马克思主义经济学的创新与发展的诉求不断增强，但由于一些形而上学比较研究的不良影响②，人们对比较研究确有忽视，比较研究被一些人看作过时的、初级的方法，对经济理论创新的作用似乎微不足道。根据我们对马克思主义经济学的方法论理解和学说史探讨，比较研究和进一步的综合创新在马克思主义经济学创新发展中具有重要作用。因为如果仅强调突破性理论创新的作用，没有看到渐进式理论创新、增强理论延展性的重要性，长期而言，是不利于马克思主义经济学研究范式的真正进步的。而比较研究正是与渐进式理论创新相伴随的基本方式。

本书在以往诸多相关研究的基础上，不揣简陋，我们综合进行三种类型的比较，即类型1：平行论证、异中求同式比较，包括制度范式比较、研究对象比较、创新理论比较、消费理论比较；类型2：源流对比，差异区别式比较（其中，类型2.1为本质差别与不可通约性比较，类型2.2为

① 这方面的讨论可参见邱海平.中国政治经济学研究的主要缺陷与出路[J].马克思主义研究,2010(6)；薛宇峰.当代中国马克思主义经济学的流派[J].经济纵横,2009(2)；马艳,李韵.现代马克思主义政治经济学理论创新的基本路径[J].学术月刊,2011(7)；白暴力,丛丽.科学的辩证发展及对经济学研究的启示[J].福建论坛(人文社会科学版),2006(10)；陈俊明.《资本论》研究的新方位:经济行为理论[J].当代经济研究,2012(4)；王璐.在主流经济学的范式危机中回归马克思经济学之古典传统[J].马克思主义研究,2011(2)。

② 形而上学比较研究的错误在于，总是只进行或过于依赖某一特定类型比较，要么只是平行论证、异中求同式比较，忽略理论本质的差异；要么仅是源流对比、差异区别式比较，那些比较都是肤浅和隔离式的，也使比较研究被误解。

运行层次或机制分析比较），如人性假设的比较、生产理论比较、厂商理论比较、垄断理论比较、国际经济理论比较；类型3：实践导向，探索新知式比较，包括分配理论、发展思想、转型理论、“中等收入陷阱”分析比较等，从中发现以下探索性结论。

第一，马克思主义经济学强调生产关系与生产力相结合的制度范式，基于劳动价值理论和剩余价值理论的生产理论、分配理论、价值规律、竞争规律、资本积累和周转理论等，是体现其科学性、阶级性和规范性辩证统一的不可动摇的元理论和元方法。当然，这就绝不意味着对经典原理的照抄照搬。虽然劳动创造价值、价值规律等是市场经济的共同属性，但社会主义国家的制度优势等使社会主义制度本质上具有资本主义不可比拟的优越性，各种西方经济学流派把市场经济与资本主义相等同，进而把市场经济的优势看作资本主义的优势，把资本主义的缺陷看作市场经济的缺陷，是错误的形而上学方法所致。

第二，马克思主义经济学在市场经济运行层次或机制分析上，要吸收西方经济学虽然体系封闭但方法开放所创造的成果。由于制度范式这一本质层次的科学性决定了马克思主义经济学吸收西方经济学研究的方向、性质和优越性，我们对吸收西方经济学有益成分为我所用的理论自信才能够得以确立，进而言之，西方经济学方法创新在研究常规问题时开拓的新路径、资本主义市场经济仍然是现代市场经济的最主要形态这一事实，中国仍然是全球最大的发展中国家的基本国情，要求我们在关于经济运行规律的把握中（如创新理论、消费理论比较），重视吸收个体主义方法，重视心理学分析成果的吸收，重视理论分析中形式逻辑的完善，重视中间层次的机制分析等，以及辩证逻辑与之更好结合，在推进经验事实的系统梳理以及与理论本体的辩证结合中迈出更大步伐。

第三，在“中国道路”“中国梦”的宏大叙事中，以发展、增长、转型等为切入点，坚持人民立场，发展马克思主义经济学的“思辨理性大叙事”，推动当代中国马克思主义经济学的体系创新。“实践是检验真理的唯一标准”，是推动一切科学发展的根本途径。中国特色社会主义市场经济的发展，不仅提出了新的时代涌现或需要解释的新现象、新问题，要求马克思主义经济学使“陌生的变为熟悉”，在批判形形色色西方经济学的错误认识中，扎根中国［如与中国经济发展水平相适应的、以人生为主（钱穆《中国经济史》）经济为辅的超越西方中心主义的］价值判断和生活愿景、澄清认识、获取新知，在世界马克思主义经济学以及全部经济学的发展中谱写新篇章！

（二）推动经典马克思主义经济学的创造性转换，基于分析性比较，增强经典理论的延展性，增强马克思主义经济学作为建设和发展的经济学的范畴创新

《资本论》《共产党宣言》《哥达纲领批判》《帝国主义论》等作为典型的马克思主义经济学文本，具有与资本主义发展特定历史阶段相适应的革命逻辑，以及彰显无产阶级利益的阶级立场和意识形态角色，在当时极大地体现了革命性与科学性的统一。新时代中国经济发展的社会矛盾转变，要求当代中国马克思主义经济学的任务发生变化，要求把发展作为基础和关键，因而其理论逻辑要从革命—改革—发展、要服务于发展的要求。经典马克思主义经济学关于市场经济运行的科学原理是马克思主义经济学创造性转换的理论“硬核”，对未来共产主义社会的预判和设想是科学社会主义的重要内容，立足于中国发展的内在逻辑，“发展共识”的达成与强化，将减少不必要的认知成本和认识摩擦，凝聚力量，推动马克思主义经济学进入新境界。

理论延展性是一种理论可以逻辑一致地伸展到事实层面的范围与幅度大小，在这里主要是指马克思主义经典范畴的内涵与意义阐释创新。本书以马克思主义哲学为体，借鉴现代科学哲学有关论断，从经济学哲学层面提出了马克思主义经济学与西方经济学比较的一个探索性方法论框架：即从经济学可以分为理论本体与事实本体两大类开始，把西方经济学主流归于理论本体（或者说其理论与事实结合并不成功），各种异端归于事实本体、把马克思主义经济学归于理论与事实结合本体（或在更大程度上有效

结合)，理论与事实结合这一属性主要既可以采取假说验证方式，也可以采取意义解释的阐释学方式，以及话语体系创新的叙述方式，既适当采用个人主义方法，又注意与整体主义的制度分析相结合。这样一种比较综合式创新有助于整合和梳理以往存在的一些片段性结论，克服仿苏倾向（仅重视经济关系的演绎推导）、仿美倾向（只重视逻辑实证主义的假设检验）的缺陷①。

当前，研究与转变五大发展理念相适应的新概念、新范畴、新论断的政治经济学学理，在理论逻辑和意识形态角色良性转换、政治话语与经济学话语良性互动的基础上，增强理论延展性，是推动马克思主义经济学创新发展的重要方向。

（三）马克思主义经济学理论本体的科学性不可动摇，事实本体分析的实证性需要大力加强，二者的结合要区分类型大胆探索的结论

综合运用三种类型的比较，进一步确证以劳动价值论、剩余价值论、价值规律、竞争规律、资本积累和周转规律等基本原理在现代市场经济条件下的科学性后，根据马克思主义经济学的层次性，从个体主义与整体主义方法结合的角度，分别把握切入点的层次和综合度大小，区分适度综合与吸收综合两种方式。所谓的适度综合，就是在把握现代市场经济运行层次规律时（如垄断等），与西方经济学主流与非主流比较综合在机制层面而非制度层面选择切入点，适当引入西方经济学概念范畴，更多吸收其对现代市场经济运行的事实分析；在当代中国马克思主义经济学发展理论、消费理论和创新理论的发展中，基于人本思想和消费资料私人所有等因素，更多采取个体主义方法而不忽视整体主义制度分析，更强调事实本体分析的实证性与计量性。因此，吸收综合的程度和覆盖面可以更大，更多

① 有些学者在对待西方经济学时，要么被其各种术语、数理模型的外表，定量分析与自然科学的表面类似所迷惑，要么急于求成，只看到理论革命这一突破性创新的作用，忽视比较综合等渐进式创新的功能；或者武断地认为马克思主义经典理论只是革命的经济学，其概念范畴反映的是资本主义初期的实践，不是建设和发展的经济学，概念范畴不具有现代意义。

面对现象层次的问题，在探求新知中增强马克思主义经济学的时代色彩。

马克思主义经济学理论本体具有科学性。例如，资本运行原理，资本作为生产关系、价值增值关系，以及市场运行关系（资本的运动性）的统一，与以往社会主义经济学中一些过渡性概念，如资产、资金相比，更具有符合现代市场经济发展的科学性；资本这一概念在抽象掉其资本主义生产关系属性后，可以转换为中国特色社会主义政治经济学的科学范畴。再如，马克思主义经济学所论述的社会主义有计划按比例分配劳动规律，有助于理解当前的协调发展理念。当然，这种有计划按比例分配劳动的具体实现形式，在社会主义初级阶段并不是马克思最初设想的那样，而是仍然需要“价值”范畴发挥作用，这实际上提出了我们所说的经典原理的延展问题。

（四）当代中国马克思主义经济学必须通过方法的开放，通过形式逻辑、数理逻辑中具体方法的加强，增强马克思主义经济学的时代性、先进性

以往我们强调马克思主义经济学结构的开放性，但忽视了理论推演与事实归纳中具体研究方法的发展不足，虽然批判西方经济学个人主义方法的过度运用，但只坚持整体主义分析的局限性却被忽略；对马克思经济学厂商理论的核心要素如劳动、资本等进行夯实、完善和创新，提出新的活劳动创造价值论、劳动生产率与商品价值量的新讨论，但忽视了从劳动异质性视角分析分工与协调的发展、创新的实现、个人发展等问题；本书在比较内容的选择上，提出了动态分析资源配置与资源创造问题，把分工与劳动过程看作生产理论的重要组成部分，试图为从价值创造角度、从生产理论—技术进步—创新理论—发展理论的逻辑联系中理解上述问题做一些准备。尽管这一分析是非常初步的，但我们相信它是马克思主义经济学创新一个值得探索的方向。

比如，用马克思主义经济学关于价值规律作用的论述来说明市场机制对社会劳动时间的分配的确比西方经济学所谓帕累托最优的概念更为深

刻，但帕累托最优作为一种分析方法也有其特殊价值。马克思主义经济学的所有权分析（也可以扩展到资本集中等）当然包括产权以及企业对市场的替代等产权调整，但产权分析作为方法也有一些独特贡献。

（五）以新时代发展的政治经济学为方向，推动研究对象的创新，构建当代中国马克思主义经济学的体系架构①

这里列举我们在具体理论层面提出的一些探索性观点。比如，在马克思主义经济学的研究对象创新上，指出不仅应分析生产方式，而且应分析发展方式；指出分工与劳动过程是生产理论的重要组成部分，厂商作为社会生产的组织形式和社会经济的产权结构具有辩证统一的关系，应为从价值创造角度认识生产理论—厂商理论—创新理论—发展理论的逻辑联系；对西方经济学消费理论的新发展（从新古典经济学的完全理性，到新制度经济学的有限理性，再到如行为经济学的情景理性）拓宽了对于个人理性的认识，虽然仍局限于现象分析；强调充分认识垄断作为社会经济的组织形式的丰富多样性和动态性（在交易成本上的效率改进与维护垄断资本家利益的腐朽性并存），强调国家垄断资本主义在调节资本主义生产关系中具有某种适应性效率等；提出重视对金融危机与经济危机中难以用整体主义解释的非理性因素的探讨；比如，从小康社会到“中国梦”，从发展理论的创新中，共享发展、绿色发展、开放发展的根基在于中国马克思主义经济学的理论基因。从改革到转型的分析中，马克思主义政治经济学范式对西方经济学中新古典理论、凯恩斯主义、演进主义理论等有诸多超越等。

研究对象的创新是马克思主义经济学创新发展的前提，对此，正如张

① 参见本报告附录，关于发展的政治经济学的计划提纲。可包括以下内容：第一，新时代发展的政治经济学的范围、对象和研究方法；第二，新时代中国特色社会主义的矛盾变化和经济发展起始条件的新格局；第三，新时代的社会主义经济制度与经济体制改革理论；第四，新时代的社会主义经济发展理论；第五，新时代的社会主义现代化经济体系理论；第六，新时代发展的微观政治经济学；第七，新时代发展的中观政治经济学；第八，新时代宏观经济运行的政治经济学；第九，新时代宏观经济政策的政治经济学；第十，新时代开放发展的政治经济学；第十一，把发展的政治经济学作为当代中国马克思主义经济学的新动能。

宇教授所言，人们已经在对教条主义的反思中意识到，生产力决定生产关系这一理论“硬核”，需要在创新研究对象的基础上，在逻辑上得到清晰而具体的证明和理论展开。这可以考虑从以下方面展开。首先，生产力发展的动力是什么？生产力发展自身内在的规律是什么？其次，如何测量、界定、量化生产力发展水平？如何界定和量化生产力发展质量？如何对待经典理论中由于历史局限所存在的与现实不符的前提假定（如产品结构不变、劳动同质性），面对现实中技术异质性、产品、部门结构时而分化、时而融合的各种复杂性，如何协调创新拓宽经典分析的前提假定？再次，生产力决定生产关系的机制是什么？反过来，生产关系的能动作用与生产力的发展又是何关系？其作用机制又是什么？人的自由全面发展、经济增长质量的提高等生产力发展的表现形式与社会主义的本质要求如何耦合？如何以生产方式、发展方式等形态加以逻辑展开？等等。我们认为，类似这些问题在导引与推动中国马克思主义政治经济学的创新中具有根本作用，其相关探索具有持久而根本的理论价值。

总之，我们认为，新时代中国马克思主义经济学的比较综合式创新的意义正是在于使人们从以往教条化的研究纲领（“仿苏”与“仿美”）中进一步解放出来，在渐进创新与突破创新的结合中，以发展的政治经济学为新动能，逐渐进入一种新的情境和境界。我们更充分地认识到，制度范式比较说明马克思主义经济学是体现其科学性、阶级性和规范性辩证统一的不可动摇的思想武器，它没有也永远不会因为西方经济学的现象层次分析和意识形态偏见而削弱。生产力和生产关系统一，商品经济和价值规律、广义生产关系的辩证统一尤其是生产和分配关系，生产力发展决定作用、从简单再生产到扩大再生产的理论“硬核”，对于分析新时代社会主义经济制度理论、经济运行理论、最终分析发展的政治经济学具有重要意义。但马克思主义经济学也需要吸收西方经济学的有益成分，探索整体分析方法与个体分析方法的结合。着眼于现代市场经济个人动能激发、无论社会主义还是资本主义消费资料都是私人所有的现实，在创新理论比较、消费理论比较中尽可能吸收有利于个体方法的西方经济学有益成分，在广商理论比较、垄断理论比较、分配理论比较、国际经济理论比较中较多吸收西方经济学立足于制度运行和机制分析的相关论述，即使在基于劳动价值理论和剩余价值理论的生产理论比较中，本质层次是对西方经济学的批判为主，在事实分析和运行层次上也要具体辨析出其可能存在的有价值材料。我们时代涌现或需要解释的新现象、新问题，不仅要以马克思主义经济学为指导加以分析，还要重视西方经济学的相关解释，在马克思主义经济学“思辨理想大叙事”的新发展中真正体现时代的根本特征。

三、比较综合视角下中国马克思主义经济学创新发展的未来趋势

展望未来，中国马克思主义经济学的发展，正构成一种特殊的、基于中国本质规定性的经济学，在学习和利用包括西方经济学在内的人类一切科学成果的基础上，取得更大成就。

（一）马克思主义经济学的硬核将依据马克思主义基本原理，在科学比较中历久而弥新，更加深刻而发扬光大

马克思主义政治经济学的制度范式与人性假设、不断坚持发展的“劳动价值理论”“剩余价值理论”、价值规律等，对于当前中国特色社会主义政治经济学仍然是不可动摇的基本理论前提。以《资本论》为集大成的马克思主义政治经济学从个别到一般的科学抽象方法，坚持运用辩证法分析资本主义生产方式的内在矛盾，仍然是马克思主义理论的精髓。毛泽东在《矛盾论》等著作中一再论证的“关于共性与个性、绝对和相对的辩证关系的道理”、以实践为理论来源的思想，更是中国特色社会主义政治经济学的理论精髓，并将继续发扬光大。以发展理念的创新为例，正是在马克思主义经济学理论“硬核”的坚持与创新中得以成长。坚持和发展唯物史观，推动中国特色社会主义政治经济学不断发展，推动当代中国马克思主义政治经济学进入新境界。

（二）对西方经济学的学术成果与重要理论将从模仿到超越，对现代科学的思维方法加以更好的利用，不断增强其分析性

第一，不同理论体系的比较研究将进一步拓展。当代中国马克思主义政治经济学是一个开放的系统，绝不排除对当今世界人类发展优秀理论成果的吸收。一要始终在马克思主义经济学的研究路径中前进，而不是模仿和套用西方经济学的理论与方法来认识经济生活，继续开展和提升马克思主义经济学与西方主流经济学的比较研究，现代西方经济学在数学、心理学等自然科学学习的基础上积累和创新分析工具，西方其他社会科学也提供了一些关于市场经济运行的事实积累描述，在一定程度上反映了市场经济运行规律的要求客观，在承认中外市场经济具有一些共性和普遍性时，需要我们学习和吸收其中的科学成分尤其是科学方法，充实并丰富当代中国马克思主义政治经济学的理论工具箱，如加强机制分析、趋势分析等。二要开展马克思主义经济学与西方非马克思主义异端流派的比较研究，西方非马克思主义的异端流派是作为西方主流经济学的反对派而发展起来的，如老制度经济学、准制度经济学、后凯恩斯主义经济学、依附论等，它们在对资本主义生产方式的事实批判中提供了各种不同的研究视角，积累了丰富的实证性材料，也具有一定的理论价值和启示性。三要开展马克思主义经济学与西方马克思主义经济学的比较研究，如生态马克思主义、法国调节学派、激进政治经济学等。当然，西方经济学中存在一些否定历史唯物主义方法论和劳动价值论等马克思主义“硬核”的错误，也必须进行坚决批判。

不同理论体系比较研究还要包括当代中国马克思主义经济学与传统社会主义经济学、经典马克思主义经济学比较的创新和特色之处，这一点也

不应忽视[①]。我们认为，当代中国马克思主义政治经济学应坚持如何运用市场经济，实现以人民为中心的利益最大化，在中国崛起成为不可逆转的事实时，以解放和发展生产力作为主题，探讨生产关系和制度创新促进生产力发展伟大实践，研究社会主义市场经济的运行规律将成为更重要的内容，

第二，通过比较与综合，加强真实世界的分析能力，发展一种特殊的、基于中国道路成功经验本质规定性的马克思主义经济学。随着中国经济发展已到了一个新的阶段，需要创新性的理论，尤其是把实践经验上升为理论武器的马克思主义经济学说加以讲解和叙说。中国的实践发展不断创新与理论的与时俱进良性互动，这提供了构建适应当代中国国情和时代特点的中国特色社会主义政治经济学的源头活水。从历史与现实的结合中，既挖掘深层次的本质性信息，克服西方经济学重形式轻内容、重逻辑轻事实的缺陷，揭示中国马克思主义经济学对于改革开放和经济发展过程的深刻理解，传达对当代中国现实体验和美好生活的集体愿景（“中国梦”），又不断刷新对人类经济活动基本规律与中国国情有机结合的科学认识，进而把握和揭示适应生产力发展和当代世界经济社会现实规律，为推动人类经济社会共同体的繁荣发展而努力。

第三，坚持和发展当代中国马克思主义经济学的伦理基础，实现马克思主义经济学科学精神、阶级性与中国人文伦理精神的有机结合（魂与体）。坚持以人民为中心，以人民的利益为出发点，坚持深化和发展对马克思主义政治经济学阶级性的认识，是中国马克思主义经济学发展永恒不变的政治信念。坚持马克思主义经济学的中国人文精神，并对资本主义经济腐朽精神加以批判，是发展中国特色社会主义政治经济学的伦理基础和历史使命。因此，从“小康社会”到“中国梦”的系列愿景，就是根据中

① 近期有学者认为，改革开放前中国学者也并非拘泥于苏联教条，中国的经济学研究一直是有特色的，因而在马克思主义经济学的思想史上的比较没有意义，更重要的是与国际主流经济学的比较。只要在理念上是马克思主义的，分析工具上即便是西方经济学的也可以。参见王诚，李鑫. 中国特色社会主义经济理论的产生和发展——市场取向改革以来学术界相关理论探索[J]. 经济研究，2014(6). 这种观点忽略了方法论与理论本体的内在联系，值得商榷。

国人文伦理精神，扎根悠久中华文明对美好生活的向往与追求，是具有科学内涵的伟大旗帜。“创新、协调、绿色、开放、共享”的新发展理念，将在坚持马克思主义经济学尊重规律的科学人文精神和勇于开拓的批判创新精神中，在中国文化一贯倡导的勇于历史担当的使命意识和道德升华中，使中国马克思主义经济学的伦理规范基础历久弥新。

（三）推动当代中国马克思主义经济学比较综合式创新进入新境界，在走向世界中不断扩大影响，在世界马克思主义经济学发展史中谱写新篇章

根据经典作家、中国马克思主义经济学家一再论述与实践的一般与个别、共性与个性的逻辑演变和理论发展规律，中国特色社会主义政治经济学不仅是马克思主义经济学中国化的过程，不仅是中国马克思主义经济学的形成过程，更是中国马克思主义经济学健体适用，开始国际化、世界化的过程。

曾经有人强调，一国经济的崛起发展自然会带来其经济学在世界经济学研究中的地位提升。我们认为，这种观点过于简单化。从经济学发展史来看，英美经济学之主导地位确实与英国、美国的经济崛起密切相关，但人们也发现了如西班牙、德国的反例。西班牙由于长期不能消除重商主义经济学的影响，德国由于历史学派的内在缺陷，导致其经济学发展与经济崛起脱钩，以及一系列民族悲剧。仅仅经济大国并不能带来经济学大国这一必然结果。经济长期发展成功的确能为一国经济学发展创造有利条件，选择正确的创新路径和方法同样重要。要使中国发展的道路自信、制度自信、理论自信的辩证统一体现在马克思主义经济学理论史的新格局中。例如，中国马克思主义经济学在生产、交换、分配、消费等领域已经初步形成了具备本土扎根性、实践检验性的一些理论命题。这些理论武器既扎根于中国特色社会主义市场经济主要方面、背景因素和普遍性，又具有更加广泛的价值。因此，中国特色社会主义政治经济学从研究封闭半封闭经济体到研究开放型经济体，从研究稳态经济体到研究转型经济体，从研究计

划经济到研究社会主义市场经济华丽转身。在具体到抽象的研究路径中逐步形成以社会主义市场经济理论和中国特色对外开放理论为标志的中国特色经济社会主义经济学，正在世界马克思主义经济学和全部经济学发展格局中占据更重要地位。

当代中国马克思主义经济学的创新在根本上源于中国特色社会主义市场经济和改革开放的实践，而新时代这一中国道路新阶段的内在矛盾和规律使创新更具紧迫性与现实性。中华民族伟大复兴的历史实践证明，中国马克思主义经济学作为中国特色社会主义的理论总结，具有无可置疑的科学性、真理性。如果说“中国梦”愿景是引领中国实现繁荣富强和人民美好生活的科学理论，供给侧改革是进一步改革与发展的方向与战略，“一带一路”倡议是新型全球化与国际经济秩序的创新性探索的话，我们相信，中国马克思主义经济学将把马克思主义经济学的硬核发扬光大，兼容并蓄人类经济思想的一切优秀成果，在顺应世界生产力发展的潮流与新趋势中，不断创新、丰富、凝练、提升理论境界，引领世界马克思主义经济学发展进入新格局。

总之，中国特色社会主义政治经济学需要更加面对学术国际化、全球化这一新背景，在各种历史渊源的思想潮流不断融合和冲突的今天，比较综合式创新标志着对各种思想的融会贯通，综理综达，创新突破，并在经济学、社会学、政治学、历史学等社会科学一体化的时代呼唤中，把马克思主义经济学的新发展推进到新的境界。坚持和发展比较综合式创新这一构建中国特色社会主义政治经济学的途径，将使中国马克思主义经济学更加具有生命力、解释力和科学性，有助于开创当代中国马克思主义新境界。

附　录　发展的政治经济学研究的计划提纲[①]

一、发展的政治经济学的意义

随着中国特色社会主义道路进入新时代，当代中国马克思主义经济学创新发展的新空间和方向凸显。从五大发展理念和人类命运共同体这些新范畴看，它基于以往研究，但不能止于以往研究。因为以往研究尽管取得了巨大成就，但也有一些局限性。它们更多是以革命时代、改革时代为依据进行的理论建构；更多是聚焦于中国自身，对于新时代中国崛起后的理论世界政治经济格局的变迁考量不足。我们需要一方面结合新时代的历史发展趋势、世界政治经济格局的变迁，另一方面根据当代中国社会基本矛盾变换，在概念或范畴的转换创造、思维辩证运动、逻辑体系的构建等理论创新方面，将理论推演、经济运行、经济开放和实践操作有机结合，从而更好地推动马克思主义政治经济学进入新境界。

当代中国马克思主义经济学如何进一步创新发展，我们认为，新时代中国特色社会主义政治经济学需要比较视野下的综合创新，综合创新与科学阐释的关节和文眼在于发展（基于制度基础—微观主体行为特征及加总—中观格局—宏观态势—全球化背景等）这一红线，应把发展的政治经济学作为新时代中国马克思主义经济学的一个重要方向加以探索。

第一，中国特色社会主义进入了新时代，意味着我们即将迎来实现中华民族伟大复兴的光明前景。就经济学内涵而言，实现中华民族伟大复兴

① 本节部分内容发表于《政治经济学评论》。

的“中国梦”离不开经济持续发展。人民生活水平全面提高，社会主义制度的自我完善和党领导经济工作水平能力不断提升，对外开放开创新局面，经济增长和发展的质量、速度、效益提升，需要中国特色社会主义政治经济学的进一步发展和生机活力的进一步焕发，提供相应的思想指导和行动指南。从上述任务出发，中国特色社会主义政治经济学需要着力解决我国发展中的一系列结构性问题，如城乡之间、产业之间、地区之间、人与自然之间、增长与发展之间的不平衡等，在以往关于生产力发展不充分问题的讨论基础上，挖掘发展视角的新内涵、新观点、新表述。在这些问题的解决中，与社会主义经济制度的前提基础不断巩固、社会主义市场经济体制不断完善、对外开放进一步发展相统一，发展的政治经济学作为新时代中国马克思主义经济学的鲜明特色，将为中国特色社会主义进入新时代提供更好的理念支撑和行动指南。

第二，在中国特色社会主义新时代背景下，发展的政治经济学在政治经济学的体系化建设中具有突出作用。伴随着中国道路的开拓奋进，我国在实践中已经重新焕发了对发展问题进行政治经济学分析的新热情，并推动了社会主义经济建设的不断胜利。目前，构建中国特色社会主义政治经济学不仅需要强调发展的重要性，不仅需要针对局部问题的范畴创新，而且要探寻针对现代市场经济运行、对外开放新格局的体系架构创新。从政治经济学史来看，在某种程度上，体系架构的讨论不仅是局部问题导向，反而更具有实践价值。据此，新时代“怎么样”才能有效构建作为中国特色社会主义政治经济学新标识的发展的政治经济学，这实质上是要系统、科学揭示新时代中国道路的发展规律，进而彰显马克思主义经济学对西方经济学的超越。

第三，大国崛起中，在经济社会发展过程中均会遇到政治经济学问题，重商主义、古典政治经济学、历史学派理论在发展经济学和转型经济学中也占据重要位置。按照这些理论，工业化、现代化、城市化是解决经济社会发展问题的基本出路，已有理论似乎为中国发展提供了现成答案。问题在于，我国的发展不仅表现在市场经济体制上，而且表现在中国特色社会主义制度上，表现在中华文明的伟大复兴上，不仅是封闭的，而且是开放的。更重要的是，我国新时代的发展态势将引出不同的资本主义与传统社会主义的制度安排，这些制度安排体现在政府—市场关系、政府内部和市场内部的进一步深化改革上，而这些制度选择会对经济体制运行、发展和开放及其前提基础的社会主义制度的演变产生重要影响。同样，中国特色社会主义道路具有区别于一般理论的独特性，照搬传统马克思主义理论中不能引申出其如何发展的关键含义。既然不能从已有理论直接得出新时代中国特色社会主义道路的构建方案，那么就需要结合道路、制度与理论的统一，来回答新时代背景下“怎么样”才能有效构建当代中国马克思主义政治经济学的思想体系，以发展的政治经济学作为总纲来导引对这个关键问题的研究，具有重要的实践和学理价值。

总之，随着新时代中国社会主要矛盾从人民日益增长的物质文化需要与落后的社会生产之间的矛盾，进一步转变为不平衡不充分发展与人们美好生活的基本矛盾，中国特色社会主义政治经济学的研究对象需要相应扩展、研究方法需要不断创新，才能使针对主要矛盾转换的研究成果不断涌现。当代中国马克思主义经济学的优良传统是以解决经邦济世重大问题为导向的，人们总是根据自己所处时代经济生活的经验和直觉，对各种经济问题发表意见、形成观念，政治经济学作为一套较稳定的分析范式、行动指南和认识视角，总是要以当时理论所能达到的高度，通过体系化方式发挥作用。从这样的意义上说，以前不同时代当代中国马克思主义经济学可以被称为革命的政治经济学、改革的政治经济学、建设的政治经济学。因为发展这一主题在新时代最为集中地体现了中国特色社会主义经济建设的本质特征和内在规律，发展新时代经邦济世重大问题的解决要有全球视野和大历史眼光，新时代中国特色社会主义政治经济学可以称为发展的政治经济学。

发展的政治经济学的一些理论成分尽管在此前社会主义经济学中也有出现，但系统化的、从历史大视野出发的新时代中国特色社会主义政治经济学，必将是以发展为第一要务和基础的政治经济学，其范畴和体系仍有待揭示。这一发展的政治经济学的动力源自新时代中国经济社会实践面临的重大问题对既有理论的挑战，以及对这种挑战成功应对的理论阐释，尤其是创新发展的马克思主义经济学科学体系；源于马克思主义的方法论、源于对现代科学思维的借鉴吸收；源于为成功应对新时代各种挑战，政治经济学以进入新境界为目标的自觉努力与不懈追求。

现代科学哲学把社会科学的进步划分为“正面启示法”和“反面启示法”两种方式，这对于我们理解当代中国马克思主义经济学的创新发展具有启示作用。正是通过修正或完善传统政治经济学与中国改革开放时代背离的辅助性范畴，丰富马克思主义经济学理论体系，推动逻辑结构的深化与进步。这是所谓的“正面启示法”；而“反面启示法”则表现为，在与西方经济学的思想争斗中，捍卫和坚持马克思主义的理论硬核，但并不害怕对过时的、错误的理论“外围”的扬弃，以及对西方经济学有益成分的吸收，从而在中国特色社会主义道路的发展中，使马克思主义经济学理论发扬光大。无论何种途径，依靠中国特色社会主义道路的拓展，以及对资本主义经济种种弊端的深刻揭示，决定了我们的理论自信得以不断强化，这也是当代中国马克思主义经济学必将优越于其他形形色色经济学的关键所在。

不同时代，政治经济学的根本问题是不同的，只有以所处时代根本问题的科学分析和成功解决为主线才能构建无愧于时代的政治经济学。因此，随着新时代我国社会经济运行中经济发展的矛盾更加充分地显现，以及中国开放经济发展进入新阶段，在社会主义初级阶段这一生产关系前提下，我们以往研究所形成的理论和在此基础上对未来经济社会发展的进一步展望，可以构成一个由发展的政治经济学统领的相对合理的体系结构。但是，中国特色社会主义政治经济学的发展中目前仍必须强调“问题导向”，既要通过与不同层次问题对应的范畴与体系创新不断取得新成果，以作为社会主义经济建设的行动指南和思想基础，又要在实践中学习，在历史中学习，当代中国马克思主义经济学才能获取源源不断的范畴创新、思想启示和实践检验，因此，呼应新时代中国特色社会主义政治经济学，需要以发展为基础和关键的“（重大）问题导向”，需要构建从现象到本质、从区部到整体的发展路径，按照“认识特征—提炼概念—形成命题—检验理论—凸显价值—指导实践”的循环反复展开，把中国特色社会主义政治经济学的理论大厦构建得更加宏伟，从而为中国特色社会主义道路的不断开拓做出新贡献。

二、发展的政治经济学的总问题

以发展的政治经济学为总纲和“文眼”，阐释当代中国马克思主义经济学的科学体系，叙述艺术与生成逻辑这个重大理论问题。其内含的总体问题是：在新时代背景下，为什么需要而且能够以发展的政治经济学为核心，概括和凝练当代中国马克思主义经济学，以发展的政治经济学为红线，新时代中国马克思主义经济学的科学体系和逻辑结构是什么？

新时代的发展立足并奠基于革命时代和改革时代建立与完善的社会主义制度，立足于社会主义市场经济的制度优势。我们确信，生产力的发展进入新时代也就是中等收入阶段，人民美好生活的愿望不仅是一般性的物质文化，需要能够更好地满足，这正是由公有制和按劳分配主体地位所决定的。发展依据社会主义政治经济制度和社会主义市场经济的规则，激发、导引、约束人们的经济行为。人们依据这些政治经济制度从事经济活动，构成了社会主义市场经济经济运行的日常过程，这一经济运行的过程及其终端是经济活动结果的累积，是经济发展的客观绩效。贯穿这一过程的人们经济行为的特征反映了以发展的政治经济学所概括的客观经济规律。同时，在新时代，对外开放作为我国生产力发展高级化的基本环节，既是以往经济运行和发展的必然结果，又构成了进一步发展的机遇和挑战、约束。因此，新时代的对外开放理论是发展的政治经济学的必然延伸。总之，发展的政治经济学只能是发展的马克思主义政治经济学，而不是以新自由主义为核心的西方新政治经济学，就是以发展为旨归和第一要务的以人民为中心的政治经济学，而不是理论上的抽象说教，立于社会主义经济制度，揭示社会主义市场经济运行、开放的有机整体的发展规律，将体现当代马克思主义中国化所取得的新的历史进展。

围绕这个总体问题，集中研究如下子问题：①新时代中国特色社会主义政治经济学的内涵和外延是什么？②中国马克思主义政治经济学是如何发端、发展和科学创立的？新时代中国特色社会主义政治经济学在其中如何定位、有哪些突破创新？③面对国际上围绕中国奇迹、“中国威胁”的持续争论，经济社会改革进入深水区，马克思主义政治经济学创新发展急需回答的问题是什么？发展的政治经济学又是如何回答这些问题的？④中国特色社会主义道路如何在实践中上升和提炼为中国特色社会主义政治经济学？其生成的逻辑结构和历史结构是什么？⑤当代中国马克思主义经济学的政治立场和观点方法如何与发展这一新时代主题相衔接？

发展的政治经济学基于马克思主义而不是现代西方经济学中所谓的新兴政治经济学或发展经济学。不是一般意义上的社会主义经济思想，而是面向新时代尤其是面临工业化、信息化、市场化、全球化叠加重大历史任务的中国特色社会主义经济思想。即在新中国社会主义经济建设成就的基础上，经过改革开放40多年以来的实践，确立的包括基本经济制度、基本分配制度和社会主义市场经济体制在内的中国特色社会主义经济制度的基础上，形成的独特的以体制机制、运行方式、发展战略、发展理念、发展政策为一体的发展的政治经济学，对于引领中国特色社会主义政治经济学站上新的历史起点、进入新境界中，具有重要意义。

三、发展的政治经济学的主要内容

目前来看，研究的主要内容包括：一是新时代中国特色社会主义经济制度的分析框架。二是新时代中国特色社会主义经济的运行规律。三是新时代中国特色社会主义对外开放理论。在以上内容中，结合新时代这一现实，围绕跨越“中等收入陷阱”的政治经济学分析、新发展理念、供给侧结构性改革的理论与实践、人类命运共同体等范畴，揭示新时代社会主义生产关系及其历史运动，相应的经济体制机制的改革完善，通过发展的政治经济学这一总纲对新时代中国马克思主义经济学进行新阐释。将有针对性地澄清与批判新自由主义的错误论点。以马克思主义原理这一观察和分析经济社会的“望远镜”和“显微镜”，吸收和借鉴现代西方经济学中有价值的理论和方法，以发展为主题、关键和旨归，从根源上分析新时代的经济行为特征和现象，对关键问题和矛盾的解决、发展的道路和方法的创新突破。

第一，发展的政治经济学的总体框架。按照“统—分—合”的结构安排总体研究框架，以“经济制度—运行规律—对外开放—理论成果—发展方略”的总体思路展开，发展的政治经济学的形成、体系问题，要反映在总体研究框架这一马克思主义经济学创新发展的统领之中。要在经济学、政治经济学、马克思主义哲学、科学社会主义和改革开放思想史的交叉融合中讨论发展的政治经济学的科学性、政治性的辩证统一及其凝练结晶问题，我们将社会主义基本矛盾的科学把握作为出发点（人民对美好生活的向往是社会主义经济制度建立和完善的根本目的，人民对美好生活的向往是社会主义基本经济规律的新内涵），立足于中国特色社会主义经济制度的制度优势，揭示社会主义市场经济的运行规律，揭示中国特色社会主义经济建设的发展规律，揭示中国特色社会主义对外开放思想的新内涵，彰显中国特色社会主义道路的优势与自信，在科学性、政治性辩证统一的基础上，完整把握和深刻理解当代中国马克思主义经济学思想的主要成果，为进一步发展中国特色社会主义道路的理论武器而努力。

界定发展的政治经济学的内涵，综述已有文献，尤其是中国特色社会主义经济思想的演变与发展，说明发展的政治经济学对新时代中国特色社会主义道路的重大意义和适用性。立足于新时代，在政治经济学、经济学和科学社会主义理论与历史的结合中提出契合我国国情特征的发展的政治经济学框架。该分析框架强调“发展态势—制度选择—体制运行—经济行为—发展绩效—发展观念”的依次影响关系，在经济体制选择中融合政府—市场关系、政府的结构和行为、市场的结构三种制度，在经济关系分析中融合经济、社会、政治、文化、历史等维度。由此，运用该框架，以生产力和生产关系的辩证统一阐释新中国成立以来中国道路的演变历程及其内在机制，在坚持社会主义市场经济的大方向中，以有效市场和有为政府的统一为核心，探索新时代中国特色社会主义经济发展的总体分析框架，并阐释其在问题导向中的概念范畴创新、所体现的方法论创新、话语体系创新，以此为分析当代中国马克思主义经济学的发展开拓新视野础和行动指南。

第二，以发展为旨归和完善社会主义制度统一的当代中国马克思主义经济学。围绕实现中华民族伟大复兴的“中国梦”，围绕推进经济建设，当代中国马克思主义经济学提出了许多富有创见的新思想、新观点、新论断、新要求，这包括全面深化改革开放的思想、推动科学发展的思想、在实现中华民族伟大复兴中以发展为关键和主题从而夯实“中国梦”物质基础。总之，中国道路的政治经济学原理，既不同于苏联的教条主义政治经济学，也不同于西方经济学新自由主义思潮，而是中国特色社会主义政治经济学的逻辑展开和时代结晶。新时代发展的政治经济学，将坚持立场方法上以人民为中心的一以贯之，对社会主义生产力发展进入中等收入发展阶段重大变迁进行政治经济学回应，对我国的经济决策和政策制定提供扎实的全球化背景经济理论指导，既适应生产力充分均衡发展，又巩固和发展社会主义制度，如何更好地实现公有制主体地位不断加强与绩效提升的统一，如何处理非公有制健康发展与公有制为主体之间的所有制结构完善的对立统一，社会主义基本分配制度如何为共享发展提供鲜明制度保障等。为此，将围绕以下问题展开，这包括：新时代发展的政治经济学的制度理论依据是什么？以发展为旨归和完善社会主义制度在新时代如何统一？应使用怎样的分析框架梳理和逻辑化发展的政治经济学的制度理论？如何揭示社会主义初级阶段制度、体制的演变机制，揭示在生产力发展进入中等收入阶段后社会主义制度的特征和变化趋势，不断增强社会主义制度自信？等等。

第三，发展的政治经济学的经济运行理论。基于马克思主义视野的经济增长分析框架，通过拓展现代经济学的新增长理论和发展经济学的二元经济结构模型等，集中分析为何对社会主义市场经济运行规律的揭示提供了新时代背景下中国特色社会主义政治经济学发展理论的坚实依据，当代中国马克思主义经济学的重大创新。比如，突出以人民为中心这一社会主义经济发展的本质特征，突出社会主义经济发展的本质特征在新时代的实现路径和理念创新，将关注新时代中国经济如何发展的总体性理论构建，从中等收入阶段这一重要变化出发，探讨为何和如何坚持以解放和发展生产力为主线，发展中国特色社会主义政治经济学的理论硬核。这包括如何和为何在新时代更加注重发展的平衡性、充分性，如何牢固树立创新、协调、绿色、开放、共享的发展理念，如何把以人民为中心的发展思想作为中国特色社会主义政治经济学的出发点、落脚点等。进而言之，还包括如何以创新为主线，实现中国特色经济发展道路的动力转换；如何以协调发展为抓手，解决不平衡发展问题；如何以绿色发展为主线，在人与自然和谐、经济发展与环境保护并重、人口、资源环境协调中，推进天人合一之美丽中国建设；如何使市场在资源配置中起决定性作用和更好发挥政府作用；如何以共享发展为抓手，贯通马克思主义政治经济学的基本观点，解决社会公平正义问题。还将关注新时代中国五大发展理念的生成逻辑，这包括感性认识的升华、世界市场经济发展历程的总结、中国改革开放成功实践的结晶、应对时代环境转变的根本之策等。

生产力不平衡不充分发展与人们美好生活的基本矛盾本质上是诸多要素配置无效率的表现或结果。比如，发展经济学指出，劳动力转移会促进要素配置优化，这是从劳动再配置视角理解经济发展。然而，对于中国而言，不平衡不充分发展不仅涉及劳动配置，还涉及资本配置、土地配置，尤其是以全要素生产率为标志的科技资源配置的创新驱动，无论使市场在资源配置中起决定性作用和还是更好发挥政府作用，都是要从社会主义市场经济的整体运行绩效视角来理解经济效率，而不是向资本主义那样总是从资本家利益出发。从如何使市场在资源配置中起决定性作用和更好发挥政府作用视角，从政治经济学原理分析如何提高党领导经济工作的能力和水平问题，分析健全社会主义市场经济体制，分析为何需要和如何重视地方政府的经济行为，为何需要和如何重视中观经济运行，这就突破了西方经济学和传统社会主义政治经济学的分析框架。

第四，“中国梦”和“世界梦”统一的发展的政治经济学对外开放思想。立足于我国现阶段的对外开放的实践背景，阐释新时代对外开放背景下发展问题的政治经济学内涵，尤其是基于伙伴关系的人类命运共同体这一范畴对于我国生产力充分平衡发展的内涵和意义何在？其何以可能？何以能引导经济全球化朝向符合全世界人民利益的方向演变，并最终由社会主义战胜资本主义。如何在对外开放进入新格局，走向世界舞台中央以及构建人类命运共同体中，把握对外开放领域的基本矛盾？立足于马克思主义视野中的经济全球化与对外经济关系分析，如何为构建人类命运共同体、“中国梦”的更好实现创造良好外部环境贡献中国智慧。如何把坚持独立自主、走向世界舞台中央与融入经济全球化、打造人类命运共同体相结合，如何立足于对外经济关系的新格局，准确把握资本主义世界经济体系及其全球治理体系的新动向、新问题？当代中国马克思主义经济学外开放思想关于全球宏观经济治理、全球贸易和投资治理、全球金融治理、全球发展治理特征的深刻把握和问题的准确诊断何以实现？其理论依据何在？进而，何谓新时代全球经济治理的中国方案？这一方案为何和如何打造人类命运共同体？随着中国在世界经济中的地位稳步提升，如何实现“中国梦”与人类命运共同体的统一？在“一带一路”倡议中有何体现？如何加强对世界经济特别是发达资本主义国家的经济理论研究和总结，回应和批驳“中国威胁论”等错误思潮，揭示当代世界经济特别是当代资本主义社会经济的发展规律，进而揭示其未来的发展趋势？

第五，发展的政治经济学的成果与话语艺术。新时代中国特色社会主义政治经济学思想的成果众多，正是因为以发展为感召和旗帜，从理论体系、范畴概念和方法论等视角加以把握，才能彰显其创新突破。首先归纳新时代中国特色社会主义政治经济学的理论成果，尤其是其范畴概念创新，并进而回答以下重要问题：为何马克思主义政治信仰和政治品格是中国特色社会主义政治经济学的命脉和灵魂？新时代中国特色社会主义经济学如何体现强烈的大历史担当意识、体现真挚为民的伟大情怀和全球视野？新时代中国特色政治经济学思想又如何贯穿马克思主义方法论？底线思维、创新思维等具体方法在发现和尊重客观经济规律中是如何体现的？例如，从中国特色新型工业化道路、中国特色自主创新道路、中国特色农业现代化道路、中国特色新型城镇化道路、中国特色军民融合发展道路，到科教兴国战略、人才强国战略、创新驱动发展战略、建设小康社会战略，这些发展方略的实施效力不断彰显，对于这些支持条件和困难障碍，特别是发展理念创新背后的政治经济学的内涵观点有待更充分揭示。新时代中国特色社会主义政治经济学的方法论如何与中国传统智慧融会贯通？如何与现代科技和认识论发展而产生的科学思维方法相贯通？如何推进政治话语与学术话语的良性互动？展示中国特色社会主义政治经济学的智慧姿态，推进中国特色社会主义政治经济学的术语革命，对于构建当代中国马克思主义政治经济学体系的唯物主义前提，对于充分吸收和弘扬中华民族几千年的优秀传统文化，吸收人类文明中一切优秀成果等思想资源的精华中，具有极其突出的吸引力、感染力、感召力。

当然，在制度、运行和开放理论的阐释中，也应该批判借鉴吸收西方经济学发展的有益成果，推动经济体制机制改革的进一步发展，使社会生产力不断得到解放和发展。比如，对于规避“中等收入陷阱”这一生产力发展新阶段的新问题，可以吸收发展经济学、经济增长理论等西方经济学的有益成分，并立足于我国实践和经验提出新学说，在把握我国产业结构、城乡结构、区域结构、技术结构、需求结构等一系列重大结构演进的规律中，推进更充分、更平衡发展。再如，把美丽中国建设作为人民美好生活的向往的重要内容和出发点，依托社会主义制度优势，把研究生态环境发展规律作为生产力发展在新时代的基本内容，实现经济发展与生态环境之间、人的福祉与生态环境之间的统一，借鉴西方人口资源环境经济学的有益成分和分析方法，为绿色发展、协调发展提供更大的基础和空间。

总之，发展的政治经济学从我国社会的主要矛盾变化中，以“发展的马克思主义政治经济学”为总纲，研究新时代中国特色社会主义政治经济学的体系架构；为发展的政治经济学提供理论统领，既突出新时代中国特色社会主义政治经济学的体系性，又强调其问题导向和创新性。根据社会主义经济制度、改革开放新阶段、发展中大国的国情，我们应从政治经济学揭示本质这一点出发，形成对中国经济发展的规律性认识，发展的政治经济学因此包含了本质、运行和行为方略三个层次的相互关联。它是整本书展开的“基准”和“纲要”，具有指引、总括作用。回应这一任务，新时代中国特色社会主义政治经济学的总框架可分成理论建构和实践背景两个部分，理论建构部分旨在从现有文献中并提炼新时代中国特色社会主义政治经济学的核心概念范畴、理论逻辑；实践背景部分旨在研究新中国成立以来中国社会主义经济建设道路的演变，说明这些演变对中国特色社会主义政治经济学的意义和价值，它构成全书的实践基础。考虑到新时代既是“中国梦”的实现时代，也是中国日益走进世界舞台的中央、不断为人类作出更大贡献的时代，经济运行、对外开放、经济发展将是中国特色社会主义政治经济学最需要重点把握的三个领域。据此，“以发展为旨归和完善社会主义制度统一的当代中国马克思主义经济学”“发展的政治经济学的经济运行理论”“中国梦和世界梦统一的发展的政治经济学对外开放理论”分别研究中国特色社会主义政治经济学的三个子系统，它们分别构成了本质维度、运行维度和开放维度分析。“以发展为感召和旗帜的发展的政治经济学的成果与话语艺术”集中研究新时代中国特色政治经济学的主要理论成果，以及在结合改革开放思想史、话语体系等角度的论述中为深刻把握主要理论成果提供必要支撑，它构成了新时代中国特色社会主义政治经济学的科学方法论和话语艺术阐释。

除了总框架和子问题之间存在“统—分—合”紧密逻辑关系，三个子问题之间也相辅相成、互为补充、相互验证，从不同视角形成了对新时代发展的政治经济学这个主题的支撑。发展的政治经济学的总体框架可分成理论建构和实践背景两个部分，理论建构部分为子问题的专题探讨提供了依据，专题探讨正是利用理论建构部分的红线来研究我国社会主义经济制度的演变，分析社会主义市场经济体制的运行规律、推进程度和现状特征等。实践背景构成了理论建构的检验，既从实践视角验证马克思主义政治经济学分析框架对社会主义市场经济的解释力，又反过来提供中国特色社会主义政治经济学发展的源头活水。“以发展为旨归和完善社会主义制度统一的当代中国马克思主义经济学”从发展视角分析经济制度与经济发展的辩证统一关系，“发展的政治经济学的经济运行理论”从提高党和政府驾驭社会主义市场经济的能力和水平视角分析当代中国经济运行层面的规律、特征和机制，“中国梦和世界梦统一的发展的政治经济学对外开放理论”分析新时代发展的政治经济学中对外开放思想的精髓。这四部分是对总书理论框架和实践检验的应用，使发展的政治经济学这一总判断，通过制度、运行、开放三个子系统的研究具体化和深入化。由于分析框架和实践背景是一致的，各自的研究主线虽有区别，但研究逻辑是相互补充的，分别体现出对本质层次、封闭经济中的运行层次和开放经济中运行层次的回应。“发展的政治经济学的成果与话语艺术”阐述了新时代中国特色社会主义政治经济学的主要成果、方法论和话语艺术。

发展的政治经济学需要面对不同理论因素、实践因素和历史因素，需要探寻科学可靠的理论基础，这一规范的理论框架只能是发展的马克思主义政治经济学，而不是像西方经济学那样总是局限于在现象中理解主题，总是得出不具有真正科学性与本质性的肤浅结论。按照马克思主义的经济学的本质要求，分析中将突出“形成背景—逻辑主线—立场方法—理论贡献—基本遵循”的依次影响，这结合了实践检验与理论建构两条主线，体现出文本分析、专题研讨、理论推理的统一；凸显“1 个基点”（社会主要矛盾的转换）、“3 种制度”（政府—市场关系、政府内部的结构、市场内部的结构）、“5 个视角”（形成背景—逻辑主线—立场方法—理论贡献—基本遵循），划分经济制度、经济运行、对外开放三大领域。这一理解沿着社会主义基本矛盾转换，在不同领域如何展开，存在哪些派生的次要矛盾，有哪些新形态、新问题等线索展开，尤其强调中国发展中如何在制度、运行、开放领域推动上述矛盾的对立统一和动态解决，而不是模仿别人方案，机械照搬。这一分析思路针对新时代国内外矛盾变化具有显著的创新和探索性质。

建立发展的政治经济学，需要对中国特色社会主义的现状和特征有清晰的认识，也需要对制约社会主义政治经济学发展的因素有明晰的判断，只有在理解社会主义政治经济学“此岸”的前提下才能探寻到达新时代“彼岸”的途径。然而，中国经济学中“仿苏”和“仿美”研究倾向所具有的缺陷仍有待进一步认识。比如，前者往往过于侧重社会主义经济制度的本质分析，对于社会主义市场经济运行的讨论有所欠缺，且难以反映近年来我国经济发展的现实变化。对于后者，总是局限于现象分析和局部分析，而且有意无意地忽略其规范性，实际上对理解中国的发展问题缺陷严重。基于此，需要超越西方经济学与传统政治经济学分析，建立发展的政治经济学，需要分析“发展的政治经济学在实践领域和环节的逻辑展开、具体表现形态是什么”。我们不能忽视中国特色社会主义政治经济学的“去脉”与“来龙”，尤其是不能忽略历史因素的重大影响。对发展的政治经济学的研究，必须结合新中国成立以来我国经济制度的演变史、经济体制运行的不同、对外开放的依次展开等，通过不同阶段划分把握中国特色社会主义发展的制约因素，这样才能为新时代的前瞻性研究提供实践背景和方向指引。

参考文献

[1]中共中央马克思恩格斯列宁斯大林著作编译局,编译. 马克思恩格斯全集:第3卷[M]. 北京:人民出版社,2006.

[2]项观奇. 历史比较研究法[M]. 济南:山东教育出版社,1986.

[3][德]哈特穆特·凯博. 历史比较研究导论[M]. 赵进中,译. 北京. 北京大学出版社,2009.

[4][英]杰弗里·M. 霍奇逊. 演化与制度[M]. 北京:中国人民大学出版社,2007.

[5][美]斯梅尔瑟. 社会科学的比较方法[M]. 北京:社会科学文献出版社,1992.

[6][英]马克·布劳格. 经济学方法论[M]. 北京:商务印书馆,1992.

[7][美]埃克伦德,等. 经济理论和方法史[M]. 北京:中国人民大学出版社,2001.

[8]张宇. 论马克思主义经济学的本质与理论框架[J]. 学习与探索,2012(3).

[9][英]马尔科姆·卢瑟福. 经济学中的制度[M]. 陈建波,译. 北京:中国社会科学出版社,1900.

[10]常庆欣,张旭. "批判实在"对主流经济学的批判[J]. 经济纵横,2013(7).

[11]方福前. 根据"硬核"和"保护带"来划分经济学流派[J]. 中国人民大学学报,1998(1).

[12]朱富强. 自然主义思维、经济人假设与现代主流经济学的庸俗化

[J]. 人文杂志,2014(5).

[13]朱富强. 对现代主流经济学的方法论反思[J]. 福建论坛(人文社会科学版),2010(7).

[14]朱富强.超验实在主义与经济学理论[J]. 政治经济学评论,2010(4).

[15]朱海就. 市场的本质:人类行为的视角与方法[M]. 上海:上海三联书店,2009.

[16]韦森. 奥地利学派的方法论及其在当代经济科学中的意义及问题[J]. 学术月刊,2005(4).

[17][奥]米塞斯. 经济学的认识论问题[M]. 北京:经济科学出版社,2001.

[18]贾根良. 新政治经济学:范式革命与异端的综合[J]. 天津社会科学,2004(3).

[19]贾根良,崔学锋. 当前西方经济学界主流与异端的分裂及其发展趋势[J]. 当代经济研究,2005(6).

[20]There Really Was a German Historical School[J]. *History of Political Economy*,2001(33):649 –654.

[21][英]杰弗里·M.霍奇逊. 经济学是如何忘记历史的[M]. 北京:中国人民大学出版社,2008.

[22][英]杰拉德·M.库特. 英国历史经济学:1870—1926 经济史学科的兴起与新重商主义[M].北京:中国人民大学出版社,2010.

[23]关永强,张东刚. 英国经济学的演变与经济史学的形成(1870—1940)[J]. 中国社会科学 2014(4).

[24]杨虎涛. 美国制度主义与马克思主义[J]. 当代经济研究,2009(9).

[25][日]八木纪一郎,孟捷,吕守军. 进化经济学的现在[J]. 政治经济学评论,2004(1).

[26]杨虎涛. 演化经济学的两种系统观[J]. 经济学家,2009(8).

[27]孟捷. 演化经济学与马克思主义[J]. 政治经济学评论,2004(2).

[28]贾根良. 演化经济学与达尔文主义:文献述评[J]. 政治经济学评论,2004(2).

[29]高德步. 历史主义与中国经济学的当代建构[J]. 政治经济学评论,2012(1).

[30]汤在新. 论历史学派[J]. 经济评论,1991(5).

[31]胡明. 历史学派与德国特殊发展道路[J]. 德国研究,2008,23(3).

[32]张林. 凡勃伦的制度变迁理论解读[J]. 经济学家,2003(6).

[33]张林. 两种新制度经济学:语义区分与理论渊源[J]. 经济学家,2001(9).

[34]刘伟. 经济学为什么研究价值理论——兼论马克思劳动价值论面临的历史性挑战[J]. 经济理论与经济管理,2003(5).

[35]朱富强. 中国经济学范式思考:两个层次的契合[J]. 财经研究,2008(5).

[36][美]约翰·肯尼斯·加尔布雷思. 加尔布雷思文集[M]. 上海:上海财经大学出版社,2006.

[37]程恩富. 马克思主义经济学的五大理论假设[M]. 北京:人民出版社,2012.

[38]许兴亚. 马克思主义经济学应如何看待"经济人假设"——与程恩富同志商榷[J]. 中国社会科学,2008(2).

[39]Hirsch A. The"Assumptions"Controversy in Historical Perspective[J]. *Journal of Economic Issues*,1980(1):99 - 118.

[40]Tarascio V. J. Caldwell B. Theory Choice in Economics: Philosophy and Practice[J]. *Journal of Economic Issues*,1979,13(4):983 - 1006.

[41][英]杰弗里·M. 霍奇逊. 演化与制度[M]. 北京:北京大学出版社,2012.

[42]慕克吉. 理论研究在当今发展经济学中是否太少?[J]. 比较,2007(28).

[43][英]马尔科姆·卢瑟福. 制度经济学:过去与现在[J]. 制度经济学研究,2005(4).

[44]郭殿生,姚广义. 论马克思主义经济学与西方非主流经济学在方法论上的联系与区别[J]. 当代经济研究,2008(12).

[45]李秀林,王于,李淮春. 辩证唯物主义和历史唯物主义原理[M]. 北京:中国人民大学出版社,1982.

[46]程恩富,胡乐明. 经济学方法论[M]. 上海:上海财经大学出版社,2002.

[47]王明友.《资本论》中的市场经济逻辑[M]. 北京:社会科学文献出版社,2015.

[48]李建平,张华荣,黄茂兴. 马克思主义经济学方法论的理论演进与变革趋向[J]. 当代经济研究,2007,141(5).

[49]贾根良. 批判实在论:经济学方法论的新发展[J]. 自然辩证法通讯,2004,26(2).

[50]孙伯鍨,张一兵. 走进马克思[M]. 南京:江苏人民出版社,2008.

[51]张俊山. 经济学中唯物史观与唯心史观的分歧及其评述[J]. 天津行政学院学报,1994(4).

[52]冯金华.《资本论》与现代经济学研究方法[J]. 江西社会科学,2014(1).

[53]朱海就. 经济学的"均衡"与"过程"方法比较[J]. 经济社会体制比较,2008(1).

[54][美]熊彼特. 经济分析史:第一卷[M]. 北京:商务印书馆,2009.

[55]朱富强. 逻辑实证主义应用于经济学的内在缺陷——逻辑实证主义的"逻辑"批判[J]. 江苏社会科学,2008(7).

[56]张小金. 资本论与科学研究方法[M]. 北京:社会科学文献出版社,2005.

[57]杨玉生. 西方马克思主义经济学家的理论创新及其启示[J]. 南京财经大学学报,2006(1).

[58]肖磊,赵磊. 马克思是演化经济学家吗?[J]. 政治经济学评论,2012(4).

[59]黎贵才,王碧英. 制度变迁是自然无序的还是历史必然?[J]. 当代财经,2011(1).

[60]胡乐明,刘刚. 论马克思主义经济学与经济学诸流派的沟通——以演化经济学为例[J]. 当代经济研究,2012(12).

[61]Bronfenbrenner M. The"Structure of Revolutions"in Economic Thought[J]. *History of Political Economy*,1971,3(1):136 – 151.

[62]白暴力,白瑞雪. 资本论方法论的若干思考(下)[J]. 高校理论战线,2009(9).

[63][德]马克思,恩格斯. 德意志意识形态中译本[J]. 北京:人民出版社,1961.

[64]高嵩. 马克思与斯密:关于投机行为的不同看法[J]. 经济评论,2012(5).

[65]程恩富. 经济理论与政策创新[M]. 北京:中国社会科学出版社,2013.

[66][美]罗杰·E. 巴克豪斯. 西方经济学史[M]. 海口:海南三环出版社,2007.

[67]Maria Luisa Pesante. Paradigms in English Political Economy:Interregnum to Glorious Revolution[J]. *The European Journal of the History of Economic Thought*,1996,3(3):353 – 378.

[68]吴易风. 马克思主义经济学与西方经济学比较研究:第 1 卷[M]. 北京:中国人民大学出版社,2007.

[69][美]安格斯·伯金. 伟大的说服[M]. 北京:华夏出版社,2014.

[70]Backhouse,Roger E,and S. G. Medema. Retrospectives on the Definition of Economics[J]. *The Political Economy of Economic Policies. Macmillan*,2009:221 – 33.

[71]金富,李静. 生产方式是政治经济学的首要研究对象——30 年来

我国学术界关于政治经济学研究对象问题的探讨[J]. 经济学家,2009(4).

[72]孟捷. 马克思主义经济学范式中的生产方式与资源配置方式[J]. 教学与研究,2000(6).

[73]孟捷,杨志. 技术创新与政治经济学的研究对象[J]. 政治经济学评论,2004(2).

[74]韦森. 经济学的性质与哲学视角审视下的经济学[J]. 经济学(季刊),2007(4).

[75] Crespo R. F. Two Conceptions of Economics and Maximisation[J]. *Cambridge Journal of Economics*,2013,37(4):759 - 774.

[76]张谊浩,方先明. 西方经济学的意识形态反思[J]. 马克思主义研究,2012(2).

[77]刘涤源,彭明朗. 阿·马歇尔的政治经济学研究对象述评[J]. 求索,1983(2).

[78]程恩富. 现代马克思主义政治经济学的四大理论假设[J]. 中国社会科学,2007(1).

[79]赵磊. "经济人假设"的五个误区[J]. 学术月刊,2009(9).

[80]朱富强. 经济人假设的文化根基:基于西方社会的认知思维和行为机理[J]. 改革与战略,2012,28(1).

[81][美]劳伦斯·博兰. 批判的经济学方法论[M]. 北京:经济科学出版社,2000.

[82]程恩富. 新"经济人"论:海派经济学的一个基本假设[J]. 教学与研究,2003(11).

[83]杨春学. 经济人的"再生":对一种新综合的探讨与辩护[J]. 经济研究,2005(11).

[84][美]杰里米·阿德尔曼. 入世哲学家阿尔伯特·赫希曼的奥德赛之旅[M]. 北京:中信出版社,2016.

[85][德]赫希曼. 欲望与利益[M]. 李新华,朱进东,译. 上海:上海文艺出版社,2003.

[86]贺京同,那艺. 经济行为的异质性与行为经济学对经济人假定的发展[J]. 学术月刊,2009(6).

[87]方竹兰. "经济人"假设的反思——探寻2008年全球经济危机发生的根源[J]. 教学与研究,2011(2).

[88]孟捷. 经济人假设与马克思主义经济学[J]. 中国社会科学,2007(1).

[89]姚开建. 经济学说史:第2版[M]. 北京:中国人民大学出版社,2011.

[90][德]马克斯·韦伯. 经济与社会:上卷[M]. 北京:商务印书馆,1997.

[91]王京安. 现代主流经济学的人性假设及其批评[J]. 中南财经政法大学学报,2006(6).

[92][美]索尔斯坦·凡勃伦. 有闲阶级论:关于制度的经济研究[M]. 北京:商务印书馆,1964.

[93][英]理查德·道金斯. 自私的基因[M]. 北京:中信出版社,2012.

[94]陈惠雄. 利他—利己一致性经济人假说的理论基础与最新拓展[J]. 学术月刊,2012(11).

[95]胡钧,杨静."经济人"假设的历史观和方法论——"经济人"与"人格化资本"两种不同规定的本质区别[J]. 经济学家,2005(6).

[96]王元培. 马克思主义经济学与西方经济学比较研究:第1卷[M]. 北京:中国人民大学出版社,2009.

[97]周世兴. 个人的历史与历史的个人[M]. 北京:人民出版社,2013.

[98]程恩富. 新"经济人"论:海派经济学的一个基本假设[J]. 上海市经济学会学术年刊,2004(1).

[99]赵磊. 西方主流经济学方法及危机介析[J]. 中国经济问题,2004(3).

[100][瑞典]斯威德伯格. 经济学与社会学[M]. 北京:商务印书馆,2003.

[101][英]罗宾斯. 经济学的性质和意义[M]. 北京:商务印书馆,2000.

[102][美]埃里克·弗鲁博顿[德]鲁道夫·芮切特. 新制度经济学:一个交易费用分析范式[M]. 上海:上海人民出版社,2015.

[103][美]布鲁斯·考德威尔. 哈耶克评传[M]. 北京:商务印书馆,2007.

[104]林岗. 诺斯与马克思:关于制度变迁道路理论的阐释[J]. 中国社会科学,2001(1).

[105]董志强. 制度及其演化的一般理论[J]. 管理世界,2008(5).

[106]卢现祥. 马克思是制度经济学家吗[J]. 经济学家,2006(3).

[107]黄少安. 产权经济学导论[M]. 北京:经济科学出版社,2004.

[108]程恩富. 程恩富选集[M]. 北京:中国社会科学出版社,2010.

[109]中共中央马克思恩格斯列宁斯大林著作编译局,编译. 马克思恩格斯全集:第30卷[M]. 北京:人民出版社,1974.

[110]吴易风. 产权理论:马克思和科斯的比较[J]. 中国社会科学,2007(2).

[111]刘元春. 论马克思制度整体主义分析方法[J]. 当代经济研究,2001(6).

[112][美]道格拉斯·诺思. 制度、制度变迁与经济绩效[M]. 上海:格致出版社,2008.

[113][美]阿夫纳·格雷夫. 后中世纪热那亚自我强制的政治体制与经济增长[J]. 经济社会体制比较,2001(2).

[114][美]格雷夫. 大裂变[M]. 北京:中信出版社,2008.

[115][日]青木昌彦,周黎安. 为什么多样性制度继续在演进?[J]. 经济社会体制比较,2001(11).

[116]卫兴华. 社会主义市场经济与法治[J]. 经济研究,2015(1).

[117][美]理查德·波斯纳. 法律的经济分析:第2版[M]. 蒋兆康,译. 北京:法律出版社,2012.

[118][德]卡塔琳娜·皮斯托,许成钢. 不完备法律(上)[M]. 比较(第3辑). 北京:中信出版社,2002.

[119][印度]阿维纳什·迪克西特. 法律缺失与经济学:可供选择的经济治理方式[M]. 北京:中国人民大学出版社,2007.

[120][美]道格拉斯·诺思. 理解经济变迁过程[M]. 钟正生,等,译. 北京:中国人民大学出版社,2013.

[121][美]道格拉斯·诺思. 制度、制度变迁与经济绩效[M]. 杭行,译. 上海:格致出版社,2008.

[122][美]罗德里克. 相同的经济学,不同的政策处方[M]. 北京:中信出版社,2009.

[123]刘凤义. 西方经济学与马克思主义经济学关于生产理论的比较[J]. 经济经纬,2007(3).

[124]佚名. 劳动分工[J]. 政治经济学评论,2003(3).

[125]任保平. 马克思经济学与西方经济学分工理论比较研究[J]. 经济纵横,2008(3).

[126]谢富胜,宋宪萍. 资本主义劳动过程研究:从缺失到复兴[J]. 马克思主义研究,2011(10).

[127]谢富胜. 资本主义劳动过程与马克思主义经济学[J]. 教学与研究,2007(5).

[128]马格林,柯唱,李安. 老板们在做什么?——资本主义生产中等级制度的起源和功能[J]. 政治经济学评论,2009(1).

[129][英]伊特韦尔. 新帕尔格雷夫经济学大辞典[M]. 北京:经济科学出版社,1996.

[130][俄]车尔尼雪夫斯基. 穆勒政治经济学概述[M]. 北京:商务印书馆,1997.

[131]魏旭,张春舒. 西方主流经济学生产理论批判[J]. 当代经济研究,2011(6).

[132][英]亚当·斯密. 国民财富的性质和原因的研究:上卷[M]. 北

京:商务印书馆,1972.

[133]周绍东. 分工与专业化[J]. 经济评论,2009(1).

[134]马艳,程恩富. 马克思商品价值量与劳动生产率变动规律[J]. 财经研究,2002(10).

[135]孟捷. 劳动生产率与单位时间创造的价值量成正比的理论:一个简史[J]. 经济学动态,2011(6).

[136]张衔. 劳动生产率与商品价值量关系的思考[J]. 教学与研究,2011(7).

[137]吴易风. 马克思主义经济学与西方经济学比较研究:第1卷[M]. 北京:中国人民大学出版社,2009.

[138]刘元春. 企业的起源——两种理论解说的比较分析[J]. 当代经济研究,1995(4).

[139]许光伟,张威. 国内学者的马克思企业理论研究[J]. 经济学家,2007(1).

[140]许光伟. 马克思企业理论的现代范式[J]. 当代经济研究,2007(9).

[141]刘元春. 交易费用分析框架的政治经济学批判[M]. 北京:经济科学出版社,2001.

[142]宋宇. 马克思经济学与西方经济学的厂商理论比较研究[J]. 经济纵横,2010(5).

[143][德]马克思. 资本论:第3卷[M]. 北京:人民出版社,2004.

[144]史正富. 劳动、价值和企业所有权[J]. 经济研究,2001(2).

[145][美]兰德雷斯,柯南德尔. 经济思想史[M]. 北京:人民邮电出版社,2014.

[146][美]马丁·L. 魏茨曼. 分享经济——用分享制代替工资制[M]. 北京:中国经济出版社,1986.

[147]武晓光. 按要素分配理论的演变[D]. 石家庄:河北师范大学,2016.

[148][法]托马斯·皮凯蒂. 21世纪资本论[M]. 北京:中信出版社,2014.

[149]中共中央马克思恩格斯列宁斯大林著作编译局,编译. 马克思恩格斯选集:第1卷[M]. 北京:人民出版社,1995.

[150]洪银兴. 用科学的改革观指导国有企业改革[J]. 求是学刊,2004(11).

[151]何雄浪,李国平. 论劳动价值论、按劳分配与按要素分配三者之间的逻辑关系[J]. 经济评论,2004(3).

[152]魏众,王琼. 按劳分配原则中国化的探索历程[J]. 经济研究,2016(11).

[153]于金富,李影. 生产要素按贡献参与分配与按劳分配的一致性[J]. 教学与研究,2004(9).

[154]魏杰,叶榕. 建立科学的经济利益和谐观[J]. 理论前沿,2007(9).

[155]王璐,杨庆丰. 论价值与分配理论的争论:古典和新古典[J]. 经济评论,2005(3).

[156]中共中央马克思恩格斯列宁斯大林著作编译局,编译. 马克思恩格斯全集:第46卷(上册)[M]. 北京:人民出版社,1979.

[157]丁培荣. 马克思消费理论研究及其启示[J]. 福建论坛·社会科学教育版,2008(S1).

[158]尹世杰. "消费力经济学"大纲(初稿)[J]. 消费经济,1994(01).

[159]洪银兴. 马克思的消费力理论和扩大消费需求[J]. 经济学动态,2010(3).

[160]中共中央马克思恩格斯列宁斯大林著作编译局,编译. 列宁全集:第4卷[M]. 北京:人民出版社,1963.

[161]蔡彤,颜鹏飞. 消费理论中人本传统的回归:从古典、新古典到行为经济学[J]. 消费经济,2009(2).

[162]沈毓赟,刘子兰. 安格斯·迪顿对消费经济学的贡献[J]. 经济学

动态,2015(12).

[163]方福前,俞剑. 居民消费理论的演进与经验事实[J]. 经济学动态,2014(3).

[164]朱国林. 消费理论最新发展动态[J]. 经济学动态,2002(4).

[165]徐敏,张桂文,张大为. 马克思消费理论与西方消费理论的比较分析[J]. 海派经济学,2016(9).

[166]蒋南平,谭琼. 生态马克思主义消费思想对我国低碳消费的借鉴[J]. 当代经济研究,2016(6).

[167]户晓坤. 当代"消费文化"转向研究——基于马克思政治经济学视角的分析[J]. 当代经济研究,2014(6).

[168]任力. 马克思对技术创新理论的贡献[J]. 当代经济研究,2007(7).

[169]孟捷. 产品创新. 一个马克思主义经济学的解释[J]. 当代经济研究,2001(3).

[170]李玉虹,马勇. 互动:技术创新与制度创新关系的理论比较[J]. 经济学家,2001(1).

[171]方卫华. 创新研究的三螺旋模型:概念、结构和公共政策含义[J]. 自然辩证法研究,2003(11).

[172]孟捷,杨志. 技术创新与政治经济学研究对象的拓展[J]. 当代经济研究,2003(12).

[173]纪玉山,吴勇民. 科技创新促进经济增长的微观机理与政策选择[J]. 经济社会体制比较,2007(5).

[174]宋宇. 马克思经济学与西方经济学的创新理论比较[J]. 经济纵横,2009(4).

[175]张俊山. 论马克思主义政治经济学在经济建设领域的应用[J]. 河北经贸大学学报,2017(1).

[176]中共中央文献研究室,编. 习近平关于社会主义经济建设论述摘编[M]. 北京:中央文献出版社,2017.

[177]裴小革. 论创新驱动——马克思主义政治经济学的分析视角[J]. 经济研究,2016(6).

[178]宋宇. 马克思主义经济学与西方经济学的垄断理论比较[J]. 当代经济研究,2011(1).

[179]宋宇. 新中国60年当代资本主义研究述评[J]. 贵州社会科学,2010(3).

[180]中共中央文献研究室,编. 习近平关于社会主义经济建设论述摘编[M]. 中央文献出版社,2017.

[181]张志敏,何爱平. 马克思经济学与西方经济学国际贸易理论比较研究[J]. 经济纵横,2013(8).

[182]刘航,赵景峰. 国际价值的转型和国际转移及对中国服务贸易的启示[J]. 马克思主义研究,2012(3).

[183][美]保罗·克鲁格曼. 贸易理论和地理学中的报酬递增革命[J]. 比较,2011(2).

[184]崔凡,屠新泉,樊瑛. 论当代国际贸易理论的国际政治经济学意[J]. 世界经济与政治,2010(05).

[185]吴易风. 马克思主义经济学与西方经济学比较研究:第3卷[M]. 北京:中国人民大学出版社,2014.

[186]周建锋. 世界市场形成、劳动力集聚与国际贫富差距扩大[J]. 当代经济研究,2013(7).

[187]李滨. 马克思主义的国际政治经济学研究逻辑[J]. 世界经济与政治,2015(7).

[188]中共中央马克思恩格斯列宁斯大林著作编译局,编译. 马克思恩格斯全集:第25卷[M]. 北京:人民出版社,1974.

[189]贾倩,张志敏. 马克思主义经济学与西方经济学金融危机理论比较研究[J]. 改革与战略,2015(4).

[190]李黎力,张红梅. 明斯基研究传统:经济学所忽视的金融泡沫研究传统[J]. 经济学家,2013(9).

[191][德]马克思. 资本论(中译本):第1卷[M]. 北京:人民出版社,2004.

[192]张志敏,刘雨. 经济危机思想:马克思经济学与西方经济学比较研究[J]. 改革与战略,2015(3).

[193]中共中央马克思恩格斯列宁斯大林著作编译局,编译. 马克思恩格斯选集:第26卷Ⅱ[M]. 北京:人民出版社,1973.

[194]中共中央马克思恩格斯列宁斯大林著作编译局,编译. 马克思恩格斯选集:第13卷[M]. 北京:人民出版社,1995.

[195]陈文通. 马克思的危机理论没有过时[J]. 中国特色社会主义研究,2009(3).

[196]顾海良,张雷声. 20世纪国外马克思主义经济思想史[M]. 北京:经济科学出版社,2006.

[197][法]萨伊. 政治经济学概论[M]. 北京:商务印书馆,1963.

[198][英]大卫·李嘉图. 政治经济学及赋税原理[M]. 北京:商务印书馆,1962.

[199][美]熊彼特. 经济分析史:第2卷[M]. 北京:商务印书馆,1990.

[200] Legrand M. D. P., Hagemann H., Autor D. H. Retrospectives: Do Productive Recessions Show the Recuperative Powers of Capitalism? Schumpeter's Analysis of the Cleansing Effect[J]. *Journal of Economic Perspectives*,2017.,31(1)

[201][美]阿克洛夫,希勒. 动物精神[M]. 北京:中信出版社,2009.

[202][英]约翰·梅纳德·凯恩斯. 就业、利息和货币通论(重译本)[M]. 高鸿业,译. 北京:商务印书馆,2007.

[203]徐春华,胡钧. "动物精神"还是拜物教?[J]. 政治经济学评论,2016(2).

[204][美]埃里克·S. 赖纳特. 富国为什么富 穷国为什么穷[M]. 杨虎涛,等,译. 北京:中国人民大学出版社,2013.

[205]杨永华. 马克思、列宁的分工理论与斯密定理[J]. 当代经济研

究,2007(2).

[206]中共中央马克思恩格斯列宁斯大林著作编译局,编译. 克思恩格斯全集:第 46 卷(上)[M]. 北京:人民出版社,1979.

[207]中共中央马克思恩格斯列宁斯大林著作编译局,编译. 马克思恩格斯选集:第 4 卷[M]. 北京:人民出版社,1995.

[208]中共中央马克思恩格斯列宁斯大林著作编译局,编译. 马克思恩格斯全集:第 46 卷[M]. 北京:人民出版社,2003.

[209]程恩富,王中保. 论马克思主义与可持续发展[J]. 马克思主义研究,2008(12).

[210]范达娜·德赛,罗伯特·B. 波特. 发展研究指南[M]. 北京:商务印书馆,2014.

[211]郭熙保,习明明. 发展经济学研究的最新进展[J]. 山东大学学报(哲学社会科学版),2010(5).

[212]邹薇. 发展经济学理论的危机与新发展[J]. 当代经济研究,2002(4).

[213]郭熙保. 自由发展观评析[J]. 天津社会科学,2014(4).

[214][印度]阿马蒂亚·森. 以自由看待发展[M]. 任赜,于真,译. 北京:中国人民大学出版社,2002.

[215]刘新刚,吴倬. 西方发展理论新范式的马克思主义意蕴及审视[J]. 教学与研究,2010(4).

[216]马克思恩格斯全集:第 32 卷[M]. 北京:人民出版社,1998.

[217]习近平关于社会主义经济建设论述摘编[M]. 北京:中央文献出版社,2017.

[218]吴宣恭. 五大发展理念是社会主义基本经济规律内涵的深化拓宽和高度概括[J]. 马克思主义研究,2016(8).

[219]张俊山. 用马克思再生产理论指导我国的“供给侧结构性改革”[J]. 当代经济研究,2017(7).

[220]辜胜阻. 五大发展理念是“十三五”科学航标[N]. 学习时报,

2015－11－12.

[221]刘焕明,陈绪新. 习近平治国理政思想与中国化马克思主义的整体推进[J]. 马克思主义研究,2017(6).

[222]胡守勇. 共享发展理念的理论溯源与演进历程[J]. 马克思主义研究,2017(2).

[223]韩太平. 中国特色社会主义共享发展:理论渊源、实现机制、世界意义[J]. 马克思主义研究,2017(2).

[224]蒋永穆,张鹏. 马克思经济学共享发展思想:缘起、关键、途径与愿景[J]. 当代经济研究,2017(4).

[225]易培强. 共享发展与马克思主义理论创新[J]. 当代经济研究,2017(3).

[226]李怡,肖昭彬. “以人民为中心的发展思想”的理论创新与现实意蕴[J]. 马克思主义研究,2017(7).

[227]蒋永穆,赵苏丹,周宇晗. 习近平城乡发展一体化思想探析[J]. 政治经济学评论,2016(5).

[228]张赛群. 习近平精准扶贫思想探析[J]. 马克思主义研究,2017(8).

[229]张宇. 聚焦五大发展理念书写中国特色社会主义经济理论发展新篇章[N]. 光明日报,2015－11－19.

[230]逄锦聚. 谋划“十三五”经济社会发展需要把握的几个理论问题[N]. 光明日报,2015－7－1.

[231]李扬. “新常态”经济发展的逻辑与前景[J]. 经济研究,2015(5).

[232]杨晓玲. 创新驱动、经济的非均衡运行与马克思经济学时代化研究[J]. 马克思主义研究,2015(7).

[233]刘志国. 创新发展背景下国有企业转型升级的策略选择[J]. 马克思主义研究,2017(1).

[234]宋宇,赵浩. 中等收入陷阱:经济学与政治经济学分析比较[J].

西大经济评论,2017.

[235]乔晓楠,王鹏程,王家远. 跨越“中等收入陷阱”:经验与对策——一个基于马克思主义经济学的视角[J]. 政治经济学评论,2012(3).

[236]逄锦聚. 谋划“十三五”经济社会发展需要把握的四个理论问题[J]. 新重庆,2015(9).

[237]刘伟. 经济新常态下供给侧管理的重大意义[J]. 人民论坛,2015(36).

[238]张作云. 现阶段必须高度重视我国发生金融和经济危机的可能性[J]. 当代经济研究,2016(12).

[239]张德荣. “中等收入陷阱”发生机理与中国经济增长的阶段性动力[J]. 经济研究,2013(9).

[240]乔晓楠,王鹏程,王家远. 跨越“中等收入陷阱”:经验与对策——一个基于马克思主义经济学的视角[J]. 政治经济学评论,2012(3).

[241][法]玛莲·戈玛尔,张嘉昕. 中国的“中等收入陷阱”:一种马克思的观点[J]. 海派经济学,2016(3).

[242]刘世锦,张军扩,侯永志,刘培林. 陷阱还是高墙:中国经济面临的真实挑战与战略选择[J]. 比较,2011(3).

[243]陈享光,李克歌. 跨越“中等收入陷阱”的积累模式探讨[J]. 教学与研究,2015(2).

[244]Keun Lee. Possibility of a Middle Income Trap in China:Assessment in Terms of the Literature on Innovation[J]. *Big Business and Inequality. Front. Econ. China*,2014,9(3):370 – 397.

[245]Eichengreen B J. Escaping the middle – income trap[C]//Economic Policy Symposium – Jackson Hole,2011.

[246][比]热若尔·罗兰. 转型与经济学[M]. 北京:北京大学出版社,2002.

[247]冯志轩. 中国经验对于经济学理论的贡献[J]. 政治经济学评论,2013(1).

[248]孙景宇. 十字路口的转型经济学[J]. 天津社会科学,2010(5).

[249]阮震. 斯蒂格利茨的经济转型理论述评[J]. 经济评论,2003(2).

[250]张宇. 过渡经济学的回顾与反思[J]. 经济学动态,2003(5).

[251]吴垠,刘灿. 转型经济学的研究范式与发展方向[J]. 经济评论,2009(4).

[252]周冰. 转型经济学在中国的兴起和学科定位[J]. 社会科学战线,2009(7).

[253]张宇,王升华. 马克思是建构理性主义者吗——评哈耶克对马克思的批评[J]. 中国人民大学学报,2003(1).

[254]布鲁斯·考德威尔. 哈耶克的挑战[M]. 北京:商务印书院,2001.

[255]马克思恩格斯文集:第10卷[M]. 北京:人民出版社,2009.

[256]张卓元. 中国经济学30年[M]. 北京:中国社会科学出版社,2008.

[257]张卓元. 中国理论经济学60年的重大进展[J]. 社会科学管理与评论,2009(3).

[258]张宇. 过渡经济学与中国的转型模式[J]. 政治经济学评论,2005(2).

[259][波兰]弗·布鲁斯. 社会主义经济的运行问题[M]. 北京:中国社会科学出版社,1984.

[260]宋宇. 在政治经济学范式的创新中引领经济体制改革[J]. 黑龙江社会科学,2015(3).

[261]程恩富. 经济思想发展史上的当代中国社会主义市场经济理论[J]. 学术研究,2017(2).

[262]贾根良. 溯因法和回溯法:演化经济学的科学创造方法[J]. 演化与创新经济学评论,2014(1).

[263][美]尼尔·J. 斯梅尔塞. 社会科学的比较方法[M]. 北京:社会科学文献出版社,1992.

[264][美]迈尔. 生物学思想的发展[M]. 长沙:湖南教育出版

社,1990.

[265]孙伯鍨,张一兵. 走进马克思[M]. 南京:江苏人民出版社,2001.

[266]列宁. 唯物主义与经验批判主义[M]. 北京:人民出版社,1956.

[267]布朗. 批判实在论与马克思主义[M]. 南宁:广西师范大学出版社,2007.

[268]吕守军. 抓住中间层次剖析当代资本主义——法国调节学派理论体系的演进[J]. 中国社会科学,2015(6).

[269]杨虎涛. 马克思经济学对法国调节学派的影响[J]. 马克思主义研究,2009(9).

[270]李其庆. 法国调节学派评析[J]. 经济社会体制比较,2004(2).

[271]顾海良. 开拓当代中国马克思主义政治经济学的新境界[J]. 经济研究,2016(1).

[272]中共中央马克思恩格斯列宁斯大林著作编译局,编译. 马克思恩格斯文集:第3卷[M]. 北京:人民出版社,2009.

[273]邱海平. 中国政治经济学研究的主要缺陷与出路[J]. 马克思主义研究,2010(6).

[274]薛宇峰. 当代中国马克思主义经济学的流派[J]. 经济纵横,2009(2).

[275]马艳,李韵. 现代马克思主义政治经济学理论创新的基本路径[J]. 学术月刊,2011(7).

[276]白暴力,丛丽. 科学的辩证发展及对经济学研究的启示[J]. 福建论坛(人文社会科学版),2006(10).

[277]陈俊明.《资本论》研究的新方位:经济行为理论[J]. 当代经济研究,2012(4).

[278]王璐. 在主流经济学的范式危机中回归马克思经济学之古典传统[J]. 马克思主义研究,2011(2).

[279]王诚,李鑫. 中国特色社会主义经济理论的产生和发展——市场取向改革以来学术界相关理论探索[J]. 经济研究,2014(6).

索　引

后　记

随着中国特色社会主义市场经济的发展，当代中国马克思主义经济学的论题与领域不断深化拓展，一种自我更新、开放进取的中国马克思主义经济学理论体系正在形成和完善。笔者从比较综合这一些貌似简单实则丰富、历久而弥新的研究路径入手，以推动中国马克思主义经济学进入新境界为目的，在比较综合中努力推进马克思主义经济学的创新发展。马克思主义经济学的创新发展是中国经济学界一个长期而艰巨的历史使命。以往中国马克思主义经济学的成果需要继承和发展，新的经济社会现实和发展趋势需要正视和迎接挑战。其学术价值和理论价值当然是值得继续追求的。本书对我们已发表的成果进行了重新梳理和归纳，也进行了凝练和改写，以尽可能系统化和减少错漏。由于时间与水平所限，尽管已作最大努力，但难免存在不足，敬请同人提出宝贵意见。

本书的完成得益于诸多同人的帮助和支持，尤其是西北大学研究生院院长任保平教授的无私支持，经济管理学院领导吴振磊教授、马莉莉教授、师博教授，数理经济学系主任茹少峰教授、经济学系主任高煜教授，白永秀教授、惠宁教授、何爱平教授、严汉平教授、岳宏志教授、赵景峰教授、杨建飞教授、郭俊华教授、范王榜副教授、林建华副教授、吴丰华副教授、王颂吉副教授、王聪副教授、李灵燕副教授、石高宏副教授、赵麦茹副教授、张志敏副教授等，马克思主义学院王强教授、李凯副教授等的思想火花，都使笔者受益匪浅。对研究团队中的李文辉教授、张美云副教授、高洋博士、刘运转博士、白媛媛博士、王美望硕士、谢敏娜硕士、唐超峰硕士、付振硕士、谭仁超硕士、黄鹏博硕士、孙雪硕士、张正娟硕士、郝亚萌硕士等表示感谢。也借此机会，对西北大学社科处历年来负责同志刘峰、马朝琦、刘杰、李丰庆、邵平、侯斌、张彤等的支持表示衷心感谢，对责任编辑贺静的辛勤编辑工作和宝贵建议表示衷心感谢。

宋宇

2019 年 7 月